Edward Feser

Philosophie des Geistes

Für Einsteiger

editiones scholasticae

Edward Feser

Philosophie des Geistes

Für Einsteiger

Aus dem Amerikanischen übersetzt
von Rainer Franz Mühlbacher

Bibliographic information published by Deutsche Nationalbibliothek
The Deutsche Nationalbibliothek lists this publication in the Deutsche Nationalbibliographie; detailed bibliographic data is available in the Internet at http://dnb.ddb.de

This translation of **Philosophy of Mind: a Beginner's Guide** is published by **Editiones Scholasticae** by arrangement with Oneworld Publications.
Wir danken dem Verlag für die Überlassung der deutschsprachigen Veröffentlichungsrechte

53819 Neunkirchen-Seelscheid
www.editiones-scholasticae.de

ISBN 978-3-86838-223-5

2019

Printed on acid-free paper

Printed in Germany
by CPI Buchbücher.de GmbH

Inhalt

Vorwort und Danksagungen

Kann die Wissenschaft Bewusstsein erklären? Ist der Geist nichts anderes als unser Gehirn? Haben Sie eine immaterielle und unsterbliche Seele, die für die Naturwissenschaft unzugänglich ist und die nur durch metaphysische Untersuchung erkannt werden kann? Gibt es einen letzten und absoluten Unterschied zwischen Mensch und Maschine? Können Computer denken? Kann es Roboter geben, die ein Bewusstsein haben? Das sind einige der Fragen, die wir in diesem Buch behandeln werden. Sie sind Teil der zentralen Diskussionsthemen der Philosophie des Geistes, einem Gebiet, das in den letzten Jahren die vielleicht aktivste der verschiedenen Subdisziplinen innerhalb der Philosophie geworden ist.

Es ist schwer in der Philosophie irgendetwas zu sagen, ohne alles zu sagen. Philosophische Probleme und Argumente sind so tief und komplex, sodass, wenn man irgendeines von ihnen zu untersuchen beginnt, man bald bemerkt, dass es beinahe unmöglich ist, zu einem gesicherten Schluss zu kommen, ohne auch viele andere zu untersuchen. Das trifft vielleicht sogar auf die Philosophie des Geistes noch mehr zu als auf andere Zweige der Philosophie: der Natur des Geistes und seiner Beziehung zum Körper nachzuforschen heißt, sich mit einem Verlauf der Untersuchungen auseinanderzusetzen, der beinahe sofort zu generellen Fragen der Metaphysik und Epistemologie, und schließlich sogar zu Themen der Sprachphilosophie, der Wissenschaftstheorie und der Religionsphilosophie führt. Dies, wie der Leser bald bemerken wird, ist eines der Themen dieses Buches. Eine Einführung in die Philosophie des Geistes kommt nicht umhin, bis zu einem gewissen Grad eine Einführung in die Philosophie ganz allgemein zu sein. Das Buch *ist*, nichts desto trotz, eine *Einführung*: um es zu verstehen, werden keinerlei Vorkenntnisse über den Themenbereich vorausgesetzt; und obwohl wir gelegentlich bestimmte technische Probleme ansprechen werden, wurden diese auf einem Minimum gehalten und so leserfreundlich wie möglich gestaltet.

Ein anderes Thema des Buches ist die anhaltende Relevanz und Kraft nicht-materialistischer Herangehensweisen an die Philosophie des Geistes. Zwar ist der Materialismus – die Ansicht, dass der Geist vollständig in Form rein physikalischer Prozesse der Art, wie sie von den Naturwissenschaften untersucht werden, beschrieben werden kann – heute die dominierende Tendenz auf diesem Gebiet. Das ist aber, vielleicht überraschender Weise, eine sehr moderne Entwicklung. Bis in die 1960er war der Materialismus die Sichtweise einer Minderheit unter den Philosophen, die sich für die Natur des Geistes interessierten, sogar unter den Philosophen – wie C.D. Broad, Karl Popper und Bertrand Russell – , die sich mit den modernen Naturwissenschaften auskannten, diese außerordentlich bewunderten und die in ihrer Weltanschauung nicht religiös oder sogar antireligiös waren. Während es gewichtige und anspruchsvolle philosophische Argumente gibt, die für den Materialismus sprechen, gibt es auch gleichermaßen gewichtige und anspruchsvolle Argumente gegen diese Sichtweise; und tatsächlich sind es die Argumente der letzteren Art, die die meisten Philosophen den größten Teil der Geschichte der Philosophie lang am überzeugendsten gefunden haben. Natürlich ist es möglich, dass die Sichtweise der Mehrheit in der Geschichte des Themenbereichs falsch war und dass die gegenwärtige, orthodoxe Herangehensweise die richtige ist; aber es ist auch möglich, dass die historisch dominante Sichtweise korrekt war, und dass die zeitgenössischen Philosophen einen Fehler machen, indem sie davon abkommen. In der Philosophie geht es in jedem Fall nicht darum, das zu glauben, was gerade in Mode ist, sondern darum, das zu entdecken, was wahr ist. Es ist daher entscheidend, sofern man die Philosophie des Geistes wirklich verstehen will, dass man mit den Hauptargumenten der anti-materialistischen Seite ebenso vertraut ist wie mit den Argumenten für den Materialismus. Dementsprechend zielt dieses Buch darauf ab, eine solide Einführung sowohl in die traditionellen Argumente gegen den Materialismus als auch in die zeitgenössischen Argumente, die für ihn sprechen, anzubieten. Dies ist alles umso wichtiger, da sogar heute Kritiker des Materialismus einen bedeutenden und einflussreichen Minderheiten-Standpunkt innerhalb dieses Gebietes einnehmen. Es ist an der Zeit, dass eine Einführung in dieses Thema dieser Tatsache gerecht wird und die übermäßige materialistische Ausrichtung, die in Einführungsbänden allzu normal geworden ist, vermeidet. Ich habe versucht, beiden Seiten gegenüber fair zu sein, und ich hoffe, dass der Leser findet, dass ich darin erfolgreich war.

Es ist schwer einzusehen, wie irgendjemand eine Einführung in die Philosophie des Geistes schreiben könnte, ohne dieses Fach zuerst unterrichtet zu haben. Es gibt keinen besseren Weg herauszufinden, wie man schwierige Gedanken so deutlich wie möglich machen kann, als verschiedene Einführungen an Studenten auszuprobieren und zu sehen, welche funktioniert. Ich danke den vielen Studenten, denen ich über die Jahre dieses Fach gelehrt habe, für ihr Feedback und ihren Enthusiasmus, und speziell den Studenten mit und ohne abgeschlossenem Studium, die in den Kursen der Philosophie des Geistes waren, die ich an der Loyola Marymount Universität während des akademischen Jahres 2003-2004 gehalten habe, und die eine frühe Kostprobe von dem Inhalt dieses Buches in Form von Vorlesungen erhalten haben.

Dank gebührt auch Mel Thomson, der beim Ausarbeiten des ursprünglichen Buchvorschlags sehr hilfreich war, und den anonymen Beurteilern bei Oneworld Publications, die unschätzbare Rückmeldungen zur Verfügung gestellt haben, die es mir in außerordentlichem Maß erlaubt haben, das Manuskript zu verbessern. Spezieller Dank ist Victoria Roddam geschuldet, die eine sagenhafte Herausgeberin gewesen ist und mit der zu arbeiten ein Vergnügen war.

Meine geliebte Frau Rachel war während des gesamten zeitraubenden Projekts geduldig und eine große Stütze. Das waren (freilich ohne es zu bemerken) auch unsere Kinder Benedict und Gemma, denen dieses Buch gewidmet ist.

1.

Wahrnehmung

Sie haben gerade begonnen dieses Buch zu lesen. Oder zumindest glauben Sie das. Aber sind Sie sich sicher, dass Sie es wirklich lesen? Woher wissen Sie, dass Sie nicht bloß träumen, dass Sie dieses Buch lesen, oder dass Sie eine lebhafte Halluzination haben? Woher wissen Sie, dass Sie nicht in Wahrheit in einem extrem raffinierten virtuellen Computerprogramm gefangen sind, so wie die Charaktere in dem Film *Die Matrix*?

Vielleicht geraten Sie an diesem Punkt in Versuchung mit dem Lesen *aufzuhören*, in der Überzeugung, dass man solche Fragen nicht ernstnehmen muss und dass diese vielleicht für Sitzungen zu später Stunde mit ein paar Bieren passen, aber nicht für ein Buch über ernsthafte Philosophie, welches Sie hoffen gekauft zu haben. Und dennoch war kein Philosoph ernsthafter als René Descartes (1596-1650) – der eigentliche Vater der modernen Philosophie, als der er weithin bekannt ist – der diese Fragen (ohne den Bezug auf *Die Matrix* natürlich) für auf grundlegende Weise bedeutend hielt, da sie seiner Ansicht nach den Ausgangspunkt einer Reihe von Untersuchungen darstellen, die nicht nur das Fundament für wissenschaftliche Erkenntnis bilden, sondern die auch die wahre Natur des menschlichen Geistes und seiner Beziehung zur materiellen Welt enthüllen, und die in nichts geringerem als der Etablierung der Unsterblichkeit der Seele gipfeln. Wie wir sehen werden, sind sich die Philosophen nicht einig darüber, ob Descartes richtig lag, sich die Dinge so vorzustellen. Aber wenige würden leugnen, dass seine Argumente kraftvoll und dass ihre Beachtung heute noch genauso wertvoll ist, wie sie es war, als sie das erste Mal zu Papier gebracht wurden. Auch kann man nicht verleugnen, dass sie, was auch immer man letztlich von Descartes' Sichtweisen hält, das Programm der modernen Philosophie im Allgemeinen und der Philosophie des Geistes im Speziellen festgelegt haben. Wegen dieser und anderer

Gründe tun wir gut daran, uns seinen Ausgangspunkt in der Untersuchung des Geistes zu eigen zu machen.

Jetzt, wo Ihre Neugierde geweckt ist, wollen wir zu jener Frage zurückkehren, von der Descartes meinte, dass sie so große Bedeutung habe: Woher wissen Sie, dass Sie wirklich dieses Buch lesen?

Träume, Dämonen und Gehirne in Tanks

Ohne Zweifel werden Sie zunächst zu der Ansicht neigen, dass es ganz einfach offensichtlich ist, dass Sie es lesen, wo sie es doch schließlich und endlich in Ihren Händen *sehen*, seine Seiten *fühlen*, die Tinte *riechen* und *hören*, wie Ihre Finger über das Papier streifen. Wenn Sie Lust dazu hätten, dann könnten Sie auch die Chemikalien im Papier und in der Tinte *schmecken*. In jedem Fall liegt der Grund dafür, dass Sie glauben dieses Buch zu lesen, darin, dass Sie genau die Art von *Erlebnissen* haben, die Sie erwarten, wenn Sie ein Buch lesen. Ihre Sinne sagen Ihnen, dass Sie das Buch lesen; deshalb muss es der Fall sein, dass Sie es lesen.

Es gibt ein Problem mit dieser Antwort, das man sehen kann, wenn man sie mit dem folgenden Beispiel vergleicht. Nehmen wir an, Fred erzählt Ihnen, dass diesen Samstag bei Ethel eine Party stattfinden wird, und Sie wissen, dass Fred häufig und sehr überzeugend lügt. Manchmal sagt er die Wahrheit, aber sehr oft, sogar wenn der Gesprächsgegenstand trivial ist, tut er es nicht; in jedem der beiden Fälle ist sein Verhalten exakt das gleiche und es erscheint immer sehr aufrichtig. Vorausgesetzt, dass Fred Ihre einzige Quelle für diese Information ist, haben Sie dann gute Gründe zu glauben, dass diesen Samstag tatsächlich eine Party bei Ethel stattfinden wird? Sicherlich nicht. Sie wissen es ganz einfach nicht mit Gewissheit, weil Ihr einziger Anhaltspunkt für diese Annahme – Freds Wort, mit all der offensichtlichen Aufrichtigkeit – genau derselbe wäre, egal ob nun wirklich eine Party stattfinden wird oder nicht.

Wir befinden uns, wie es scheint, in genau dieser Art von Situation in Hinsicht auf unsere Sinne. Sie „erzählen" uns andauernd Sachen, und die Art, wie sie uns diese erzählen, ist sehr überzeugend – „sehen heißt glauben," wie man sagt, weil es am schwierigsten ist genau das zu bezweifeln, was anscheinend direkt vor unseren Augen ist. Trotz alledem gibt es altbekannte Fälle, in denen das, von dem uns unsere Erfahrung sagt, dass es real sei, überhaupt nicht real ist. Vielleicht haben Sie die Erfahrung gemacht, von einem messerschwingenden Mörder verfolgt zu werden, während Ihr Herz wild pochte und ein Schrei in Ihrer Kehle aufstieg. Erschrocken dachten Sie daran, wie sehr das alles wie ein Albtraum erscheint, es aber so lebhaft war, dass es *keiner* sein *konnte*; und dann, gerade bevor das Messer angesetzt wurde, um in Sie hineingejagt zu werden ... wachten Sie auf. Sie dachten, Ihre Sinne würden Ihnen mitteilen, dass Ihr Leben in unmittelbarer Gefahr wäre, aber Sie lagen falsch. Tatsächlich konnten Sie nicht besser aufgehoben sein, so behaglich wie Sie schlafend in Ihrem Bett lagen und träumten.

Aber wenn Sie Ihre Erfahrungen im Traum in einer so bedeutsamen Angelegenheit täuschen können, warum nicht auch in einer so trivialen Sache wie dem Lesen eines Buches? Tatsächlich wissen Sie, dass sie Sie in trivialen Angelegenheiten sehr oft täuschen – in jedem langweiligen, mörderfreien Traum nämlich. Wie können Sie also sicher sein, dass Sie nicht *gerade jetzt* träumen? „Aber das ist zu lebhaft, um ein Traum zu sein!“ könnten Sie antworten. Dennoch kann, wie ich bereits angedeutet habe, ein Traum manchmal so lebhaft sein, dass die Person, die ihn hat, ausdrücklich während des Traumes glaubt, dass es *kein* Traum ist. Vielleicht ist dies einer dieser Träume. Außerdem, woher *wissen* Sie, dass die Realität immer lebhafter ist als ein Traum? Aufgrund Ihrer Erinnerung an vergangene Träume? Aber woher wissen Sie, dass Sie nicht bloß träumen, dass Sie sich an diese vergangenen Träume korrekt erinnern? Ein ähnliches Problem setzt *jede* Berufung darauf, wie Träume normalerweise sind – sagen wir in schwarz-weiß – außer Kraft. Wie können sie sich dann sicher sein, dass diese Erinnerungen korrekt sind? (Und warum könnte das nicht Ihr erster Traum in Farbe sein? Schließlich gibt es für alles ein erstes Mal.) Auch die Berufung auf Belege über das Wesen von Träumen aus Psychologie-Lehrbüchern und ähnlichem wird nicht weiterhelfen – vielleicht haben sie gerade falsche Traum-Erinnerungen daran, dass Sie überhaupt solche Bücher lesen. Tatsächlich scheint es so, dass *jeder* Beweis, auf den Sie sich berufen könnten, oder jeder Test, den Sie durchführen könnten, um zu zeigen, dass Sie nicht träumen (z.B. sich selbst zwicken), ein Beweis oder Test sein könnte, von dem sie bloß träumen, dass Sie sich darauf berufen.

Das Fazit ist folgendes: Es gibt in der Natur Ihrer Erfahrungen selbst nichts, das Ihnen auf die eine oder andere Art sagen könnte, ob Sie wach sind oder träumen – was bedeutet, dass die Erfahrung selbst Ihnen nicht sagen kann, ob das, was Sie erfahren, gerade jetzt (und zu jeder Zeit, da Sie es zu Rate ziehen) real ist. Träume sind aber nicht die einzige Grundlage für diesen beunruhigenden Schluss. Es ist weithin bekannt, dass unsere Erfahrungen in all ihrer Vielfalt – visuell, auditiv, taktil, geschmacklich und olfaktorisch – von Prozessen in unserem Gehirn abhängen. Wenn sie z.B. eine Zitrone sehen, dann ist das das Resultat davon, dass Licht von der Zitrone reflektiert wird und auf die Retinae Ihrer Augen trifft, was die Sendung von Signalen über Ihre Sehnerven zu zentraleren Verarbeitungszentren Ihres Gehirns verursacht und was als neuronale Aktivität letztlich Ihre visuelle Erfahrung der Zitrone hervorbringt. Aber wenn dies der natürliche Weg ist, auf dem die Erfahrung einer Zitrone erzeugt wird, dann kann man sich leicht vorstellen, wie so eine Erfahrung prinzipiell künstlich erzeugt werden könnte – ein Neurochirurg könnte einfach direkt den Teil Ihres Gehirnes stimulieren, der die Erfahrung verursacht, während Prozesse im Sehnerv etc., die dort normalerweise Ereignisse auslösen, umgangen werden. Tatsächlich sind Neurowissenschaftler sogar jetzt schon in der Lage sehr einfache Sinneseindrücke – sagen wir einen roten Blitz in jemandes Sichtbereich oder den Geruch von Lilien – durch solche Stimulationen hervorzurufen.

Wenn das möglich ist, dann scheint es auch möglich zu sein, den gesamten bewussten Lebensverlauf von jemandem künstlich zu produzieren. Wir können uns vorstellen, dass Neurowissenschaftler jemandes Gehirn an einen riesigen Virtual-Reality-Supercomputer anschließen, der das Gehirn dazu stimuliert, genau die Arten von Erfahrungen zu machen, die die normale Alltagsexistenz charakterisieren. Wie können Sie dann aber wissen, dass *Sie selbst* nicht gerade in diesem Augenblick an einen solchen Computer angeschlossen sind? Sie wähnen sich sicher in dem Glauben gerade ein Buch zu lesen, aber vielleicht sind Sie in Wirklichkeit nur ein körperloses Gehirn, das in einem Tank mit Nährstoffen herumschwimmt, irgendwo in einem Laboratorium als Gegenstand eines bizarren Experiments einiger verrückter Neurowissenschaftler, die Ihre Erfahrung, gerade ein Buch zu lesen, erzeugen – genauso wie all die anderen Erfahrungen, die Sie jetzt machen oder jemals gehabt haben. Vielleicht lachen sie gerade in diesem Moment darüber, wie amüsant es ist, Ihnen gerade die Erfahrung gegeben zu haben, von *ihnen* zu lesen!

Es war Descartes, der das „Traum-Argument“ in die moderne philosophische Diskussion einbrachte, und obwohl er nicht das „Gehirn-im-Tank“-Szenario diskutierte, präsentierte er noch eine andere, vielleicht sogar noch gruseligere Möglichkeit. Sie mögen es beruhigend finden zu glauben, dass, sogar wenn Sie wirklich in diesem Moment träumen oder Sie ein körperloses, an eine Virtual-Reality-Maschine angeschlossenes Gehirn sind, sich dies alles in einem Zusammenhang mit einer physikalischen Umwelt, die unabhängig existiert, ereignet. Vielleicht kann man nicht wissen, was in einem bestimmten Moment in ihr genau passiert, aber zumindest gibt es sie – zumindest bedeutet dies, dass es das Bett gibt, in dem Sie jetzt gerade schlafen, oder auch irgendwo das Laboratorium mit den kichernden, verrückten Wissenschaftlern existiert. Aber was wäre, wenn nicht einmal alles *das* wirklich wäre? Was, wenn Sie nicht mehr als eine körperlose Seele, ohne physischen Körper oder überhaupt ohne Gehirn wären, und das einzige andere Ding, das existiert, ein extrem mächtiger, böser Geist, ein Dämon, wäre, der seine Zeit darauf verwendet, all die Gedanken und Erfahrungen in Ihren Geist zu setzen, die Sie jemals hatten? Jeder Ort, von dem Sie geglaubt haben, dort gewesen zu sein, jede Person, von der Sie geglaubt haben sie getroffen zu haben, das physische Universum selbst – nichts davon ist real, sondern bloß eine massive, andauernde Halluzination. Wie könnten Sie beweisen, dass Ihnen das nicht passiert? Genau wie bei dem Traum-Szenario scheint es, dass Sie keinen Beweis haben können, dass es nicht der Fall ist – denn jeder Beweis, auf den Sie verweisen, könnte ein Beweis sein, den der Dämon selbst hergestellt hat.

Descartes nahm Argumente dieser Art, um uns etwas Wichtiges über die Natur der Wahrnehmung zu vermitteln, nämlich dass es eine Lücke – zumindest der Möglichkeit nach – zwischen der Erscheinung der Welt, die sie uns zeigt, und der Realität außerhalb davon gibt. In unserer Wahrnehmung erkennen wir diese Erscheinung unmittelbar und als vertraut; was wir von der Realität wissen ist eine andere und problematischere Angelegenheit. Die erste und offensichtlichste Konsequenz davon ist eine *epistemologische*, das heißt, es betrifft das Wesen der menschlichen Erkenntnis. Diese Konsequenz ist nach Descartes' Ansicht nicht (wie es zuerst scheinen mag), dass wir nichts mit Gewissheit wissen können, sondern vielmehr, dass das, was wir sicher wissen, was auch immer das sein mag, letzten Endes nicht direkt von unserer Wahrnehmungserfahrung alleine kommen kann. In diesem Punkt unterscheidet sich Descartes vom *Empirismus* – der Ansicht, dass alle Erkenntnis letztlich auf den Sinnen beruht – und auch vielleicht vom Alltagsverständnis, das besagt, dass, ob nun die Sinne die Grundlage aller Erkenntnis bilden oder nicht, sie uns zumindest alle durch sich selbst einige unzweifelhafte Erkenntnis liefern. Descartes hielt dem entgegen, dass die eben betrachteten Arten von Argumenten beweisen, dass das nicht richtig sein kann. Die Sinne selbst sind so schwach, dass sie uns nicht einmal sagen können, ob sie wach sind. Wenn wir Erkenntnis haben (und Descartes glaubte, dass wir eine solche sicherlich haben), dann muss sie anderswoher kommen, nämlich von der reinen Vernunft, die unabhängig von den Sinnen operiert – eine Sichtweise der Grundlage von Erkenntnis, die als *Rationalismus* bekannt ist.

Das erste, das Sie auf dieser Grundlage laut Descartes wissen, ist, dass zumindest *Sie* existieren. Wie? Na, selbst wenn Sie wirklich gerade jetzt träumen, Sie ein Gehirn in einer Wanne oder das Opfer eines täuschenden, bösen Geistes sind, so müssen sie doch zuerst einmal existieren, um zu träumen oder getäuscht zu werden. Und tatsächlich, wenn Sie Bedenken haben, ob Sie jetzt träumen oder nicht, ob es einen solchen Dämon gibt, oder ob Sie überhaupt existieren, *dann müssen sie existieren, um diese Bedenken haben zu können.* Wenn sie überhaupt nicht existierten, dann wären Sie offenbar nicht da, um wegen dieser Tatsache Bedenken haben zu können. Alleine darüber *nachzudenken,* ob Sie existieren, ist also genug, um zu beweisen, dass Sie es tun. *„Cogito ergo sum."*, wie Descartes meinte – „Ich denke, also bin ich." Dieses berühmte Argument, das man nachvollziehen kann, ohne sich auf die Glaubhaftigkeit der Sinne verlassen zu müssen, ist nach Descartes Ansicht der Anfangspunkt aller Erkenntnis und der absolute Haltepunkt jedes Zweifels: Wenn man auch sonst nichts wissen kann, so kann man zumindest mit Sicherheit wissen, dass man real ist.

So weit so gut; aber ist sonst noch irgendetwas real? Ist insbesondere das physische Universum, von dem Sie immer geglaubt haben, dass es außerhalb Ihres Geistes sei – die schlichte Welt der Tische, Stühle, Felsen, Bäume, andere menschliche Wesen, Hunde, Katzen und andere Tiere, Planeten, Sterne und Galaxien – ist dies alles ebenso real? Es mag so scheinen, dass, wenn all Ihre Wahrnehmungserfahrung falsch sein könnte, es dann keinen Weg gibt und auch keinen geben kann, um herauszufinden, dass irgendetwas anderes existiert. Vielleicht existiert tatsächlich nichts anderes – nicht einmal ein böser Geist oder verrückte Wissenschaftler. Vielleicht *sind Sie die einzige Realität*, und Ihre Wahrnehmungserfahrungen stellen nichts anderes dar als eine unbegrenzt lange Halluzination und das gesamte Universum ist eine Phantasievorstellung. Das ist *Solipsismus*: die Ansicht, dass „Ich alleine existiere."

Indirekter Realismus

Descartes selbst war kein Solipsist. Er war ein überzeugter Realist, der fest daran glaubte, dass die Welt der äußeren, objektiven, physischen Objekte existiert, und dass wir durch unsere Sinne, auch in Anbetracht der Argumente der „Traum"- und „Böser Geist"-Sorte, diese Welt wirklich erkennen. Aber er glaubte auch, dass diese Argumente zeigen, dass wir sie nicht *direkt* erkennen. Was wir direkt erkennen ist der Inhalt unseres eigenen Geistes, also der reiche Strom der Erfahrungen, die unser bewusstes Alltagsleben ausmachen. Die physische Welt, die durch solche Erfahrungen repräsentiert wird, und nicht durch verrückte Wissenschaftler oder Dämonen, ist tatsächlich das, was uns normalerweise dazu veranlasst, diese zu machen, aber die Erfahrungen selbst sind alles, wozu wir direkten Zugang haben. Es ist als sähen wir Bilder auf einem Fernsehschirm, ohne dass wir in der Lage wären, die ursprüngliche Quelle solcher Bilder direkt zu beobachten. Wir mögen annehmen, dass das, was wir sehen, eine Live-Sendung über Astronauten ist, die in einem Spaceshuttle die Erde umkreisen, und wir mögen damit auch recht haben – aber es ist zumindest möglich, dass das, was wir wirklich sehen, eine Aufzeichnung von Ereignissen ist, die früher stattgefunden haben, nämlich von Schauspielern auf einer täuschend echten Bühne in Hollywood mit ein paar geschickten Spezialeffekten, oder dass es sich sogar gänzlich um ein computergeneriertes Bild handelt. Ohne Zweifel können wir durch eine unabhängige Quelle herausfinden, ob es wirklich eine Live-Sendung ist, aber die Tatsache, dass wir das nicht alleine durch das Beobachten des Bildes können, zeigt, dass wir eine solche Quelle *brauchen* und dass das, was wir direkt sehen, nicht die Astronauten selbst sein können, sondern bloß eine Repräsentation von ihnen. Ähnlich verhält es sich nach Descartes in der Wahrnehmung: Wenn da draußen wirklich ein Buch ist und es der Grund dafür ist, dass Sie eine „buchmäßige" Erfahrung machen, dann sehen Sie es wirklich, wenn auch indirekt; wenn ein Traum oder ein Gerät zur Erzeugung virtueller Realitäten oder ein Dämon die Erfahrung hervorruft, dann sehen Sie es eigentlich gar nicht. Egal, wie Sie es drehen, was Sie wirklich „sehen", ist niemals das Buch selbst, sondern nur eine Wahrnehmungsrepräsentation des Buches.

Diese Ansicht, dass alles, dessen wir uns jemals unmittelbar bewusst werden, der „Schleier der Wahrnehmungen" ist, der unsere bewussten Erfahrungen ausmacht, ist verschiedentlich bekannt als *Indirekter Realismus, Repräsentativer Realismus* oder *Kausaler Realismus* – „Realismus" deshalb, weil die Ansicht daran festhält, dass es wirklich eine physische Welt außerhalb unseres Geistes gibt, „indirekt", „repräsentativ" oder „kausal" deshalb, weil sie daran festhält, dass wir die Welt nur indirekt erkennen, durch unsere direkte Kenntnis der Wahrnehmungsrepräsentationen, die durch die Welt mittels Einwirkung auf unsere Sinnesorgane verursacht werden. Eine lange Reihe berühmter Philosophen, inklusive Empiristen wie John Locke (1632-1704) und Bertrand Russell (1872-1970) – die Descartes ansonsten bezüglich des zuletzt genannten Rationalismus nicht zustimmten – haben diese Ansicht vertreten, für gewöhnlich auf Basis weniger bizarrer Beispiele als jener, die wir bisher betrachtet haben.

Ein solches Beispiel wären Halluzinationen, die sich scheinbar von normalen Wahrnehmungserfahrungen, die sich uns mit einem verlässlichen Bild der Außenwelt präsentieren (das sind Erfahrungen, die, wie Philosophen sagen, *wahrheitsgemäß* sind), nicht unterscheiden lassen. Die Halluzination eines Dolches in der Hand von jemandem könnte so lebhaft sein, als würde man ihn dort tatsächlich sehen und fühlen. Es scheint in den Erfahrungen selbst nichts geben, das einem sagt, ob sie vertrauenswürdig sind, und das untermauert die Ansicht, dass das, worüber auch immer man sich in einem Fall direkt bewusst sein mag, dieselbe Art von Ding sein muss wie das, worüber man sich im anderen Fall direkt bewusst ist, weil es ansonsten irgendeinen Unterschied im wesentlichen Charakter der Erfahrungen gäbe. Aber im Fall der Halluzinationen kann es offenbar kein äußeres physisches Objekt sein, dessen man sich direkt bewusst ist. Also kann es auch kein äußeres physisches Objekt sein, dessen man sich im Fall der wahrheitsgemäßen Wahrnehmungserfahrung bewusst ist. Aber dann muss das, dessen man sich direkt bewusst ist, etwas anderes sein – eine Wahrnehmungsrepräsentation im Geist.

Es gibt da auch noch die Sache mit den Kausalbeziehungen, die zwischen Wahrnehmungserfahrungen physischer Objekte und den Objekten selbst bestehen. Es gibt, wie oben angedeutet, eine überraschend lange Kausalkette sogar in einer so einfachen Erfahrung wie dem Sehen einer Zitrone. Gewisse Wellenlängen des Lichts werden von der Oberfläche der Zitrone reflektiert, Photonen gelangen zu Ihren Retinae, Stäbchen und Zapfen werden stimuliert und senden Signale entlang des Sehnervs, diese aktivieren Nervenbahnen im Gehirn, die zum Okzipitallappen führen, und nach weiterem Hin und Her machen Sie endlich die Erfahrung. Wie also sollte das Bewusstsein über die Zitrone nicht indirekt sein nach all diesen Zwischenschritten, die zwischen dem Bewusstsein und der Zitrone existieren? Darüber hinaus erstreckt sich eine solche Abfolge von Ursachen über einen gewissen Zeitraum. Im Fall der Zitrone erreicht das Licht Ihre Augen praktisch sofort, aber im Fall, dass man zur Sonne blickt, braucht das Licht volle acht Minuten, was bedeutet, dass das, was Sie jetzt sehen, die Sonne ist, wie sie sich vor acht Minuten zeigte. Das Licht des Sterns Alpha Centauri benötigt über vier Jahre, um uns zu erreichen, und das Licht von anderen Himmelsobjekten braucht noch viel länger – in vielen Fällen so lange, dass einige der Objekte, die wir am Nachthimmel sehen, nicht mehr existieren! Wie also, noch einmal, sollte Ihr Bewusstsein dieser Objekte nicht indirekt sein? Wie könnten Sie sich *direkt* einer Sache bewusst sein, die nicht einmal existiert?

Diese Überlegungen bezüglich Halluzination und Verursachung liefern wohl, jedes für sich – ohne dass man auf bizarre Unterstellungen über verrückte Wissenschaftler oder böse Geister Bezug nehmen müsste – starke Gründe für eine indirekt-realistische Vorstellung von Wahrnehmung. So wie der Philosoph Howard Robinson vorgeschlagen hat, können sie am besten zu einem einzigen einfachen und starken Argument kombiniert werden, das wir wie folgt zusammenfassen können:

1. Durch künstliche Stimulation des Gehirns, wodurch ein neuronaler Prozess hervorgerufen wird, der normalerweise mit einer bestimmten wahrheitsgemäßen Wahrnehmungserfahrung assoziiert ist, ist es prinzipiell möglich eine Halluzination hervorzurufen, die subjektiv ununterscheidbar von jener Erfahrung ist.
2. Aber wenn die unmittelbaren Ursachen wahrheitsgemäßer Wahrnehmungserfahrung und deren halluzinierte Gegenstücke von derselben Art sind, dann müssen diese Effekte ebenfalls von derselben Art sein.
3. Im Fall der Halluzinationen ist der Effekt offensichtlich direktes Bewusstsein nicht irgendwelcher externer physischer Objekte, sondern vielmehr einer subjektiven, mentalen Wahrnehmungsrepräsentation eines äußeren Objekts.
4. Also muss auch im Fall der wahrheitsgemäßen Wahrnehmungserfahrung das, dessen sich jemand direkt bewusst ist, eine subjektive Wahrnehmungsrepräsentation sein.

Wieder geht es nicht darum zu bestreiten, dass man in wahrheitsgemäßen Wahrnehmungen wirklich äußere, objektive, unabhängig existierende, physische Objekte wahrnimmt. Es geht nur darum, dass man sie bloß *indirekt* wahrnimmt, durch direktes Bewusstsein von etwas Subjektivem und Mentalem. Gewiss, Sie *sehen wirklich* die Zitrone, allerdings nur auf dem privaten Fernsehschirm ihres Geistes, genauso wie Sie die Astronauten wirklich sehen, aber eben am buchstäblichen Fernsehschirm in Ihrem Wohnzimmer.

Skeptizismus

Selbst wenn dieses Argument richtig ist – und es ist sehr umstritten – so würde es doch nur höchstens zeigen, dass wir recht haben *könnten* mit der Überzeugung, dass die äußere, physische Welt der Tische, der Stühle, anderer Menschen, etc. existiert, nicht aber, dass wir recht *haben*. Dass wir diese Welt nicht direkt erfahren, hat nicht zur Folge, dass wir sie überhaupt nicht erfahren, und noch viel weniger, dass sie nicht real ist; aber es beweist auch nicht, dass wir sie erfahren, selbst auf indirekte Weise. Somit haben wir immer noch nicht wirklich die Frage beantwortet, wie irgendjemand, der dort beginnt, wo Descartes es tat, darüber hinaus, hin zu echter Erkenntnis über eine Welt außerhalb des Geistes, gelangen kann. Das führt uns zu einer Motivation, die viele Philosophen bei dem Versuch, den Indirekten Realismus zu vermeiden, hatten, Philosophen, die sich anstatt dessen für eine „*direkt-realistische*“ Sichtweise entschieden haben, der zufolge wir unvermittelten Wahrnehmungskontakt mit der physischen Realität haben. Indirekter Realismus, so wird weithin geglaubt, bedroht uns mit dem *Skeptizismus* in Bezug auf die Außenwelt. Wenn *alles*, dessen wir uns jemals direkt bewusstwerden, aus unseren eigenen Wahrnehmungsrepräsentationen besteht, dann scheint es so, als ob wir niemals irgendwelche Gründe haben könnten zu glauben, dass es eine Welt der physischen Objekte jenseits dieser Repräsentationen gibt. Die indirekt-realistische Sichtweise, so sagen deren Kritiker, schneidet uns so von der Außenwirklichkeit ab, wodurch es so erscheint, als könnten wir nie wieder mit ihr in Verbindung treten; sie öffnet eine Tür zum Skeptizismus, die nicht geschlossen werden kann. Das liefert uns einen guten Grund für den Versuch, eine alternative Analyse der Wahrnehmung zu finden, eine, die keine solchen skeptischen Implikationen hat.

Aber es kann sein, dass es keine solche alternative Analyse *gibt*. Denn, wie Michael Lockwood aufgezeigt hat, es ist ganz einfach falsch anzunehmen, dass die Bedrohung durch den Skeptizismus einzig für den Indirekten Realismus gelte. Was das skeptische Problem hervorruft, ist die Tatsache, dass es logisch möglich ist, dass Ihre Erfahrungen so sein können, wie sie jetzt gerade sind, da Sie von sich glauben, ein Buch zu lesen, und Sie es doch in Wirklichkeit überhaupt nicht lesen, da sie nur träumen oder halluzinieren oder von einem bösen Geist oder verrückten Wissenschaftlern darin getäuscht werden, dass Sie es wirklich lesen. Und diese Tatsache bleibt bestehen, ungeachtet dessen, ob der Indirekte Realismus oder der Direkte Realismus wahr ist. Nehmen wir an, dass unser Bewusstsein über physische Objekte in der wahrheitsgemäßen Wahrnehmung beliebig direkt ist: die Frage bleibt offen, ob in irgendeinem speziellen Fall, in dem man glaubt eine wahrheitsgemäße Wahrnehmung zu haben, man diese wirklich hat, oder ob man gerechtfertigt ist in dem Glauben, dass man eine hat. Die Tatsachen über Halluzinationen, über die kausale Vermittlung zwischen unseren Erfahrungen und der Welt, über die Abhängigkeit der Wahrnehmungserfahrungen von Ereignissen im Gehirn, Tatsachen, die niemand leugnet – diese sind es, die den Skeptizismus ermöglichen, ob sie nun den indirekten Realismus ebenfalls untermauern oder nicht. Die Vorstellung also, dass der indirekte Realismus abgelehnt werden muss, weil er uns hin zum Problem des Skeptizismus führe, scheint kaum zu greifen. Das Problem bleibt bei uns, egal welche Position wir einnehmen. Es stellt für den indirekten Realisten keine Schwierigkeit dar, die es nicht auch für jeden anderen darstellte.

Tatsächlich kann sogar argumentiert werden, dass ein Vorteil, den der indirekte Realismus gegenüber dem direkten Realismus in Anbetracht des Skeptizismus hat, darin besteht, dass er besser erklären kann, warum es überhaupt ein skeptisches Problem gibt. Wenn wir uns niemals direkt irgendeiner Sache außer unserer eigenen Wahrnehmungsrepräsentationen bewusst sind, dann ist es völlig verständlich, dass es Gelegenheiten gibt, in denen wir glauben, dass es externe Objekte gibt, die mit jenen Repräsentationen korrespondieren, auch wenn es keine gibt. Die Tatsache und das Wesen der Halluzination und ähnlichem wird verständlich. Aber wenn wir uns für gewöhnlich der externen Objekte direkt bewusst sind, dann ist es rätselhaft, warum wir manchmal Erfahrungen haben sollten, die genau wie die wahrheitsgemäßen sind, bei denen wir uns aber überhaupt keiner äußeren Objekte bewusst sind, und warum jene nicht-wahrheitsgemäßen Erfahrungen so sehr wie die wahrheitsgemäßen sein sollten. Aus diesen Gründen kann der indirekte Realismus größere Erklärungskraft haben als der direkte Realismus.

Die Verteidigung des indirekten Realismus gegen den Vorwurf, dass er uns alleine mit dem Skeptizismus bedrohe, lässt immer noch die Schlüsselfrage unbeantwortet, die einmal mehr lautet, ob es eine Möglichkeit gibt, dem Skeptizismus zu begegnen und den Glauben zu rechtfertigen, dass es wirklich eine physische Außenwelt jenseits jemandes Erfahrung gibt. Descartes begegnete dem Skeptizismus mit der Berufung auf die Idee von *Gott*, eine Idee, die man in seinem eigenen Geist findet, ob nun dieser Geist irgendwelchen Kontakt zu einer physischen Außenwelt hat oder nicht. Descartes übernahm die Ansicht, dass die Existenz Gottes auf dem Wege einiger traditioneller theistischer Argumente bewiesen werden könne. Und zu beweisen, dass Gott existiert, bedeutet zu beweisen, dass ein allgütiges Wesen existiert; und ein solches Wesen, obwohl es einem erlaubt von Zeit zu Zeit einen Fehler zu begehen (um daraus zu lernen), würde nicht zulassen, dass jemand völlig im Irrtum ist, da dies im Widerspruch zu dessen Güte stünde. Aber dann folgt daraus, dass es nicht erlauben würde, dass jemand immer träumt, oder getäuscht wird von einem bösen Geist oder wovon auch immer. Deshalb muss, wenn jemandes Sinne ihn zu dem Glauben an die Realität einer äußeren, physischen Welt führen, es eine solche Welt wirklich geben.

Descartes‘ Argument gerecht zu werden würde unter anderem eine sorgfältige Bewertung der Sache mit der Existenz Gottes erfordern. Aber dazu bräuchte es ein eigenes Buch. Darüber hinaus wäre es klarerweise philosophisch zufriedenstellender, wenn jemand dem Skeptizismus begegnen könnte, ohne sich auf die Existenz Gottes berufen zu müssen, und sei es nur weil es uns ermöglicht, einem Thema auszuweichen, das genauso umstritten ist wie der Skeptizismus und der Indirekte Realismus selbst. Aber nach Ansicht vieler Philosophen können wir dies tatsächlich tun, indem wir argumentieren, dass die Alltagsvorstellung, der zufolge es äußere Objekte gibt, die mit unseren Wahrnehmungserfahrungen korrespondieren, eine Art quasiwissenschaftliche Hypothese darstellt, die die beste Erklärung aus jenen Erfahrungen bildet, eine Erklärung, die ständig bestätigt wird durch die erfolgreichen Voraussagen, die wir auf deren Basis machen. Lockwood hat argumentiert, dass diese Art der Verteidigung exakt parallel zu der wissenschaftlichen Rechtfertigung von Hypothesen über Entitäten, die der Erfahrung unzugänglich sind, wie etwa Elektronen, verläuft. Wenn unser Glaube an Elektronen rational gerechtfertigt werden kann aufgrund ihres Wesens, so wie es durch eine gut bestätigte wissenschaftliche Theorie postuliert wird, dann kann dies auch unser Glaube an externe physische Objekte, trotz der Tatsache, dass sie nicht direkt beobachtbar sind.

Ein wohlbekanntes Prinzip wissenschaftlicher Erklärung ist *Ockhams Rasiermesser*, das besagt, dass einfachere und ökonomischere Hypothesen gegenüber unnötig komplizierten zu bevorzugen sind, weil sie weniger zusätzliche Rätsel hervorrufen und uns deshalb erlauben, so nahe wie möglich bei den erhobenen Daten zu bleiben. Wenn wir zum Beispiel das leichte Wackeln eines entfernten Sterns durch das Postulat der Existenz eines mittelgroßen Planeten, der ihn umkreist, erklären können, dann sollten wir anstatt dessen nicht die Existenz sieben kleiner Planeten postulieren, deren Umlaufbahnen sehr dicht aneinander liegen. (Aus welchem Grund sollten sieben, und nicht sechs oder acht angenommen werden? Wie genau stehen die Umlaufbahnen solcher Planeten zueinander in Relation? Wie konnten sie verhindern, dass sie kollidieren und einen größeren Körper bilden? Vielleicht gibt es Wege, um solche Fragen zu beantworten, aber vorausgesetzt, dass wir eine solche Hypothese nicht *brauchen*, um das Wackeln des Sterns zu erklären, und dass die Theorie sieben Planeten wieder eigene Fragen hervorruft und dass sie weit über die verfügbaren Daten hinausgeht, warum sollten wir uns mit ihr belasten?) Eine Antwort auf Lockwoods Vorschlag könnte sein, dass er gegen Ockhams Rasiermesser verstößt, denn ein Skeptiker könnte argumentieren, dass die „Böse-Geist"-Hypothese einfacher und sparsamer ist als das Alltagsverständnis, und deshalb vorzuziehen ist. Schließlich postuliert die Dämon-Hypothese, ungleich dem Alltagsverständnis, das eine enorme Zahl und Verschiedenartigkeit der äußeren, physischen Objekte postuliert, die von komplizierten Gesetzen beherrscht werden, die Existenz nur eines Objekts, nämlich des Dämons selbst, der entsprechend dem einfachen Prinzip, täuschen zu wollen, vorgeht.

Demgegenüber hat der Physiker David Deutsch argumentiert, dass skeptische Hypothesen wie das Gehirn im Tank und das Böser-Geist-Szenario in Wahrheit *komplizierter* sind als der Alltagsglaube an eine physische Außenwelt, und nicht weniger kompliziert; und zwar deshalb, weil sie an letzterer Überzeugung *parasitieren*. Sogar um die Hypothese eines täuschenden, bösen Geistes zu bilden, müssen wir zuerst die

Hypothese der Existenz einer Alltagsverstand-Welt der externen physischen Objekte, die von physikalischen Gesetzen beherrscht werden, bilden, und uns dann vorstellen, dass der Dämon uns in dem Glauben, dass diese Hypothese wahr sei, täuscht. Das erfordert, dass der Dämon komplex genug ist, um dies erfolgreich tun zu können, was nichts anderes bedeutet, als anzunehmen, dass er komplex genug ist, um mit uns in einer Weise zu interagieren, die exakt der Weise gleicht, in der eine Welt, die wirklich aus externen physischen Objekten besteht, dies tun würde. Aber das bedeutet, dass dieser böse Geist selbst mindestens so komplex wie eine Welt der physischen Objekte sein müsste; tatsächlich bedeutet es, dass ein solcher Geist komplexer sein müsste, weil er nicht nur diese Art von Welt nachahmen, sondern sich auch *bewusst darüber im Klaren* sein müsste (was eine solche Art von Welt nicht wäre), dass es das ist, was er tut, und er daher ein denkendes Ding sein müsste, was weitere Fragen darüber aufwürfe, welche Motive er hat, dies zu tun, etc., Fragen, die im Rahmen des Alltagsverständnisses nicht entstünden. Also ist die Hypothese des bösen Geistes alles in allem tatsächlich nicht so einfach oder sparsam wie die Sichtweise des Alltagsverständnisses, und Ockhams Rasiermesser sollte uns dazu anleiten, sie zu Gunsten der letzteren zu verwerfen.

Schein und Wirklichkeit, Geist und Materie

Wenn dies alles stimmt, dann ist es tatsächlich möglich zu wissen, dass die physische Welt außerhalb jemandes Geistes wirklich existiert, trotz der Argumente von Träumen, bösen Geistern, Gehirnen in Tanks und Halluzinationen. Wie wir gesehen haben, lässt die Betrachtung solcher Argumente nichts desto trotz darauf schließen, dass es eine Lücke zwischen unserer Erfahrung der physischen Welt und dem Universum selbst gibt; zwischen Schein und Wirklichkeit, Geist und Welt. Diese Lücke kann überbrückt werden, aber dass sie überhaupt existiert bringt wichtige philosophische Implikationen mit sich. Nachdem wir einige der erkenntnistheoretischen Implikationen untersucht haben, wollen wir nun zu den möglichen *metaphysischen* Implikationen dieser Lücke weitergehen, Implikationen, die sogar von größerer Bedeutung für die Philosophie des Geistes sind. Ist die Geist-Welt-Lücke nur eine Lücke, die der Geist in der Erkenntnis der physischen Welt aufweist, in der der Geist aber dennoch ein Teil dieser weiter aufgefassten Welt ist, nämlich der Teil davon, den wir Gehirn nennen? Oder ist es eher so, dass der Geist und die materielle Welt grundlegenderweise *verschiedene Arten von Dingen* sind, und der Geist selbst *im*materiell oder *nicht*-physisch ist, eine Seele oder ein Geist, der über und oberhalb des Gehirns existiert?

Die bisherige Diskussion führt uns natürlicherweise zu solchen Grübeleien. Betrachten Sie einige der Merkmale Ihres Geistes während er über die eigentlichen Fragen, die wir in diesem Kapitel gestellt haben, nachdenkt. Während Sie sich fragen, ob dieses Buch, von dem Sie selbst glauben, dass Sie es lesen, real ist, bemerken Sie, dass es mit Sicherheit so erscheint, gerade wegen der Wahrnehmungen, die Sie davon haben – die optischen Erscheinungen der Farben auf dessen Umschlag und die Tinte auf dessen Seiten, das Gefühl des Papiers, der Geruch der Chemikalien in der Tinte und im Papier, und so weiter. Diese Aspekte Ihrer Sinneseindrücke – die Art wie die Dinge aussehen, sich anfühlen, riechen, schmecken und sich anhören – bezeichnen Philosophen als *Qualia*, und diese Merkmale scheinen ein Unikum des Geistes zu sein. Ein Thermostat mag die Information, dass ein Raum abgekühlt ist, registrieren und der Heizung signalisieren, sich einzuschalten; aber sicherlich fühlt er als Ansammlung von Metall, Plastik und Kabeln die Kälte nicht in der Weise, wie Sie das tun. Darüber hinaus bilden diese Qualia – die Konstellation von visuellen Eindrücken, Geräuschen, Geschmackseindrücken, Gefühlen, Gerüchen und ähnlichem, die Sie jetzt gerade erleben – kein chaotisches Wirrwarr, das wie eine Kaskade ohne Sinn und Verstand durch Ihren Geist läuft, sondern eben ein kohärentes und einheitliches Bild der Welt, dessen Sie sich bewusst werden *als* ein solches Bild der Welt. Außerdem können Sie rational über dieses Bild nachdenken und sich fragen, ob es mit irgendeiner Realität außerhalb korrespondiert; und diese Gedanken, genau wie das Bild selbst, haben Bedeutung oder Aussagekraft, und stellen die Welt als bestimmten Weg dar. Sie haben das, was Philosophen *Intentionalität* nennen, die Eigenschaft *auf* etwas *gerichtet* zu sein oder *von* etwas zu *handeln*, in der Weise wie Bilder von Katzen oder das Wort „Katze" von Katzen handelt, Katzen bedeutet oder repräsentiert, anstatt bloße, bedeutungslose Tinten- oder Farbschnörkel darzustellen.

Diese Eigenschaften des Geistes – Qualia und das einheitliche Bewusstsein von dem, wovon sie ein Teil sind, rationales Denken und die Intentionalität die es darstellt – umfassen zusammen den Bereich des denkenden Subjekts, dessen Situation uns Descartes lebhaft in den merkwürdigen Gedankenexperimenten präsentiert, mit denen wir dieses Kapitel begonnen haben. Jenes Subjekt wird mit einer gewissen Erscheinung der Realität außerhalb seiner selbst präsentiert, einer Erscheinung, die eine bestimmte Sichtweise auf diese Realität widerspiegelt: die Erste-Person- oder subjektive Sichtweise des „Ich“ oder Selbst, das sich Fragen stellt über die Außenwelt – ob sie überhaupt existiert, was sie ausmacht, in welcher Beziehung das Selbst dazu steht. Dieser Bereich des Subjekts scheint sich sehr von der Außenwirklichkeit selbst zu unterscheiden: die physische Welt, wie sie uns die moderne Wissenschaft enthüllt, eine Realität, die objektiv, geistunabhängig, frei von irgendeiner besonderen Sichtweise und daher mehr „dritte-Person-mäßig“ als erste-Person-mäßig ist – mehr ein *Es* als ein „Ich“. Es ist eine Welt, von der wir durch die Wissenschaft wissen, dass sie letztlich aus fundamentalen Partikeln besteht, die keine der Eigenschaften haben, die uns die Erfahrung präsentiert, sondern die farblos, geruchlos, geschmacklos und am besten in der abstrakten, mathematischen Sprache der Physik beschrieben werden. Und das gilt nicht weniger für unsere Körper und Gehirne, als für irgendeinen anderen Teil der physischen Welt. Wie können *sie* also auf irgendeine Weise der Sitz des reichen Bereichs des Bewusstseins, des rationalen Denkens sein, durch das wir jene physische Welt erkennen? Wie kann irgendein materielles Ding – einschließlich des grauen, matschigen Klumpens Materie, der Ihr Gehirn ausmacht und das genauso grob physisch erscheint wie ein Thermostat – Gefühle, Geruchs- und Geschmackseindrücke und generell Qualia haben? Wie kann es sich seiner selbst und seiner Umgebung bewusst und im Klaren sein? Und wie kann es über sich selbst und jene Umgebung rational nachdenken oder Intentionalität aufweisen? Letzten Endes schließt die Existenz eines Thermostaten sicherlich nicht mehr ein als den Durchfluss elektrischen Stroms durch Kabel, die Bewegung einer Nadel über eine Oberfläche, und so weiter; dort gibt es kein Bewusstsein, kein sinnvolles oder rationales Denken, nur grobe, mechanische Prozesse. Aber wie unterschiedlich sind die elektrochemischen Signale davon wirklich, die zwischen den Neuronen des Gehirns ausgetauscht werden? Wie sind diese wesentlich weniger bedeutungslos und unbewusst als die Elektrizität, die durch die Verkabelung eines Thermostaten läuft?

Obwohl es allerdings schwer ist einzusehen, *wie* der Geist etwas rein Physisches sein könnte, so meint man von der modernen Wissenschaft oft, dass sie besagt, dass er es trotz allem doch irgendwie *ist*, dass jeder Aspekt unseres geistigen Lebens mittels elektrochemischer Prozesse im Gehirn und dem zentralen Nervensystem erklärt werden kann. Wie diese Spannung zwischen dem, was der Geist zu sein scheint und was die Wissenschaft sagt, dass er ist – oder was einige Menschen *behaupten*, dass die Wissenschaft besage, dass er ist – aufzulösen ist, stellt das berühmte Leib-Seele-Problem dar und legt die Agenda für die Philosophie des Geistes fest, deren Probleme alle auf die eine oder andere Weise dazu neigen, auf dieses grundlegende eine zurückzugehen. Es ist, wie das Problem dieses Kapitels, das uns dazu geführt hat, eine Frage der Entscheidung, ob die Erscheinung mit der Realität korrespondiert – in diesem Fall der Festlegung, ob der Geist ist, was zu sein scheint, nämlich etwas immaterielles oder nicht-physisches, oder ob dieser Schein genauso irreführend ist wie eine Halluzination, die von Descartes bösem Geist hervorgerufen wird. Aber wenn Descartes Enthüllung der Lücke zwischen Schein und Wirklichkeit uns zum Leib-Seele-Problem geführt hat, dann hat er möglicherweise auch eine Lösung dafür präsentiert, die der Gegenstand des nächsten Kapitels ist.

2.

Dualismus

Der Alltagsverstand mag Descartes' Traum- und Böser-Geist-Szenarios als ungewöhnlich und exzentrisch erachten, aber er ist mit der Unterscheidung zwischen Schein und Wirklichkeit nicht unvertraut – oder, dem gegenwärtigen Standpunkt mehr entsprechend, der Unterscheidung zwischen Geist und Materie. Wenn dessen indirekt-realistische Auffassung von Wahrnehmung tatsächlich gegen den Kern des Alltagsdenkens spricht, so stimmt Descartes' Dualismus – seine Behauptung, dass es einen „wirklichen Unterschied" zwischen dem Geist und dem Körper gibt, dass sie grundlegend verschiedene Arten von Dingen sind – damit ziemlich überein. Wir unterscheiden in gewöhnlichen Zusammenhängen genauso oft reflexartig zwischen Geist und Körper wie in philosophischen und in einer Weise, die darauf schließen lässt, dass der Unterschied zwischen ihnen tiefer geht als der bloße Unterschied zwischen Teil und Ganzem: letztlich unterscheiden wir von Natur aus nicht zwischen „Hand und Körper" und „Gehirn und Körper" auf die gleiche Weise. Außerdem hat der metaphysische Inhalt der meisten Religionen der Geschichte irgendeine Version der Idee eingeschlossen, dass ein menschliches Wesen eine *Seele* besitzt, die als der Sitz unseres geistigen Lebens, als eher spirituell als physisch und als unsterblich angesehen wurde.

Descartes' Position ist darauf ausgerichtet, dieses Alltagsverständnis der menschlichen Natur rational zu systematisieren und zu rechtfertigen. Normalerweise wird diese als *kartesischer Dualismus* bezeichnet („kartesisch" bedeutet das Denken Descartes' betreffend), obwohl eine Version davon in der Philosophie zumindest bis zu Plato zurückgeht. Nach Descartes' Ansicht liegt der Grund dafür, warum Geist und Körper in der Weise, wie sie im letzten Kapitel dargestellt wurde, unterschiedlich zu sein *scheinen*, darin, dass sie unterschiedlich *sind*, und zwar radikal. Der Körper ist seinem Wesen nach exakt wie jedes andere materielle Objekt, nämlich ein essenziell *ausgedehntes* Ding (lateinisch: *res extensa*): das bedeutet, dass er im Raum ausgedehnt ist und durch solche Eigenschaften wie Länge, Tiefe, Höhe, Masse, Bewegung und Örtlichkeit definiert wird. Zusammen mit anderen materiellen oder ausgedehnten Dingen ist er aus rein physischen Bestandteilen – Molekülen, Atomen und subatomaren Partikeln – zusammengesetzt und gänzlich beherrscht von den Kausalprozessen, die in den Gesetzen der Physik zum Ausdruck kommen. Den Körper und das riesige physische Universum, von dem er ein Teil ist, stellt man sich am besten als Maschine vor, ihr Funktionieren als so mechanisch-automatisch wie das einer Uhr und deren Elemente als so grob und gedankenlos wie die Zahnräder und die Triebfeder der Uhr. Der Geist ist im Gegensatz dazu wesentlich ein *denkendes* Ding (oder *res cogitans*), frei von Form, Masse, Örtlichkeit im Raum oder anderen physischen Eigenschaften, und vielmehr beherrscht von Vernunft als von mechanischer Verursachung. Er ist so völlig verschieden von dem mit ihm in Zusammenhang stehenden menschlichen Körper, so wie er es von der physischen Welt überhaupt ist, obwohl er damit interagiert: Veränderungen im Körper bringen Veränderungen im Geist mit sich (wenn z.B. die Sinnesorgane des Körpers in der Nähe einen Cheeseburger entdecken und im Geist Hunger und die Absicht zu essen hervorrufen) und Veränderungen im Geist bringen Veränderungen im Körper mit sich (wenn z.B. die Absicht des Geistes den Burger zu essen, den Körper dazu veranlasst, Speichel abzusondern und damit fortzufahren ihn zu essen).

Da es einen klaren Sinn gibt, nach dem Descartes‘ Geist und Körper als unterschiedliche *Substanzen* auseinanderhielt – eine *Substanz* ist etwas, das an sich existiert, im Gegensatz zu einem „Attribut“ oder einer „Eigenschaft“ (wie etwa Röte, Größe oder Schwere), die nicht ohne eine Substanz, die sie hat, existieren können – wird seine Sichtweise oft als *Substanz-Dualismus* beschrieben und er wird weithin so interpretiert, dass er die nicht-physische Substanz des Geistes als das ansieht, was das Wesen einer *Person* ausmacht, und den Körper als bloße Wucherung, die für ein menschliches Wesen nicht nötiger ist als die Kleidung, die es trägt. Nach diesem Verständnis der Ansicht Descartes‘ ist das „wirkliche“ Sie irgendetwas außerhalb der gesamten materiellen Welt, eine immaterielle Substanz oder eine Seele, die Ihren Körper vorübergehend bewohnt wie ein „Geist in der Maschine“, wie Gilbert Ryle (1900-1976) es auf berühmte und höhnische Weise formuliert hat. Aber diese Interpretation, egal wie weit verbreitet sie sein mag, ist bestenfalls eine Karikatur. In Wahrheit hielt Descartes die Interaktion zwischen Geist und

Körper für so eng, dass die zwei zusammen eine dritte, einzigartige Substanz mit ihren eigenen, unverwechselbaren Eigenschaften ergeben: während Form, Masse und ähnliches auf den Körper beschränkt sind, und reine intellektuelle Aktivität auf den Geist beschränkt ist, ist *Empfindung* – Schmerzen, Jucken, Gefühle des Hungers und des Dursts – ein Merkmal, das korrekterweise nur der Substanz zugeschrieben werden kann, die aus Körper und Geist besteht, wenn sie interagieren. Darüber hinaus ist es diese zusammengesetzte Substanz, mehr als der Geist alleine, mit dem eine Person oder ein menschliches Wesen identifiziert werden muss.

Nichtsdestotrotz ist der Geist nach Descartes' Auffassung immer noch vom Körper zu unterscheiden, wie eng die Verbindung zwischen ihnen auch sein mag – und das bedeutet, dass er auch vom Gehirn zu unterscheiden ist, das kein weniger physisches oder ausgedehntes Objekt ist als der Rest des menschlichen Körpers. Aber widerspricht damit Descartes nicht schließlich doch dem Alltagsverständnis? Verwenden wir nicht für gewöhnlich die Ausdrücke „Geist" und „Gehirn" so, dass sie füreinander ausgetauscht werden können und dass sie als dasselbe Ding betrachtet werden müssen – ein Fall, in dem der Geist wirklich nur ein Teil des Körpers ist?

Geist und Gehirn, Äpfel und Orangen

Ohne Zweifel verwenden die Menschen heutzutage diese Worte abwechselnd, aber das alleine beweist gar nichts. Sicherlich *bedeuten* die beiden Worte nicht dasselbe. Zu Aristoteles' Zeiten wussten die Menschen vom Gehirn, aber nicht, dass es etwas mit dem Denken, mit Intelligenz oder überhaupt mit dem Geist zu tun hat – sie dachten, seine Funktion wäre es, den Körper zu kühlen. Nur weil wir heute wissen, dass das Gehirn eine enge Beziehung zum Geist hat, wechseln wir so leicht (und von einem philosophischen Standpunkt aus betrachtet unvorsichtigerweise) von der Rede über das eine zu der Rede über das andere. Descartes selbst war sich dieser Verbindung sehr wohl bewusst und hielt Geist und Gehirn trotzdem für verschieden. Das Gehirn ist seiner Ansicht nach die Leitung, durch die hindurch der Geist mit dem Körper interagiert, das aber trotzdem genauso verschieden vom Geist ist wie das Kabel, das Ihren Fernseher mit der Relaisstation des Kabelanbieters verbindet, vom Fernseher selbst verschieden ist.

Aber *warum* sollen wir sie für verschieden halten? Warum schließen wir nicht aus der engen Verbindung, die zwischen ihnen besteht, dass Geist und Gehirn dasselbe sind?

Warum glauben wir, dass sich Äpfel von Orangen unterscheiden? Die Antwort lautet natürlich, dass sie einfach offensichtlich verschieden sind. Orangen sind orange, kugelförmig und haben einen bestimmten Geschmack, der sich sehr von dem von Äpfeln unterscheidet, die typischerweise rot, gelb oder grün und apfelförmig sind. Jeder, der sie wahrgenommen hat, weiß, dass sie sich unterscheiden; es bedarf keines ausgefallenen Arguments, um das zu beweisen. Aber dasselbe gilt nach Descartes‘ Ansicht für den Geist und den Körper, oder eigentlich den Geist und das Gehirn. Der Unterschied zwischen ihnen ist „klar und deutlich“, genauso offensichtlich wie der Unterschied zwischen Äpfeln und Orangen und bedarf genau so wenig einer komplizierten philosophischen Beweisführung.

Wie wir von der modernen Physik wissen, ist ein materielles Ding letztlich nichts anderes als eine Ansammlung von Elementarteilchen. Dies schließt auch den Cheeseburger ein, der Ihnen das Wasser im Mund zusammenlaufen und Ihren Magen knurren lässt und dessen Geschmack und Konsistenz, die Sie lebhaft erfahren, wenn Sie ihn essen, Zufriedenheit verschafft. Die Teilchen, aus denen der Cheeseburger besteht, haben selbst keine dieser Eigenschaften: keine Farbe, keinen Geruch, keinen Geschmack und keine Konsistenz. Außerdem haben sie nichts von der Festigkeit des Cheeseburgers, die Sie spüren, wenn sie ihn in den Händen halten; es gibt nicht mehr Raum zwischen den Teilchen als den, der von den Teilchen selbst eingenommen wird, so dass der Cheeseburger hauptsächlich leerer Raum ist. Es ergibt sich nur eben so, dass die Teilchen, die den Cheeseburger ausmachen, so zusammengesetzt sind, dass sie Ihre Sinnesorgane auf eine solche Weise ansprechen, dass Sie ihn als ein festes, konsistentes, farbiges, aromatisches und geschmackvolles Objekt wahrnehmen. Obwohl er eigentlich nichts davon ist, so wie auch kein anderes physisches Objekt es ist – einschließlich Ihres Gehirns, das genau wie der Cheeseburger aus physischen Teilchen besteht. Und doch existieren diese Eigenschaften in einem gewissen Sinn in Ihrem Geist, in Ihrem Erleben des Cheeseburgers. Aber dann ist der Geist, wie der Dualist daraus schließt, offensichtlich verschieden vom Gehirn, da es eine Beschaffenheit hat, die das Gehirn nicht hat.

Betrachten Sie weiters das Wesen von Erfahrungen im Allgemeinen und ihrer Qualia. Wenn Sie sehen, wie Fred sich seine Hand in einer Autotür einklemmt, dann haben Sie keine Zweifel daran, dass er Schmerzen hat. Das kommt aber nicht daher, dass Sie die Schmerzen selbst erleben oder beobachten; Sie können nicht in die Wunde schauen und den Schmerz sehen, so wie Sie einen Splitter sehen würden. Sie werden ein Verhalten beobachten können, das typisch ist für Schmerz – Brüllen, Schreien, Fluchen, ein sich Drehen und Winden – genauso wie die Verletzung von Freds geschädigtem Körperteil – aufgerissene Haut, gequetschte Knochen, Blut und ähnliches. Wenn Sie zufällig die erforderliche Ausrüstung dabeihaben – wie etwa einen Kernspintomographen – dann wären sie auch in der Lage, die relevanten Vorgänge in Freds zentralem Nervensystem zu beobachten. All das ist für Sie genauso direkt zugänglich wie für Fred. Aber Freds *Empfinden* des Schmerzes – dessen *Erfahrung*, das *Gefühl* davon – ist etwas, das nur er allein direkt, von innen, kennt. Wenn sie wissen, dass er da ist, dann nur weil Sie aus Ihrer eigenen Erfahrung, was passiert, wenn Sie sich Ihre Hand in einer Tür einklemmen, folgern, dass Fred Schmerzen haben muss. Es ist sogar möglich, dass Fred in Wirklichkeit überhaupt keine Schmerzen verspürt: vielleicht ist er bloß ein exzentrischer Possenreißer, der bereit ist, sich die Hand zu brechen, nur um einen Lacher zu ernten, und der sich vorher Novocain gespritzt hat und jetzt den Schmerz bloß *spielt*. Das ist unwahrscheinlich, aber die Tatsache, dass es zumindest möglich ist, unterstreicht den Punkt, dass der Schmerz selbst – so verschieden er von den seinen Ursachen und Auswirkungen und dem körperlichen Schaden, der damit einhergeht, ist – für niemanden *direkt* erkennbar ist außer der Person, die ihn erlebt.

Was für den Schmerz gilt, gilt auch für andere Erfahrungen. Wenn Ihnen jemand mit einem Blitzlicht ins Gesicht leuchtet, dann mögen andere Sie als Reaktion darauf blinzeln, zusammenzucken und die Arme in die Höhe werfen sehen, aber sie werden und können nicht das Nachbild sehen, das im Nachhinein Ihr Gesichtsfeld für einige Augenblicke einnimmt. Wenn Sie ein geistiges Bild des Eiffelturms imaginieren, oder wenn Sie sich Ihr Lieblingslied vorstellen, dann werden andere völlig unfähig sein, das Bild zu sehen oder das Lied zu hören, wie lebhaft die Vorstellungen auch sein mögen und wie nahe sie auch ihre Augen und Ohren an Ihren Schädel bringen mögen. Auch eine Gehirnoperation an Ihnen würde ihnen keinen Zugang verschaffen – es ist ja nicht so, dass sie ein kleines Bild des Eiffelturms, das in Ihren grauen

Zellen eingedruckt ist, sehen würden oder dass sie Musik hören würden, die aus Ihrem Hypothalamus kommt. Auch können andere nicht direkt erfahren, was Sie erfahren, wenn Sie einen Cheeseburger verspeisen. Ihre Empfindungen des Geschmacks, der Konsistenz, des Geruchs und des Aussehens des Dings stehen nur Ihnen zur Verfügung; die anderen können ähnliche Erfahrungen haben, sollten sie ihren eigenen Burger essen, aber ihre Erfahrungen wären dann ihre, und nicht die von Ihnen.

Das Gefühl von Schmerz, das Aussehen eines Nachbildes, der Geschmack eines Cheeseburgers und so weiter – jene Aspekte der Erfahrung, die wir als Qualia bezeichnet haben – stellen daher eine Besonderheit dar, die Philosophen als private Lebenssphäre bezeichnen, eine Besonderheit, die sie von der physischen Realität zu unterscheiden scheint. Physische Objekte und Eigenschaften sind „öffentlich", und zwar in dem Sinne, dass sie für jeden Beobachter prinzipiell durch die Wahrnehmung direkt zugänglich sind. Das gilt für das Gehirn und den Körper genauso wie für jedes andere physische Phänomen: genauso wie jeder in der Lage ist in Ihr Auto hineinzuschauen und die Vorgänge darin zu untersuchen, so ist auch jeder in der Lage Ihren Körper oder Ihr Gehirn zu öffnen und deren Arbeitsweise zu untersuchen. Aber Ihre Qualia sind nur Ihnen direkt zugänglich, nämlich via *Introspektion* in die Inhalte Ihres Geistes – Sie haben „privilegierten Zugang" zu ihnen, den niemand sonst hat oder haben kann. Alles andere in der Welt ist objektiv, erkennbar „von außerhalb" oder vom „dritte-Person"-Standpunkt aus; Qualia – eigentlich mentale Zustände und Prozesse im Allgemeinen – sind subjektiv, erkennbar „von innerhalb", vom „erste-Person"-Standpunkt aus. Aber dann scheint es so, als ob diese mentalen Zustände und Prozesse verschieden sein müssen von allem, was sich im Gehirn, im Körper oder einem anderen physischen Ding ereignet.

Schließlich sind physische Objekte nicht nur eher „öffentlich" als „privat" und von Natur aus frei von Farbe, Geruch und Geschmack und so weiter, sondern sie sind auch wesentlicher Weise ohne Bedeutung oder Intentionalität. Sogar die Worte, die Sie jetzt gerade lesen sind an sich nur bedeutungslose Tintenschnörkel auf Papier; die Bedeutung, die sie haben, ist die Bedeutung, die wir ihnen geben, wenn wir sie als sinnvoll interpretieren. Dasselbe gilt für die Geräusche, die ein Tonbandgerät von sich gibt, oder die elektronischen Impulse, die Bilder auf einem Computerbildschirm erzeugen. An sich gibt es dort nichts außer Schallwellen und elektrischen Strom, genauso frei von Bedeutung wie die Schallwellen, die ein Ventilator erzeugt, oder der elektrische Strom, der durch den Motor des Ventilators fließt. Der Grund dafür, dass die vorher genannten überhaupt eine Bedeutung haben, ist, schon wieder, dass wir interpretieren, dass sie einen haben – wir interpretieren die Geräusche des Tonbandgerätes und die Bilder auf dem Bildschirm als Wörter, und nicht bloß als Geräusche und Gebilde. Es scheint also so, als ob physische Objekte und Prozesse nur dann Bedeutung haben, wenn sie sie von einem Geist herleiten, der sie von Natur aus hat. Das gilt für Prozesse im Gehirn genauso wie für alle anderen physischen Prozesse – an sich haben die elektrochemischen Signale, die zwischen Neuronen verlaufen, sicher nicht mehr Bedeutung oder Intentionalität als der elektrische Strom, der durch die Kabel und den Motor des elektrischen Ventilators fließt. Wieder, so scheint es, ist der Geist offenbar verschieden vom Gehirn.

Das Argument der Unteilbarkeit

Ein weiterer Unterschied zwischen Geist und Materie, von dem Descartes meinte, dass er erhebliche Bedeutung hätte, betrifft den Begriff der *Teilbarkeit in Bestandteile*. Ein physisches Objekt ist teilbar – in Hälften, Viertel, und so weiter, bis letztlich in seine einzelnen Moleküle, Atome und subatomare Teilchen – und die kleineren Objekte, die nach jeder Teilung überbleiben, sind selbst wieder physisch. Genauso, wie wir dies bei anderen Merkmalen physischer Objekte festgestellt haben, gilt dies nicht weniger für den menschlichen Körper und das Gehirn. Aber ein Geist ist *einfach*, nicht aus Teilen zusammengesetzt und daher auch nicht in weitere, kleinere Einheiten zerlegbar. Damit meint Descartes nicht, dass wir keine verschiedenen Aspekte des Geistes unterscheiden können – wie etwa dessen unterschiedliche Befähigungen zur Vernunft, Empfindung, Emotion und so weiter – sondern, dass diese Aspekte, ungleich den Aspekten eines physischen Objekts, Aspekte einer Art von Ding sind, die nicht in weitere Dinge derselben Art zerlegt werden kann. Sie können ein materielles Ding in Teile zerlegen, die selbst immer noch materiell sind, aber sie können einen Geist nicht in Teile zerlegen, die selbst je wieder ein Geist sind. In diesem Fall, so argumentiert Descartes, kann der Geist nicht mit irgendeinem materiellen Ding identifiziert werden, einschließlich des Körpers oder des Gehirns. Darüber hinaus scheint daraus zu folgen, dass die immaterielle Substanz des

Geistes, ungleich dem Körper, unsterblich ist. Physische Dinge können vergehen, gerade weil sie zusammengesetzt sind und daher in ihre Bestandteile zerfallen können. Der Geist, der ja einfach ist, hat keine Teile, in die er zerfallen könnte.

Descartes' Überzeugung, dass der Geist eine einfache Substanz sei, rührt zweifelsohne zum Teil von dem *cogito*-Argument her, das in Kapitel 1 beschrieben wurde. Aus der Gewissheit darüber, dass „ich denke", weiß ich, dass genau ein *einzelnes*, denkendes Ding existiert – schließlich heißt es „*ich* denke", nicht „*wir* denken". Ich weiß nicht mit Gewissheit, zumindest anfänglich, dass es irgendein anderes denkendes Ding in der Welt gibt; ich kann mir sicherlich kohärenter Weise vorstellen, dass es keines gibt und dass *ich alleine* existiere, so wie es der Solipsismus besagt. Aber dieses denkende „Ich" ist nur mein Geist; wenn ich mir vorstelle, dass es alleine existiert, dann stelle ich mir vor, dass ein einzelner Geist existiert, und nicht ein aus kleineren Geist-Teilen zusammengesetzter Geist. Sicherlich stelle ich mir dann etwas Einfaches vor. Bedenken wir weiters, dass, wenn ich mir überlege, ob mein Körper existiert, dies in Stufen erfolgen kann – ich kann mir zuerst vorstellen, dass mein Torso und mein Kopf wirklich sind, dass meine Glieder aber bloße Halluzinationen sind, und ich kann mir dann vorstellen, dass mein Torso ebenfalls eine Halluzination ist und so weiter. Ich kann meinen Körper auf seine Existenz hin Teil für Teil untersuchen. Aber dasselbe gilt nicht für meinen Geist, für das „Ich", das über seine eigene Existenz nachdenkt. Entweder ich existiere oder ich existiere nicht: es ist alles oder nichts, und keine Frage des Ausmaßes. Daher scheint das Ding, mit dessen Existenz ich zu tun habe, klarerweise eine einfache, nicht-zusammengesetzte Entität zu sein.

Nichtsdestotrotz wird manchmal behauptet, dass die moderne Psychologie und neurologische Forschungen gezeigt haben, dass Descartes mit der Einfachheit des Geistes falsch lag. Es gibt berühmte Fälle von „Dissoziativer Identitätsstörung" [Anm.: engl. „multiple personality disorder"] (MPD), in denen sich eine einzelne Psyche in einige Persönlichkeiten aufgespalten zu haben scheint. Würde das nicht bedeuten, dass sich ein Geist in kleinere Teile aufgespalten hat? Außerdem gibt es das merkwürdige Verhalten von „split-brain"-Patienten, bei denen das Corpus callosum – das dicke Bündel von Neuronen, das die zwei Hälften des Gehirns miteinander verbindet – durchtrennt wurde. Manche Forscher behaupten von solchen Patienten, dass sie sich benehmen, als ob zwei Personen in demselben Körper lebten, wobei jede eine Hälfte davon kontrolliert: so versucht zum Beispiel eine Hand des Patienten Bauklötze langsam übereinander zu stapeln, während die andere sich scheinbar ungeduldig einmischt, um sie schneller zu stapeln, nur um dann von der ersten Hand zur Seite geschoben zu werden. Es scheint also ebenfalls so, dass das, was einmal ein einzelner Geist war, sich in zwei aufgespalten hat.

Aber der Schein kann, wie wir gesehen haben, trügen. Im Fall der MPD haben wir es mit einem Phänomen zu tun, das traditionell als dämonische Besessenheit eingestuft wurde. Dem entsprechend beschreiben sie Menschen, die das Verhalten zeigen, das heute mit MPD in Verbindung gebracht wird, nicht als eine Aufsplitterung einer einzelnen Psyche in mehrere, sondern als das Eindringen einer anderen und fremden Psyche von außen. Wenn eine solche Art von Beschreibung korrekt ist, dann würden diese Fälle überhaupt nicht als Beweise gegen die Sicht Descartes' zählen, denn sie würden keine Teilung eines Geistes in kleinere Einheiten, sondern vielmehr die Kontrolle zweier verschiedener und ansonsten unverbundener Psychen über denselben Körper betreffen. Natürlich würden heutzutage wenige Philosophen die Behauptung, dass dämonische Besessenheit die beste Erklärung der Fälle von sogenannter MPD darstellt, ernst nehmen (obwohl dies hauptsächlich wegen der materialistischen Weltanschauung ist, die die meisten von ihnen voraussetzen, welche aber selbst genau mit den Argumenten für den Dualismus in Frage gestellt wird). In jedem Fall aber zeigt die Möglichkeit zumindest, dass MPD-Fälle an sich nicht nach sich ziehen, dass der Geist teilbar ist. Solche Fälle bedürfen der Interpretation, und Interpretationen können philosophische Vorlieben genauso widerspiegeln wie philosophische Konklusionen.

Das bringt uns zu einer grundlegenderen Entgegnung auf den MPD-Einwand (und auch zu einer entscheidenderen, da es für die Dualisten besser ist, wenn sie nicht zu so etwas strittigem wie einer dämonischen Besessenheit greifen müssen). Die Wahrheit ist, dass es einfach nicht klar ist, ob MPD-Fälle (die extrem selten und schwer zu bestätigen sind) zunächst wirklich Fälle multipler Psychen sind, die in einem Körper existieren. In vielen wohlbekannten Fällen vorgeblicher MPD-Fälle – wie in dem von „Sybil", der durch den gleichnamigen Film bekannt wurde – wurde gezeigt, dass es sich um Übertreibungen oder sogar Zeitungsenten gehandelt hat. „Sybil" selbst hat zugegeben, dass ihre „Störung" mehr oder weniger ihre eigene Erfindung war, dass ihr der Glaube, dass sie eine multiple Persönlichkeit hätte, von Therapeuten aufgeschwatzt wurde, die darauf versessen waren zu zeigen, dass es MPD wirklich gibt, und dass sie durch deren Ermutigung und in einem emotional fragilen Zustand verschiedene „Persönlichkeiten" erzeugt und abgespielt hat, um deren Diagnose zu bestätigen. Viele andere MPD-Patienten, die zunächst einmal emotional gestörte Menschen sind, geben zu, dass sie sich selbst weniger als im eigentlichen Sinne in verschiedene Persönlichkeiten aufgesplittert sehen, denn als verschiedene Rollen phantasierend und abspielend – wiederum oft unter dem Einfluss übereifriger Therapeuten.

Das Verhalten von „split-brain"-Patienten ist nicht weniger ein Gegenstand der Interpretation, einer Interpretation, die das enthusiastische Theoretisieren des Forschers genauso widerspiegeln kann wie objektive Tatsachen. Erstens sind die beiden Hemisphären der Gehirne solcher Patienten *nicht* völlig getrennt – es gibt andere Verbindungen zwischen den Hälften die ungestört bleiben, und daher gibt es keinen Grund darauf zu beharren, dass die Hälften mit verschiedenen „Psychen" assoziiert werden *müssen*. Weiters verhalten sich diese Patienten unter gewöhnlichen Bedingungen mehr oder weniger normal, oder zumindest nicht in einer Weise, die darauf hindeutet, dass mehr als ein einziger Geist ihre Körper einnimmt Nur in erfundenen experimentellen Zusammenhängen können sie dazu gebracht werden, ungewöhnliches Verhalten an den Tag zu legen, und selbst dann wird ihr Verhalten durchaus nicht am besten so interpretiert, dass dabei eine „Teilung" des Geistes involviert ist. Viele Forscher vertreten anstatt dessen die Ansicht, dass ein solches Verhalten, wenn es sorgfältig untersucht wird, auf wenig mehr als auf eine Variation von Hilflosigkeit, einem Versagen von Koordination oder einer allgemeinen kognitiven Störung hinausläuft, was von jeder ernsten Verletzung des Gehirns oder einer Übertreibung der Geistesabwesenheit oder Verwirrtheit, die wir alle von Zeit zu Zeit an den Tag legen, herrühren kann.

Das Argument der „Unteilbarkeit" bleibt umstritten, aber solange die Beweise für eine mögliche Teilbarkeit des Geistes nicht überzeugend sind, scheint es so, als ob das Argument nicht entscheidend widerlegt worden ist.

Das Argument der Vorstellbarkeit

Zu dem Thema der Einfachheit des Geistes und der Plausibilität von Descartes' Argument der Unteilbarkeit werden wir zurückkehren, wenn wir die Einheit der bewussten Erfahrung in Kapitel 5 behandeln. Wenden wir uns aber nun dem zu, was viele Philosophen für das entscheidende Argument für den Dualismus halten: das Argument der Vorstellbarkeit. Der Dualismus besagt, dass der Geist ein vom Körper oder Gehirn *verschiedenes Ding* ist und dass er von diesen prinzipiell getrennt existieren kann; der Gegner des Dualismus sagt andererseits, dass der Geist gerade das Gehirn *ist*, oder zumindest, dass er in seiner Existenz notwendigerweise davon abhängt (eine alternative Weise die Sicht des Gegners zu formulieren, zu der wir in Kapitel 3 zurückkehren werden). Aber eine solche Behauptung verpflichtet den Gegner des Dualismus zu gewissen Implikationen – Implikationen, die, wie das Argument der Vorstellbarkeit zu zeigen versucht, falsch sind, sodass auch die Behauptung, dass Geist und Gehirn identisch seien, ebenfalls falsch sein muss.

Um das Argument richtig zu verstehen, müssen wir zuerst eine Unterscheidung, die Philosophen zwischen verschiedenen Arten von *Möglichkeit* und *Unmöglichkeit* treffen, verstehen. Wenn wir sagen, dass es für einen Menschen unmöglich ist, in zwei Minuten eine Meile zu laufen oder 30 Meter hoch zu springen, dann meinen wir damit, dass solche Leistungen über die Grenzen der menschlichen Physiologie und der Gesetze der Physik hinausgehen. Solche Dinge sind *in Anbetracht dessen, wie die Welt funktioniert*, unmöglich; wir können sagen, dass sie physikalisch unmöglich sind (oder wir können, was auf dasselbe hinausläuft, sagen, dass es eine Sache der physikalischen Notwendigkeit ist, dass niemand einen 20 Sekunden-Kilometer laufen kann etc.). Aber diese Dinge sind nicht in derselben Weise unmöglich wie es unmöglich ist für ein Quadrat rund oder für 2 + 2 gleich 5 zu sein. Wären die Muskeln des menschlichen Körpers oder die Erdanziehung anders, dann wären der 20 Sekunden-Kilometer und 30 Meter hohe Sprünge leicht möglich. Sie sind es vor dem Hintergrund dessen, wie die Welt halt nun einmal funktioniert, nicht, aber sie könnten es sein, wenn die Welt anders ablaufen würde. Aber ganz egal, wie anders der menschliche Körper, die Gravitation oder die Gesetzte der Physik auch sein mögen, es kann einfach kein rundes Quadrat geben, und 2 +2 = 5 kann einfach nicht stimmen. Diese Dinge wären unmöglich, *egal wie verschieden* die Welt auch sein mag. Sie sind, könnten wir sagen, nicht bloß physikalisch, sondern *metaphysisch* unmöglich (oder mit anderen Worten, es ist eine Angelegenheit der metaphysischen Notwendigkeit, dass sie nicht bestehen können). Sie sind nicht bloß in der tatsächlichen, sondern in *jeder möglichen* Welt unmöglich.

Woher wissen wir das? Im Fall des Laufens einer 2-Minuten-Meile können wir, obwohl wir wissen, dass solche Dinge in der tatsächlichen Welt unmöglich sind, eine kohärente Beschreibung davon liefern, wie die Dinge anders sein müssten, damit es möglich ist. Wir könnten, wenn wir uns damit befassen, im Detail beschreiben, wie die Erdanziehungskraft, die menschliche Muskulatur und die Lungenkapazität etc. beschaffen sein müssten, damit man eine 2-Minuten-Meile laufen kann. Wir können für einen solchen Zustand der Dinge eine Beschreibung in einer Weise geben, die keinerlei Widersprüche einschließt, sodass das, was wir beschreiben, wenn auch nicht physikalisch möglich – die Gesetze der Natur in der tatsächlichen Welt gestatten es nicht – so doch um nichts weniger metaphysisch möglich – die Gesetzte in einer anderen möglichen Welt gestatten es – ist. Aber wenn runde Quadrate und ähnliches beteiligt sind, dann können wir dies nicht tun. Eine Welt, in der Quadrate rund sind und 2 + 2 gleich 5 ist, kann nicht kohärenter Weise beschrieben werden; gerade der Versuch, sie zu beschreiben, würde einen Widerspruch enthalten. Also kann es keine solche Welt geben. Wir könnten dies zusammenfassen, indem wir sagen, dass metaphysisch unmögliche Welten, etwa eine Welt mit runden Quadraten, streng genommen *unfassbar* sind – wir können uns die Existenz einer solchen Welt gar nicht vorstellen, und schon der Versuch, es zu tun, enthält einen Widerspruch. Obwohl aus demselben Grund die Tatsache, dass wir uns Welten vorstellen können, in der das Laufen eines 20 Sekunden-Kilometers möglich ist, Grund genug ist, um zu glauben, dass solche Welten metaphysisch nicht unmöglich sind.

Nehmen wir an, dass wir eine Behauptung betrachten, die nicht über eine 2-Minuten-Meile oder runde Quadrate, sondern über Identität aufgestellt wird. Sagen wir, angenommen wir betrachten eine Behauptung der Form A = B, dass Wasser = H_2O ist. Wir wissen natürlich, dass in der tatsächlichen Welt Wasser H_2O ist; für irgendetwas Beliebiges ist es physikalisch unmöglich, Wasser zu sein, ohne zugleich auch H_2O zu sein. Aber ist es auch metaphysisch unmöglich? Könnte es nicht eine andere mögliche Welt geben, in der Wasser nicht H_2O, sondern etwas anderes ist? Es scheint, als ob es in der Natur der Sache läge, dass das nicht möglich ist. Wasser und H_2O *sind dasselbe Ding*, wie sollte man also das eine ohne das andere haben können? Wenn das möglich wäre, würde das nicht zeigen, dass sie letztlich doch nicht dasselbe Ding sind? Wenn ich mir von Wasser bloß vorstellen könnte, dass es nicht H_2O ist, oder wenn Sie H_2O vor sich haben könnten, das kein Wasser ist, würde das nicht bedeuten, dass Wasser und H_2O wirklich verschiedene Substanzen sind?

Dies legt das folgende Prinzip nahe: für jedes A und jedes B gilt, wenn A = B, dann ist es metaphysisch (und nicht bloß physikalisch) unmöglich ein A ohne B (mit Bestimmungen, die ich später noch erläutern werde) zu haben. Aber dann sollte es, in Anbetracht dessen, was ich oben bereits gesagt habe, auch unmöglich sein, eine kohärente Beschreibung der Welt zu geben, in der A ohne B existiert: dass A ohne B existiert sollte unvorstellbar sein. Eine Folgerung daraus ist, dass, wenn es metaphysisch möglich ist, ein A ohne B zu haben, A und B letztlich nicht wirklich identisch sein können; und das bedeutet umgekehrt, dass, wenn man sich von A vorstellen kann, dass es von B getrennt existiert – falls wir eine kohärente Beschreibung davon geben können, dass A getrennt von B existiert – dann A und B einfach nicht identisch sind. Das gibt uns eine Möglichkeit an die Hand, Identitätsbehauptungen zu überprüfen. Wenn jemand behauptet, dass ein bestimmtes A mit einem bestimmten B identisch ist, dann sollten wir schauen, ob wir uns kohärenter Weise vorstellen können, dass A getrennt von B existiert. Wenn wir das nicht können, so muss das aber noch nicht beweisen, dass sie identisch sind – vielleicht haben wir in der Angelegenheit einfach noch nicht gründlich genug nachgedacht; aber wenn wir es uns vorstellen *können*, dann würde uns das sicherlich einen Grund liefern, zu glauben, dass sie nicht identisch sind.

Betrachten wir die Behauptung, dass der Geist mit dem Gehirn identisch ist. Wenn sie wahr ist, dann sollte es nicht nur faktisch, sondern metaphysisch unmöglich sein, dass der Geist getrennt vom Gehirn existiert. Und daher sollte es auch, sofern das, was wir bisher gesagt haben, stimmt, nicht vorstellbar sein, dass der Geist getrennt vom Gehirn existiert: wir dürften nicht in der Lage sein, auf kohärente Weise, also widerspruchsfrei, eine Situation zu beschreiben, in der ein Geist, aber kein Gehirn existiert. Können wir uns eine solche Situation vorstellen?

Das haben wir bereits in Kapitel 1 getan. Descartes hat argumentiert, dass es für ihn unmöglich ist, nicht zu existieren, solange er glaubt, dass er es tut, oder solange er überhaupt irgendetwas denkt;

dennoch war es immer noch zumindest möglich, dass sein Körper, einschließlich des Gehirns, nicht existiert, weil solche Dinge ja bloß ein Teil einer Halluzination sein könnten, die ihm ein böser Geist eingibt. Es ist nämlich durchaus vorstellbar, dass man als körperloses Gehirn existiert, und dass der Körper und das Gehirn und tatsächlich die gesamte physische Welt nichts anderes als bloße Phantasievorstellungen sind. Aber dann ist es vorstellbar und daher zumindest metaphysisch möglich, dass der Geist getrennt vom Gehirn existiert.

Damit nicht jemand denkt, dass dies entscheidender Weise von der Möglichkeit eines kartesischen Dämons abhängt – welcher selbst einen körperlosen Geist darstellen würde, sodass das Argument anscheinend der zur Debatte stehenden Frage ausweicht – sollte angemerkt werden, dass dasselbe Argument auch mit Verweis auf den Solipsismus gilt, auf das Szenario, in dem „ich alleine existiere", und zwar als körperloser Geist, mit *nichts*, weder einem Dämon noch einem physischen Körper, das getrennt von meinem Geist und seinen Halluzinationen existiert. Oder wir können uns auf die Art von Szenario berufen, wie es der dualistische Philosoph W.D. Hart lebhaft beschrieben hat. Stellen Sie sich vor, dass Sie eines Tages aufwachen und taumelig zum Badezimmerwaschbecken torkeln, um Ihr Gesicht mit Wasser abzuspritzen. Während Sie in den Spiegel starren, bemerken Sie zu Ihrem großen Schrecken, dass Sie dort, wo normalerweise zwei Augen auf Sie zurückstarren müssten, anstatt dessen zwei dunkle und leere Augenhöhlen sehen – und die Augäpfel sind komplett verschwunden! Außer sich greifen Sie in die Augenhöhlen, um zu bestätigen, dass sie leer sind, und richtig, Sie fühlen nichts außer die Stummeln der Sehnerven. Das wäre im wirklichen Leben freilich unmöglich. Aber Sie können sich sicherlich *vorstellen*, dass dies passiert, und zwar widerspruchsfrei – Sie können sich lebhaft vorstellen, ein beunruhigendes Erlebnis dieser Art zu haben, in einer Weise, in der sie sich ein rundes Quadrat, oder dass 2 + 2 = 5 ist, nicht vorstellen können. Wenn Sie sich das vorstellen können, dann können Sie sich auch, fasziniert von der Fähigkeit, ohne Augäpfel sehen zu können, und sich fragend, ob irgendwelche anderen Teile des Sehsinnes fehlen, vorstellen, dass Sie hinausgehen, sich eine Bügelsäge holen und vorsichtig die Schädeldecke entfernen, nur um dort eine leere Aushöhlung freizulegen, wo eigentlich Ihr Gehirn sein sollte. Jetzt haben Sie sich auf eine ekelerregend lebhafte Weise vorgestellt, dass Sie sowohl ohne Augäpfel als auch ohne Gehirn sehen. Und, sofern das vorstellbar ist, können Sie einen Schritt weiter gehen und sich ausmalen, wie Sie anstatt der leeren Augenhöhlen, die auf Sie zurückstarren, Sie bloß Ihren eigenen kopflosen Körper sehen – ein Fall, in dem Sie sich vorstellen, ohne einen Kopf zu sehen. Schließlich können Sie sich, diesem Gedankenexperiment bis zu seinem logischen Schluss folgend, vorstellen, dass Sie im Spiegel nicht einmal einen kopflosen Körper, sondern nicht mehr als die Wand hinter Ihnen und somit überhaupt keinen Körper sehen. Da sie sich fragen, ob jemand einen Zauberspiegel aufgehängt hat oder ob Sie ein Vampir geworden sind, blicken Sie an Ihrem Torso, Ihren Armen und Beinen hinunter, und stellen fest, dass Sie diese noch immer nicht sehen können, sondern nur den Boden unter Ihnen; auch können Sie sie nicht fühlen, was Sie bemerken, als Ihr Versuch, sie zu berühren, scheitert – es gibt nichts, das sie berühren könnten! Sie würden sich nun vorstellen, dass Sie sehen, ohne einen Körper zu haben. Wieder ist es also möglich sich vorzustellen, dass der Geist getrennt vom Gehirn existiert – und in einem solchen Fall sind sie nicht identisch.

Dieses Argument war bisher, wie man sich vorstellen kann, Gegenstand häufiger Kritik. Jedoch treffen einige vermeintliche Kritikpunkte nicht den Kern des Arguments. Zum Beispiel ist es kein guter Punkt einzuwenden, dass die bloße Vorstellung von etwas nicht ausreicht, um es Wirklichkeit werden zu lassen - ich kann nicht fliegen, nur weil ich mir vorstelle, dass ich es kann. Das ist nicht, was das Argument besagt. Die Behauptung, wir erinnern uns, lautet nicht, dass die Fähigkeit, sich etwas vorzustellen, dieses etwas faktisch möglich macht, sondern vielmehr, dass es dessen metaphysische Möglichkeit zeigt. Es mag zwar, in Anbetracht dessen, wie die tatsächliche Welt funktioniert, nicht der Fall sein, aber es könnte sein, wenn bloß die Welt anders wäre. Man könnte dann einwenden, dass dieser Punkt trivial ist, da in diesem Sinn alles anders sein könnte. Aber wie wir gesehen haben, ist dem nicht so: runde Quadrate und dass 2 + 2 gleich 5 ergibt wäre nicht möglich, egal wie verschieden die Welt auch sein mag; dies ist *absolut* und *metaphysisch* unmöglich, weil es Widersprüche enthält, was hingegen beim Laufen von drei Kilometern in einer Minute und einer körperlosen Existenz nicht der Fall ist. Man kann nun darauf bestehen, dass die Behauptung immer noch trivial ist, da gezeigt werden müsste, dass der Geist in der tatsächlichen Welt, und nicht bloß in einer vorgestellten, ohne einen Körper existieren könnte. Aber auch das trifft nicht den Kern der Sache. Denn so wie im Fall von Wasser und H_2O müssen Geist und Gehirn, falls sie identisch sind, in jeder möglichen, und daher vorstellbaren Welt identisch sein. Falls es auch nur vorstellbar ist, dass ein Geist ohne einen Körper existieren kann, dann können Geist und Gehirn nicht dasselbe Ding sein – wie könnten sie es auch sein, wenn man sich die Existenz des einen ohne die des anderen vorstellen kann? Dieser Punkt hängt mit dem Argument der „Äpfel und Orangen" zusammen: Sie können Äpfel ohne Orangen haben, also sind Äpfel und Orangen offenbar nicht dasselbe. Sie können auch einen Geist ohne Körper haben, also sind sie offenbar auch nicht dasselbe Ding. Dies gilt sogar dann noch, wenn in der tatsächlichen Welt Geist und Gehirn typischerweise miteinander verbunden sind – etwas, das kein Dualist leugnet. Wo Rauch ist, da ist auch Feuer, aber offensichtlich sind Feuer und Rauch nicht dasselbe. Lebewesen mit einem Herz sind immer auch Lebewesen mit Nieren, aber offenbar sind Herz und Nieren nicht dasselbe. Der Geist ist typischerweise mit dem Gehirn verbunden, aber das bedeutet nicht, dass sie dasselbe Ding sind.

Allerdings gibt es ernsthaftere Einwände. Das Prinzip, dass die Denkmöglichkeit die metaphysische Möglichkeit nach sich zieht, wird, obwohl ihm in der einen oder anderen Form Philosophen vom Range eines Descartes oder David Hume (1711-1776) zugestimmt haben, von Philosophen der Gegenwart oft in Frage gestellt (obwohl, das sollte man anmerken, für gewöhnlich nur als Weg, um den Dualismus zu umgehen, und nicht so sehr aus unabhängigen, philosophischen Überlegungen). Nehmen wir die Tatsache, dass Neil Armstrong identisch ist mit dem ersten Menschen, der am Mond herumspaziert ist. Da dies eine Tatsache ist, ist es vermutlich metaphysisch unmöglich, dass Armstrong getrennt vom ersten Menschen, der am Mond herumspaziert ist, existiert – schließlich sind sie dieselbe Person. Aber ist es nicht trotzdem denkbar, dass Armstrong darin gescheitert ist, der erste zu sein? Könnten wir uns nicht offenbar einfach den Fall vorstellen, dass die Sowjets die Amerikaner im Wettlauf zum Mond schlugen und stattdessen Juri Gagarin dazu kam, *seine* Fußabdrücke dort zu hinterlassen? Manchmal wird sogar der Wasser/H_2O-Fall als Gegenbeispiel vorgebracht. Es sei wahr, wie man sagt, dass es metaphysisch unmöglich ist, Wasser ohne H_2O zu haben, da es sich um dasselbe Ding handele. Aber ist es nicht in Wirklichkeit und im Gegensatz zu meinem vorigen Vorschlag zumindest vorstellbar, dass Wasser getrennt von H_2O existiert? Können wir uns nicht auf kohärente Weise eine Situation vorstellen, in der wir eine Substanz haben, die durchsichtig und flüssig ist und Durst löscht, die bei den gleichen Temperaturen wie Wasser gefriert und verdampft, und doch nicht die chemische Zusammensetzung von Wasser hat, sondern bei der sich stattdessen herausstellt, dass sie die Zusammensetzung X_yZ hat? Würde das nicht gerade heißen, sich vorzustellen, dass Wasser getrennt von H_2O existiert? Aber wenn es vorstellbar ist, dass Wasser getrennt von H_2O existiert, oder dass irgendjemand anderer als Armstrong der erste hätte sein können, der am Mond herumspaziert ist, obwohl es dem Wasser unmöglich ist, getrennt von H_2O zu existieren, oder es Armstrong unmöglich ist, getrennt vom Mondspaziergänger zu existieren, dann muss das Prinzip, dass die Vorstellbarkeit die metaphysische Möglichkeit nach sich zieht, falsch sein. Daraus folgt, dass die Tatsache, dass wir uns den Geist als vom Körper getrennt existierend vorstellen können, nicht anzeigt, dass dies metaphysisch möglich ist.

So eindrucksvoll diese Beispiele auch sein mögen, so tragen sie doch nichts dazu bei, die Kraft des Arguments der Vorstellbarkeit zu unterwandern, und zwar aus Gründen, die durch das einflussreiche Werk des Philosophen und Logikers Saul Kripke aufgezeigt wurden. Kripke hat argumentiert, dass es Identitätsaussagen sind, die, wie er es nennt, *starre Designatoren* [Anm.: auch als strikte Kennzeichnungen bezeichnet] beinhalten, und die, sofern sie überhaupt wahr sind, metaphysisch notwendigerweise wahr sind, deren Falschheit also metaphysisch unmöglich ist. Ein starrer Designator ist ein Ausdruck, der dasselbe Ding in jeder möglichen Welt, auf jede mögliche Weise, in der die Dinge sein könnten, bezeichnet. „Wasser" ist ein Beispiel dafür, genauso wie jeder Ausdruck, der eine „natürliche Art" oder natürlich vorkommende Substanz wie Gold oder Eisen bezeichnet. „Wasser" bezeichnet im Wesentlichen: *jede Substanz, die in der tatsächlichen Welt die Eigenschaften der Flüssigkeit, des Durstlöschens, des Gefrierens und des Übergangs in die Gasphase bei der und der Temperatur hat, etc.* Daher bezeichnet „Wasser" auch alles, was in irgendeiner möglichen Welt auf diese genaue Beschreibung passt, nämlich auf die Beschreibung, die Substanz zu sein, die jene Eigenschaften in der tatsächlichen Welt hat. „H_2O" bezeichnet wesentlicher Weise: *die Substanz, die spezifischer Weise eine so und so geartete chemische Zusammensetzung hat.* „H_2O" bezeichnet daher auch alles das, was in irgendeiner möglichen Welt diese spezifische chemische Zusammensetzung hat. Wir wissen aus empirischen Gründen, dass *die Substanz in der tatsächlichen Welt, die flüssig ist, den Durst löscht, etc.* exakt dieselbe ist wie *die Substanz, die spezifischer Weise eine so und so geartete chemische Zusammensetzung hat*. Wasser ist in der tatsächlichen Welt H_2O. Aber da „Wasser" auch alles das bezeichnet, was die

Substanz in jeder anderen möglichen Welt ist, also das, was in der tatsächlichen Welt *die Substanz ist, die flüssig ist, den Durst löscht, bei der und der Temperatur gefriert und in die Gasphase übergeht, etc.* und diese letztgenannte Substanz H_2O ist (wobei „H_2O" alles das bezeichnet, was in irgendeiner möglichen Welt – inklusive der tatsächlichen – *die Substanz ist, die spezifischer Weise eine so und so geartete chemische Zusammensetzung hat*), folgt daraus, dass „Wasser" und „H_2O" sich in jeder möglichen Welt auf dieselbe Substanz beziehen. Das heißt, dass Wasser und H_2O in jeder möglichen Welt identisch sind.

Wenn wir gründlich über die Semantik von Begriffen wie „Wasser" und „H_2O" nachdenken, dann werden wir einsehen, dass wir wirklich nicht in der Lage sind, kohärenter Weise eine Welt zu beschreiben oder uns vorzustellen, in der Wasser nicht H_2O ist. Wenn wir glauben, dass wir uns eine solche Welt vorstellen, dann stellen wir uns in Wahrheit eine Welt vor, in der es eine Substanz gibt, die flüssig ist, den Durst löscht, bei der und der Temperatur gefriert und in die Gasphase übergeht, etc. und von der sich herausstellt, dass sie die chemische Zusammensetzung X_yZ hat. Aber gerade, weil diese Substanz deswegen nicht die Substanz *in der tatsächlichen Welt* wäre, die diese Eigenschaften hat, wäre es auch nicht Wasser, sondern bloß eine Substanz, die Wasser sehr ähnlich ist. Sich eine Substanz vorzustellen, die Wasser ähnlich und nicht H_2O ist, ist nicht dasselbe wie sich vorzustellen, dass Wasser getrennt von H_2O existiert. Also ist der Wasser/H_2O-Fall überhaupt kein Gegenbeispiel zu dem Prinzip, dass die Vorstellbarkeit die metaphysische Möglichkeit nach sich zieht.

Was aber ist mit dem Neil Armstrong-Beispiel? Wir können uns tatsächlich auf kohärente Weise eine Situation vorstellen, in der Armstrong nicht identisch ist mit dem Menschen, der als erster auf dem Mond spazieren gegangen ist, aber dies wäre trotzdem, der Analyse Kripkes folgend, kein Gegenbeispiel zu dem Prinzip, dass Vorstellbarkeit metaphysische Möglichkeit nach sich zieht. Denn es ist metaphysisch nicht unmöglich, dass Armstrong nicht der erste Mensch war, der auf dem Mond spazieren ging, sogar dann nicht, wenn die Aussage „Armstrong ist identisch mit dem Menschen, der als erster auf dem Mond spazieren gegangen ist." wahr ist. Der Grund dafür ist, dass zumindest ein Ausdruck in dieser Aussage keine strikte Kennzeichnung ist, nämlich der Ausdruck „der Mensch, der als erster auf dem Mond spazieren gegangen ist". Dieser Ausdruck bedeutet nicht „die besondere Person, die in der tatsächlichen Welt als erste auf dem Mond spazieren gegangen ist“, sondern vielmehr bloß etwas von der Art „die beliebige Person, von der sich herausstellt, dass sie als erste auf dem Mond spazieren gegangen ist“. Und natürlich ist es metaphysisch möglich, dass sich jemand anderer als Armstrong als diese Person herausgestellt haben könnte. Wir sollten also nicht überrascht sein, dass das auch vorstellbar ist. Solange wir Kripkes Richtung entsprechend beachten, dass nur Identitätsaussagen, sofern sie wahr sind und strikte Kennzeichnungen beinhalten, der Möglichkeit nach nicht falsch sein können, werden wir sehen, dass es keine echten Gegenbeispiele zu dem Prinzip gibt, dass Vorstellbarkeit metaphysische Möglichkeit impliziert.

Dieses Prinzip scheint auf jeden Fall sehr plausibel zu sein. Tatsächlich ist es schwer einzusehen, wie sogar seine Kritiker selbst einerseits irgendetwas als metaphysisch möglich betrachten können, ohne sich andererseits dem Prinzip implizit zu verpflichten. Denn wie kann irgendjemand akzeptieren, dass es zumindest metaphysisch möglich ist, dass man eine 2-Minuten-Meile läuft oder dass man 30 Meter hochspringt, wenn nicht auf Grundlage der Tatsache, dass man sich solche Ereignisse gut vorstellen kann, oder dass man eine kohärente Beschreibung davon geben kann? Das bedeutet nicht zu sagen, dass alles, von dem irgendjemand sagt, dass er oder sie es sich vorstellen kann, dadurch auch wirklich vorstellbar und daher metaphysisch möglich ist; wie wir gesehen haben, stellt sich manchmal durch Überlegungen heraus, dass das, was jemand für vorstellbar hält, schließlich doch nicht vorstellbar ist. Das mag nicht nur daher rühren, dass man die Rolle strikter Kennzeichnungen in Identitätsaussagen nicht beachtet, sondern das kann auch das Werk eines Irrtums sein, wie dem Verwechseln eines Wortes mit dem Objekt, das vom Wort bezeichnet wird, oder es kann auch daher rühren, dass der genauen Bedeutung eines Wortes nicht genug Aufmerksamkeit geschenkt wird. (Zum Beispiel könnte jemand behaupten, dass sie oder er sich ein rundes Quadrat vorstellen kann, wenn aber in Wirklichkeit das, was sich die Person vorstellt, ein Kreis ist, den sie oder er „Quadrat“ *nennt*, oder ein Gebilde, das wirklich überhaupt kein Quadrat ist, aber das drei gerade Seiten und eine runde hat.) Aber wenn wir vorsichtig waren und solche Irrtümer vermieden haben und immer noch finden, dass wir uns einen bestimmten Zustand der Dinge vorstellen können, dann haben wir sicherlich starke Gründe zu glauben, dass dieser Zustand der Dinge metaphysisch möglich ist.

Das Problem der Interaktion

Das Prinzip, dass Vorstellbarkeit metaphysische Möglichkeit zur Folge hat, ist somit durchaus vertretbar. Aber es gibt eine weitere Möglichkeit, das Argument der Vorstellbarkeit in Frage zu stellen. Jemand könnte einfach leugnen, dass es überhaupt wirklich vorstellbar *ist*, dass Geist getrennt vom Gehirn existiert. Das heißt, wie man argumentieren könnte, dass genau in der Weise, wie jemand, der *glaubt*, dass Wasser getrennt von H_2O vorstellbar ist, falsch liegt und sich bloß zu wenig sorgfältig überlegt hat, was sie oder er sich angeblich vorstellt, so wie auch jemand, der denkt, dass es möglich sei, sich Geist getrennt vom Körper vorzustellen, ganz einfach falsch liegt und nach weiteren Überlegungen einsehen wird, dass das wirklich nicht das ist, was sie oder er sich eigentlich vorgestellt hat.

Dieser Richtung entsprechend könnte man annehmen, dass dieses Kripkesche Gerüst, auf das wir uns bei der Verteidigung einer Prämisse des Arguments der Vorstellbarkeit berufen haben (der Prämisse, dass die Vorstellbarkeit die Möglichkeit nach sich zieht), in Widerspruch zu einer anderen Prämisse des Arguments (der Prämisse, dass wir uns den Geist so vorstellen können, dass er getrennt vom Körper existiert), auch hier angewendet werden könnte. Aber Kripke selbst würde dem nicht zustimmen. Ausdrücke, die sich auf mentale Zustände und zerebrale Zustände beziehen, sind seiner Ansicht nach beide strikten Kennzeichnungen. „Das Feuern von C-Fasern" bezeichnet: *all das, was in der tatsächlichen Welt ein Gehirnprozess von der und der Art ist*; und „Schmerz" bezeichnet: *der mentale Zustand, der sich so und so anfühlt*. Wenn also Schmerz identisch ist mit dem Feuern von C-Fasern (und wenn damit auch der Geist als ganzer identisch ist mit dem Gehirn), dann müssen sie aufgrund metaphysischer Notwendigkeit in *jeder* möglichen Welt identisch sein. Genau wie bereits gesagt, scheint es so, als ob wir uns eine mögliche Welt vorstellen können, in der Schmerz in einem körperlosen Geist existiert, und zwar getrennt vom Feuern irgendeiner C-Faser oder irgendeines anderen zerebralen Zustands; und daher würde daraus folgen, dass sie nicht identisch sein *können*. Es mag zunächst so scheinen, als ob man um dieses Argument in der Weise herumkommen könnte, wie der Dualist um das vermeintliche Wasser/H_2O-Gegenbeispiel herumkommen kann. Tatsächlich aber gibt es einen entscheidenden Unterschied zwischen diesem und jenem Fall. Im Wasser/H_2O-Fall haben wir gesehen, dass etwas flüssig und durstlöschend ist und dazu neigt, bei der und der Temperatur zu gefrieren oder zu verdampfen, etc. (das heißt, es könnte viele Eigenschaften haben, die auch Wasser hat), ohne aber Wasser zu sein. Sich also so eine Substanz getrennt von H_2O vorzustellen, heißt nicht, sich *Wasser* getrennt von H_2O vorzustellen. Aber nichts kann sich wie Schmerz anfühlen, ohne auch Schmerz zu sein, denn Schmerz ist *nichts anderes als dieses Gefühl selbst*. Sich also etwas vorzustellen, das sich wie Schmerz anfühlt und das getrennt von irgendeinem Gehirnzustand existiert, heißt ja gerade sich den Schmerz selbst getrennt von irgendeinem Gehirnzustand vorzustellen. Im Fall des Arguments der Vorstellbarkeit, ungleich dem Fall mit dem Wasser und dem H_2O, ist das, von dem wir glauben, dass wir es uns vorstellen, wirklich das, was wir uns vorstellen. Daher scheint es für den Kritiker des Dualismus keine Möglichkeit zu geben, sich auf die Kripkesche Semantik zu berufen, um dem Argument der Vorstellbarkeit zu begegnen.

Es gibt eine weitere Möglichkeit für den Gegner des Dualismus, um diese Art des Einwandes voranzutreiben. Im vorherigen Kapitel haben wir die Ansicht untersucht, dass der Geist sich in seiner Wahrnehmung der äußeren, physischen Welt nur indirekt bewusst wird, wobei dieses Bewusstsein von einer kausalen Verbindung zwischen dem Geist und den Dingen, die er wahrnimmt, vermittelt wird. Sehen wir uns aber dieses kausale Element in der Wahrnehmung etwas genauer an. Es scheint ganz klar ein notwendiger Teil ihrer Wahrnehmung des Buches, das Sie gerade lesen, zu sein, dass Sie irgendeine kausale Verbindung dazu haben, dass das Buch selbst die Ursache dafür ist, dass Sie es wahrnehmen. Wenn es da in Wirklichkeit kein Buch gäbe – wenn Sie bloß halluzinierten, weil irgendjemand Drogen in Ihren Kaffee gekippt hat – dann würden Sie es in Wirklichkeit überhaupt nicht sehen, sondern nur dem Schein nach. Aber selbst wenn es da ein Buch gäbe, so wäre das an sich nicht genug. Stellen Sie sich mal vor, dass Sie jetzt gerade eine solche Halluzination haben, dass Ihr Gehirn nicht richtig arbeitet und dass Ihr Geist von der Außenwelt völlig abgeschnitten ist, und stellen Sie sich auch vor, dass jemand, nur so zufällig, einen Abdruck dieses Buches auf den Tisch vor Ihnen hingelegt hat. Würden sie das Buch wirklich sehen? Sicherlich nicht, denn trotz der Erfahrung, dass Sie das Buch sehen und obwohl da wirklich ein Buch ist, so ist es doch nicht das Buch selbst, das die Erfahrung verursacht – die Drogen sind der Grund dafür. Um das Buch wirklich zu sehen, reicht es nicht, dass Sie erleben, das Buch zu sehen und dass das Buch auch da ist, sondern das Buch muss das sein, was die Erfahrung verursacht.

Während er dies im Sinn hat, sagt der Kritiker des Arguments der Vorstellbarkeit, dass Beispiele wie das Szenario des „Sehens ohne Körper" neue Gestalt annehmen. Denn wenn wir uns wirklich vorstellen können, dass wir ohne einen Körper sehen, so folgt daraus, dass wir uns vorstellen müssen, dass es eine kausale Verbindung zwischen unserem Geist und den Dingen, die wir sehen, gibt. Aber es ist schwer ersichtlich, wie wir uns dies vorstellen können. In normalen Fällen der Wahrnehmung wissen wir, dass das, was sich ereignet, etwas der folgenden Art ist: Licht wird von einem Objekt zurückgeworfen, wird vom Spiegel reflektiert und wandert in Form von Photonen zu Ihren Augen, wo die Retina stimuliert wird, sodass eine Serie komplizierter neuronaler Signale eingeleitet wird, was in dem Erlebnis, dass das Objekt gesehen wird, gipfelt. Aber was geschieht in dem „körperlosen-Sehen"-Beispiel? Licht wird von einem Objekt zurückgeworfen, wird vom Spiegel reflektiert und wandert in Form von Photonen zu ... *wohin* genau? Es gibt dort keine Augen, in die sie eintreffen könnten. Wohin wandern sie also? Es hat keinen Zweck zu sagen, dass sie in den Geist wandern, denn nach Descartes' Ansicht, Sie erinnern sich, ist der Geist außerhalb des Raumes und hat keine physikalischen Eigenschaften, welcher Art auch immer – keine Form, Masse, Länge, Weite oder Höhe. Wie kann es also dem Licht, das physikalisch ist, möglich sein, mit ihm in „Kontakt" kommen. Es scheint ganz einfach unmöglich, dass es das kann. Aber wenn es nicht damit in Kontakt kommen kann, dann kann es keine kausale Verbindung zwischen einem nicht-physischen Geist und den physischen Objekten außerhalb davon geben; was bedeutet, dass der Geist ohne Körper nicht wirklich solche Objekte sehen oder wahrnehmen kann. Aber dann stellt sich heraus, dass wir uns in Wirklichkeit letztlich nicht vorstellen können, ohne einen Körper zu sehen. Wenn es so scheint, dass wir es können, dann nur deshalb, weil wir nicht gründlich genug darüber nachgedacht haben, was das Sehen einer Sache alles beinhaltet.

Streng genommen untergräbt dieser Einwand das Argument der Vorstellbarkeit nicht besonders, da dieses Argument nicht erfordert, dass wir uns das „Sehen ohne Körper" im Besonderen vorstellen können, sondern nur, dass wir uns vorstellen können, dass der Geist getrennt vom Körper in der einen oder anderen Weise existieren kann. Sogar wenn wir die Kritik akzeptieren, dass die für das Stattfinden echten Sehens notwendigen kausalen Bedingungen nach sich ziehen, dass sich niemand wirklich das „Sehen ohne Körper“ vorstellen kann, so können wir trotzdem darauf bestehen, dass es immer noch möglich ist, sich vorzustellen, dass man ein körperloser Geist ist, der zu sehen scheint – dass es möglich ist sich vorzustellen, so wie es in Descartes‘ Szenario mit dem bösen Geist oder im Solipsismus der Fall ist, dass man ein körperloser Geist ist, der einen Strom halluzinierter visueller Erfahrungen erlebt. Offensichtlich würden diese Erfahrungen nicht wirklich als buchstäbliches Sehen *per se* zählen, da es keinen kausalen Kontakt zu der äußeren physischen Welt gäbe. Aber auch halluzinierte Erfahrungen sind immer noch Erfahrungen, und sich vorzustellen, sie ohne Körper zu haben, heißt immer noch sich vorzustellen, dass der Geist getrennt vom Körper existiert. Das Wesentliche des Arguments bleibt also immer noch bestehen. Der Dualist könnte akzeptieren, dass der Geist nicht im eigentlichen Sinn die Welt sehen oder überhaupt wahrnehmen kann, solange er nicht mit einem Körper verbunden ist; abgeschnitten von einem Körper ist er, wie er es war, in sich selbst gefangen. Aber das bedeutet nur, dass der Geist den Körper benötigt, um etwas anderes zu tun als bloß zu halluzinieren; es bedeutet nicht, dass er mit dem Körper oder irgendeinem anderen Teil davon identisch ist.

Sogar wenn der Dualist auf diese Weise das Argument der Vorstellbarkeit gegen den Einwand unter Vorbehalten verteidigen kann, so wirft dieser Einwand doch Fragen bezüglich des Dualismus selbst auf. Vielleicht müssen wir nicht behaupten, dass wir uns vorstellen können wie der Geist und die physische Welt interagieren, nur um das Argument in Gang zu bringen; es ist genug sich vorzustellen, dass der Geist ganz alleine existiert, völlig abgeschnitten von der physischen Welt. Aber der Dualist will auch daran festhalten, dass der Geist, obwohl er *verschieden* ist vom Gehirn und dem Körper, trotzdem mit diesen interagiert. Und genauso schwer wie es ist einzusehen, wie Photonen mit einem körperlosen kartesischen Geist in kausalen Kontakt treten können, so schwer ist es auch einzusehen, wie das das Gehirn und der Körper können. Das Gehirn ist ein ausgedehntes Ding wie jedes andere auch, es hat Masse, eine Form und einen bestimmten Platz im Raum, wohingegen der Geist nach Descartes‘ Ansicht nichts davon ist. Wie also könnten der Geist und das Gehirn wohl interagieren? Natürlich scheint es offensichtlich, dass sie es *tun*; das Problem ist, dass der Dualismus anscheinend keine Möglichkeit hat zu erklären, wie dies möglich ist.

Das „Interaktions-Problem“ ist seit der Zeit Descartes‘ das Hauptproblem, das dem Dualismus begegnet, und verschiedene Lösungsmöglichkeiten wurden vorgeschlagen. Eine davon, bekannt als *Okkasionalismus*, hält ihm entgegen, dass Gott als die Verbindung zwischen Geist und Gehirn fungiert: wenn sie das Licht wahrnehmen, das vom Cheeseburger zurückgeworfen wird, das auf Ihre Retinae auftrifft und das das Feuern einer Serie von neuronalen Mustern in Ihrem Gehirn bewirkt, dann veranlasst Gott, dass Ihr Geist die Erfahrung macht, den Burger zu sehen; wenn Sie feststellen, dass Sie die Erfahrung zu dem Entschluss geführt hat, den Burger zu essen, dann veranlasst er das Feuern einer Reihe von neuronalen Mustern in Ihrem Gehirn, die darin resultieren, dass Sie den Burger aufnehmen, in Ihren Mund stecken und ihn verspeisen. *Parallelismus* hält ihm andererseits entgegen, dass der Geist und das Gehirn nicht einmal auf diese indirekte Weise verbunden sind. Sondern, dass sie einfach so konstruiert sind, dass die Ereignisse, die in dem einen geschehen, immer genau zu den Ereignissen passen, die im anderen geschehen, ohne dabei aber wechselseitigen Einfluss zu nehmen: das Gehirn und der Körper sind so angeordnet, dass Licht, das von einem Cheeseburger reflektiert wird, zum Feuern gewisser neuronaler Muster führt, die dazu führen, dass sich die Glieder des Körpers zum Burger hin bewegen, während der Geist so angeordnet ist, dass er zu genau derselben Zeit, zu der im Körper jene Sequenz von Ereignissen erfolgt, eine parallele Serie durchlebt, dass er nämlich die Erfahrung macht, einen Cheeseburger sieht, was zu dem Verlangen nach dem Cheeseburger führt, was wiederum zu der Absicht führt, ihn aufzunehmen. Geist und Körper sind wie zwei Uhren, die völlig unabhängig voneinander funktionieren, die aber miteinander so perfekt Schritt halten, dass es so *scheint*, als gäbe es eine Interaktion zwischen ihnen. Es gibt eine „prästabilierte Harmonie“ zwischen ihnen – prästabiliert von Gott, der dafür verantwortlich ist, dass die Uhren von Geist und Körper zu allererst aufgezogen wurden.

Es ist leicht über solche Theorien zu spotten, wenn man das generelle, materialistische Weltbild einfach als selbstverständlich voraussetzt. Aber wenn man glaubt, so wie dies die Vertreter dieser Theorien tun, dass es schon unabhängige Beweise für die Existenz Gottes genauso wie für die Unterscheidung zwischen Geist und Körper gibt, dann ist es kaum unvernünftig anzunehmen, dass Gott etwas mit der Verbindung (oder scheinbaren Verbindung) zwischen geistiger und materieller Substanz zu tun haben könnte. So wie in vielen anderen Fällen in der Philosophie auch, ist das, was man als plausible Theorie erachtet, größtenteils durch die stillschweigenden Annahmen bestimmt, die die metaphysischen Verpflichtungen, die man hat, zur Folge haben. Dennoch ist es, wenn möglich, immer noch vorzuziehen, dass man vermeidet eine umstrittene Position verteidigen, indem man sich auf eine andere beruft, die zumindest genauso umstritten ist, und dass man vermeidet, dem Alltagsverständnis zu widersprechen – etwas, was diese Theorien klarerweise tun, indem sie leugnen, dass es wirklich eine direkte, ursächliche Verbindung zwischen Geist und Körper gibt.

Eine andere und in größerem Ausmaß akzeptierte Theorie, die dies nur teilweise leugnet, ist der *Epiphänomenalismus*, der besagt, dass Ereignisse im Gehirn und im Körper Ereignisse im Geist hervorrufen, aber dass diese geistigen Ereignisse umgekehrt keinen ursächlichen Einfluss darauf haben, was im Gehirn und im Körper passiert. Sie sind bloße „Epiphänomene“, unwirksame Nebenprodukte des Arbeitsverfahrens der physikalischen Prozesse im Gehirn. Das Licht, das auf Ihre Retinae trifft, verursacht, dass Sie die Erfahrung haben, einen Cheeseburger zu sehen, und weitere Gehirnprozesse verursachen, dass Sie das Verlangen entwickeln, ihn zu essen; aber dieses Verlangen selbst ist *nicht* das, was Sie dazu veranlasst, damit fortzufahren ihn zu verspeisen. Die Erfahrung, das Verlangen und alles andere, das in Ihrem Geist vor sich geht, haben überhaupt keine Auswirkungen; was Ihre Handlungen verursacht sind nur weitere, rein materielle, unbewusste Gehirnprozesse. Die Berufung auf diese Theorie ist teilweise die, dass sie sich nicht, wie etwa Okkasionalismus und Parallelismus es tun, auf irgendetwas so strittiges wie die Existenz Gottes stützt, und teilweise die, dass sie mit der Meinung vereinbar ist, dass körperliches Verhalten zur Gänze durch die Bezugnahme auf Prozesse, die sich im Gehirn und im Nervensystem ereignen, erklärt werden kann – eine Meinung, die dem Aufstieg der modernen Neurowissenschaft entsprechend weitgehende Akzeptanz erlangt hat. Epiphänomenalisten gehen genau wie die Gegner des Dualismus davon aus, dass wir menschliches Verhalten komplett durch die Berufung auf solche physikalischen Körperprozesse erklären können; deshalb gibt es keinen Bedarf für den Versuch zu erklären, wie immaterielle geistige Prozesse mit dem Körper interagieren, da sie dies *nicht tun*. Weiters gehen sie aber trotzdem wie die Dualisten davon aus, dass geistige Prozesse nicht-physikalisch sind. Der Epiphänomenalismus stellt somit einen Kompromiss zwischen den Dualisten und ihren Gegnern dar.

Dennoch ist er bekanntermaßen ein nicht zufriedenstellender Kompromiss. Okkasionalismus und Parallelismus mögen zwar das Alltagsverständnis verleugnen, indem sie davon ausgehen, dass Geist und Körper keine direkten Auswirkungen aufeinander haben, aber zumindest dient diese Verleugnung dem Zweck, das Problem der Interaktion zu lösen, und zumindest bieten sie eine Erklärung dafür, warum Geist und Körper zu interagieren scheinen. Auch der Epiphänomenalismus setzt sich zumindest darin über das Alltagsverständnis hinweg, indem er bestreitet, dass der Geist irgendwelche Effekte auf den Körper hat, er scheitert aber darin, dies dadurch zu kompensieren, dass er im Gegenzug eine Erklärung dafür anbietet, wie der Körper (so wie die Theorie behauptet) einen Effekt auf den Geist haben kann. Schlimmer noch, denn der Epiphänomenalismus macht ein Rätsel daraus, wie wir überhaupt über den Geist *sprechen* können. Vermutlich gilt für unsere geschriebenen und gesprochenen Worte, die sich auf den Geist beziehen, dass sie einen gewissen Sinn in sich tragen, um die Effekte dessen zu sein, was darin vorgeht. Aber der Geist hat nach epiphänomenalistischer Ansicht keinerlei Effekte. Wie also sind wir in der Lage, darüber zu sprechen? Wie sind Epiphänomenalisten in der Lage Ihnen irgendetwas über den Geist zu erzählen, wenn der Geist ihrer eigenen Sichtweise nach keinerlei Effekt, welcher Art auch immer, darauf haben kann, was sie sagen?

Es gibt noch mehr zu sagen über das Problem der Interaktion, und in späteren Kapiteln wird es noch gesagt werden. Im Moment reicht es auf zwei Dinge hinzuweisen. Erstens trägt das Interaktionsproblem für sich genommen nichts dazu bei, die Argumente für den Dualismus, die wir bisher betrachtet haben, zu untergraben. Bloß festzustellen, dass das kartesische Konzept des Geistes zu einem Rätsel führt, wie Geist und Körper interagieren, heißt nicht irgendeinen Fehlschluss in den Argumenten der Vorstellbarkeit, der Unteilbarkeit oder der Äpfel und Orangen aufzudecken. Dualisten können also vernünftigerweise darauf bestehen, dass, solange sich die Argumente für ihre Position nicht als irrig erwiesen haben, sie damit im Recht sind damit fortzufahren, ihre Position aufrechtzuerhalten – während sie natürlich auch damit fortfahren Möglichkeiten zu suchen, um das Problem der Interaktion zu lösen. Der Dualismus kommt in dieser Hinsicht tatsächlich nicht schlechter weg als die fundamentalen Theorien der modernen Physik: Relativität und Quantenmechanik. Bekanntermaßen gibt es Punkte, in denen diese Theorien miteinander in Konflikt zu geraten scheinen, und dennoch gibt es für jede sehr starke Belege. Es gibt verschiedene Versuche sie in Einklang zu bringen, aber bisher gibt es noch keinen Konsens darüber, welcher, wenn überhaupt einer, der richtige ist. Es wäre dumm zu verlangen, dass Physiker diese Theorien, oder zumindest eine davon, verwerfen müssen, bis irgendeine allgemein akzeptierte Lösung für das Problem, sie in Einklang zu bringen, gefunden worden ist. Physiker müssen mit der Suche nach einem Schema, das Quantenmechanik und Relativität vereint, fortfahren, aber es gibt für sie keinen Grund, die starken Überlegungen, die diese Theorien favorisieren, zu ignorieren, bis zu dem Zeitpunkt, zu dem man bei dem einheitlichen Schema angekommen ist. In ähnlicher Weise ist es unvernünftig zu erwarten, dass der Dualist den Dualismus *einfach* deshalb aufgibt, weil das Interaktionsproblem existiert, wenn es Argumente gibt, die für den Dualismus sprechen und die mindestens genauso kraftvoll und eine Betrachtung wert sind wie alle anderen in der Philosophie.

Zweitens haben Philosophen der Gegenwart dennoch das Interaktionsproblem als zumindest starke Motivation dafür verstanden, nach einer Alternative zum Dualismus zu suchen, und sie waren nicht notwendigerweise unvernünftig darin, das zu tun. Die bloße Tatsache, dass Interaktion zwischen einer nicht-physischen Substanz und einer physischen schwer zu erklären ist, spricht nicht gegen den Dualismus. Aber die genannten Philosophen nehmen das Problem zum Anlass, um tiefer zu gehen. Ihrer Ansicht nach liegt die Schwierigkeit nicht bloß darin, dass es schwer ist zu erkennen, wie eine Ursache-Wirkungs-Beziehung zwischen solchen Substanzen funktionieren könnte; anscheinend stellt uns die moderne Wissenschaft mit einem Bild der Verbindung von Ursache und Wirkung in der physischen Welt dar, das einer nicht-physischen Substanz nichts zu tun übrig lässt. Wir sind nicht in der Position darin zu scheitern, dass wir verstehen, wie eine solche Substanz die Rolle spielen kann, die sie spielt; wir sind eher in der Position darin zu scheitern, dass wir verstehen, wie sie zunächst überhaupt eine Rolle zum Spielen *haben* kann. Denn der Energieerhaltungssatz besagt, dass die Gesamtmenge der Energie im physischen Universum konstant ist. Eine kartesische, immaterielle Substanz, die außerhalb des Raumes ist, ist außerhalb des Universums. Um also die physische Welt und insbesondere das Gehirn zu beeinflussen, müsste es Energie *in* das physische Universum *einbringen*; und damit umgekehrt das Gehirn eine immaterielle Substanz beeinflussen kann, müsste es in ähnlicher Weise Energie *aus* dem physischen Universum *hinaus* transferieren. So oder so würde die Gesamtmenge der Energie im physischen Universum nicht konstant bleiben. Also scheint die eigentliche Idee der ursächlichen Interaktion zwischen kartesischer materieller und immaterieller Substanz gegen die Gesetze der Physik zu verstoßen.

Die meisten Philosophen der Gegenwart haben dem entsprechend versucht, eine materialistische Konzeption des Geistes zu entwickeln, der zufolge er, entgegen dem Anschein, nur ein weiterer Teil der physischen Welt ist. Moderatere Versionen zielen darauf ab, zu zeigen, dass eine solche alternative Darstellung mindestens genauso plausibel ist wie der Dualismus, und dass sie in gleicher Weise fähig ist, die verschiedenen Aspekte unseres geistigen Lebens zu erklären. Die Idee wäre dann, dass, obwohl für beide, Dualismus und Materialismus, starke Argumente sprechen, der Materialismus bevorzugt werden sollte, da dieser (angeblich) mehr im Einklang mit der modernen Physik steht. Ehrgeizigere Materialisten würden darüber hinaus gehen und behaupten, dass eine materialistische Konzeption des Geistes, wenn sie erst vollständig ausgearbeitet ist, zeigen wird, dass dualistische Argumente nicht nur nicht schlüssig, sondern eindeutig irrig oder nicht kohärent sind.

Der Fall des Dualismus kann also nicht völlig bewertet werden, bis er mit dem Fall des Materialismus verglichen wird. Wenn der Materialist tatsächlich zeigen kann, dass die verschiedenen Eigenheiten des Geistes in rein physikalischen Begriffen dargestellt werden kann, dann nimmt er damit dem Dualismus zumindest den Wind aus den Segeln. Aber wenn der Materialist darin scheitert, dann wird dieses Scheitern selbst eine weitere Bestätigung für den Dualismus darstellen – tatsächlich sind viele der einflussreichsten dualistischen Argumente in der jüngeren Philosophie Versuche, verschiedene Argumente für den Materialismus zu untergraben. Und wenn es ein Rätsel bleibt, wie Geist und Materie interagieren können, dann werden wir, wie einige Dualisten argumentiert haben, sehen, dass dies nicht ein Problem der dualistischen Konzeption des Geistes, sondern vielmehr ein Problem der materialistischen Konzeption der physischen Welt widerspiegelt.

3.

Materialismus

Obwohl der kartesische Dualismus heute ein Minderheitenstandpunkt in der Philosophie des Geistes ist, so sollte uns das nicht darüber hinwegtäuschen, dass Descartes einen enormen Einfluss auf gegenwärtige Überlegungen zum Leib-Seele-Problem und besonders auf den Materialismus ausübt. Ich sage das nicht bloß, weil sich Materialisten ausdrücklich von einer Feindseligkeit gegen Descartes' dualistische Metaphysik leiten lassen, sondern auch, und das wiegt mindestens genauso schwer, weil sie sich zumindest implizit von einer Verpflichtung zu bestimmten anderen, deutlich kartesischen Annahmen leiten lassen. Descartes glaubte, dass die Welt aus zwei grundlegenden Arten von Substanz besteht: denkende Substanz und ausgedehnte Substanz, *res cogitans* und *res extensa*. Der moderne Materialist verwirft erstere, stimmt aber der letzteren zu. Descartes hatte, so meint man, zumindest zur Hälfte recht: seine *res cogitans* ist nach Einschätzung des Materialisten eine Fiktion, aber seine *res extensa* ist dies mit Sicherheit nicht – tatsächlich stellt sie alles dar, was einen Menschen ausmacht.

Um sicher zu gehen kann Descartes' Konzept von Materie als dem wesentlicher Weise „ausgedehnt" nicht aufrechterhalten werden ohne die Bestätigung in Anbetracht der Entwicklungen in der modernen Physik, die besagen, dass man sich gewisse grundlegende, physikalische Teilchen am besten mit einem Modell unausgedehnter, mathematischer Punkte vorstellt. Trotzdem ist seine Ansicht, dass die physische Welt eine riesige „Maschine" mit materiellen Objekten – inklusive dem menschlichen Körper – darstellt, die aus nichts anderem als kleineren, darin arbeitenden Maschinen besteht, ist heute zur dominierenden Denkweise sowohl moderner Philosophen als auch der Naturwissenschaftler geworden. Es ist zu einem Kennzeichen des intellektuellen Lebens in der post-kartesischen Periode geworden, dass das *Verstehen* von etwas paradigmatisch so aufgefasst wird, dass es zur Seite genommen wird und geschaut wird, wie es funktioniert, und zwar auf die gleiche

Weise, in der man einen Mechanismus verstehen würde. Ein physisches Ding ist diesem Modell entsprechend wie eine Uhr, deren Funktionsweise man erfassen kann, indem man bestimmt, wie jeder Teil mechanisch interagiert, damit das Verhalten des Ganzen entsteht. Heutzutage erscheint diese Herangehensweise an Untersuchungen geradezu offensichtlich richtig, als Inbegriff des „wissenschaftlichen Denkens". Trotzdem stellt dies, wie wir später noch sehen werden, eine dramatische Abkehr dar sowohl in wissenschaftlicher als auch in, was für unsere Zwecke bedeutender ist, metaphysischer Weise von den Annahmen, die in den meisten antiken und mittelalterlichen Denkrichtungen vorherrschend waren – eine Abkehr, die in vielerlei Hinsicht als der Ursprung des Leib-Seele-Problems, wie wir es heute kennen, erachtet werden kann. Das Problem ist daher genauso sehr ein Artefakt der Punkte, in denen Materialisten und Dualisten sich einig sind, wie auch derer, in den sie nicht übereinstimmen. Wir werden im folgenden Verlauf die Natur – und die letztliche Plausibilität – dieser Herangehensweise, die materielle Welt zu verstehen, wie sie von Dualisten und Materialisten gleichermaßen geteilt wird, gründlicher untersuchen. Die naheliegende Frage ist, ob dort, wo das Leib-Seele-Problem Gegenstand ist, jene Herangehensweise ihre materialistischen Befürworter oder ihre dualistischen begünstigt.

Tische, Stühle, Steine und Bäume

Es ist sicher kein Geheimnis, *warum* die fragliche Herangehensweise scheinbar offensichtlich richtig ist. Die moderne Wissenschaft ist allem Anschein nach eine einzige, lange Erfolgsgeschichte, ein Erfolg, der zu einem großen Teil durch ihre Verpflichtung zu einem mechanistischen Modell der Welt möglich gemacht wurde. Das Verhalten und die Eigenschaften gewöhnlicher, mittelgroßer Objekte des Alltagsverständnisses – Tische, Stühle, Steine, Bäume, Wasser, Metall, so wie sie verbrennen, schmelzen, gefrieren, Licht reflektieren, Magnetismus aufweisen, Elektrizität leiten – wurden sehr ausführlich durch physikalische und chemische Theorien mit außergewöhnlicher Fähigkeit zur Voraussage erklärt, deren Anwendung die atemberaubenden Technologien der modernen Welt möglich gemacht hat, Technologien, die früheren Generationen als Zauberei erschienen wären. Diese Theorien haben die Existenz einer Mikroebene physischer Realität enthüllt – ein Reich der Moleküle, Atome, Elektronen, Protonen, Quarks, etc. – die unsere Vorgänger genauso wunderbar gefunden hätten, und sie haben sich selbst auch als anwendbar auf die Makroebene des Universums – Sonnensysteme, Galaxien, Galaxienhaufen und die wahre Struktur von Raum und Zeit – erwiesen, dessen unerwartete Weite sie preisgegeben haben. Was am bedeutsamsten ist für unsere gegenwärtigen Betrachtungen, sie haben sich als erfolgreich darin erwiesen, die Funktionsweise des menschlichen Körpers und seiner verschiedenen Untersysteme zu erklären, wodurch sich Möglichkeiten eröffnet haben, Krankheiten zu heilen, die die Menschheit seit Jahrtausenden geplagt haben, die Ausdehnung der Lebensdauer durch Medizin und den Gebrauch von künstlichen Organen, und sogar die assistierte oder künstliche Reproduktion des Lebens selbst durch Labormethoden (*In-vitro*-Fertilisation und Klonen).

Es ist somit keine Überraschung, dass viele Philosophen die Ansicht übernommen haben, dass der menschliche Geist auch in derselben Form von mechanistischer Darstellung, dem sich anscheinend auch der Rest des Universums gefügt hat, darstellbar sein sollte. Diese Ansicht ist mehr oder weniger das, was mit „Materialismus" gemeint ist – die Theorie, dass die Realität, oder (wenn dieser Ausdruck speziell dafür benutzt wird, um eine Position in der Philosophie des Geistes zu bezeichnen) zumindest die menschliche Realität, aus rein materiellen oder physischen Objekten, Prozessen und Eigenschaften besteht, die entsprechend derselben physikalischen Gesetze funktionieren und die deshalb für eine Erklärung durch physikalische Wissenschaften empfänglich sind. Kurz gesagt gibt es keine immaterielle Substanz oder Seele oder Geist oder sonst irgendeinen Aspekt der menschlichen Natur, der dem Prinzip nach einer Erklärung in rein physikalischen Begriffen umgeht. Der Geist ist, so paradox das klingen mag, zur Gänze materiell. (Er ist materiell, das heißt, sofern er überhaupt existiert, und es gibt einige wenige radikale Materialisten, die leugnen, dass er es tut. Aber später mehr dazu.)

Materialismus wird oft auch als *Physikalismus* oder *Naturalismus* bezeichnet, obwohl diese Ausdrücke von Philosophen gelegentlich benutzt werden, um Ansichten zu bezeichnen, mit der Absicht, sie vom Materialismus zu unterscheiden. Diese Begriffsverwirrung ist auf gewisse Weise völlig angemessen, da die materialistische These in keiner Weise so offensichtlich oder klar umrissen ist, wie sie zuerst scheinen mag.

Der Erfolg der modernen physikalischen Wissenschaften in der Erklärung der Tische, Stühle, Steine und Bäume des Alltagsverständnisses ist nicht die einzige Quelle der intuitiven Anziehungskraft des Materialismus. Es gibt da auch noch die Tatsache, dass solche gewöhnlichen, physischen Objekte die Musterbeispiele dafür zu sein scheinen, was zunächst als *real* zählt. Wenn wir etwas sehen, hören, ertasten, berühren und riechen können, dann wissen wir mit Sicherheit (abgesehen vom kartesischen, bösen Geist und von Träumen), dass es existiert. Umgekehrt führt uns unser Unvermögen, Erfahrungsdaten für etwas vorzuweisen, typischer Weise dazu, dessen Existenz zu bezweifeln. Aber damit scheint es, dass uns jede Behauptung, dass etwas anderes als die Objekte, Prozesse und Eigenschaften der alltäglichen Erfahrung wirklich existiert, verdächtig vorkommen sollte, zumindest dann, wenn die wirkliche Existenz dieser Objekte, Prozesse und Eigenschaften des Alltags selbst nicht auf die Existenz irgendeiner anderen Art von Ding hinweist. Die moderne Wissenschaft liefert uns gute Gründe zu glauben, dass diese Alltagsobjekte, -prozesse und -eigenschaften durch die Mikrophänomene gebildet werden, die von Physik und Chemie beschrieben werden, und dass sie umgekehrt die Makrophänomene bilden, die von der Astronomie und Kosmologie beschrieben werden. Wir sind also in dem Glauben gerechtfertigt, dass solche Mikro- und Makrophänomene ebenfalls existieren, obwohl sie für gewöhnlich nicht direkt beobachtbar sind. Aber die Wissenschaft liefert uns keinen Grund zu glauben, dass Entitäten wie Gespenster oder Poltergeister real sind; die Hinweise für solche Dinge sind schwach und leicht in nüchterneren Begriffen erklärbar (Halluzinationen, Wahnvorstellungen, Lügengeschichten und so weiter). Sie scheint uns auch keinen Grund für den Glauben an solche Dinge wie Seelen oder immaterielle kartesische Substanzen zu liefern. Der vernünftige Schluss daraus scheint zu sein, dass es ganz einfach keine solchen Dinge gibt. Zumindest, so glauben Materialisten, haben wir jeden Grund in der Annahme, dass es sie nicht gibt, zu handeln und zu erwarten, dass geistige Phänomene gänzlich in Form der Funktionsweise physikalischer Prozesse und Eigenschaften erklärt werden können.

Aber während solche Überlegungen den Anschein erwecken, als ob der Materialismus (so wie der Dualismus behauptet es zu tun) nicht mehr als einen Ausdruck der unvermeidbaren Implikationen eines schlichten Alltagsverständnisses darstellt, so trügt der Schein in diesem Fall doch. Denn wissenschaftliche Erklärungen gehen so vor, dass sie das, was wir in der Alltagserfahrung wahrnehmen, nicht nur zu *erklären*, sondern auch es in sehr großem Ausmaß *weg*erklären. Der Tisch vor Ihnen scheint so völlig solide und undurchdringbar, so wenig dies für eine Wolke wie für nur irgendetwas gelten kann. Trotzdem sagt uns die Physik, dass eine Wolke dieser Beschaffenheit *exakt* das ist, was er ist – eine Wolke von nicht sichtbaren, kleinen Teilchen, von denen jedes weniger Raum einnimmt, als zwischen ihnen existiert, so dass der anscheinend solide und undurchdringbare Tisch in der Hauptsache leerer Raum ist. Wir benutzen unsere Sinne, um uns so viel Gewissheit wie möglich zu verschaffen, und darum gründen wir unsere Wissenschaft darauf. Aber die Wissenschaft informiert uns dann darüber, dass unsere Sinne weitgehend falsch liegen. Die Welt, die sich uns durch Sehen, Hören, Schmecken, Berühren und Riechen offenbart – die Welt der Tische, Stühle, Steine und Bäume – ist nicht der Prüfstein der Wirklichkeit; diese Ehre gebührt der seltsamen Welt der nicht beobachtbaren Entitäten, die die Physik postuliert – die Welt der Moleküle, Atome, Elektronen und Quarks. Was wird dann aus der Vorstellung des Alltagsverständnisses, dass die physischen Objekte der Alltagserfahrung die Inbegriffe der Realität sind? (Und wenn das, was der Tisch *wirklich* ist, etwas ist, das wir *nicht* direkt beobachten – eine Wolke von Teilchen – warum sollten wir dann so misstrauisch sein gegenüber Behauptungen, dass gewisse andere, nicht beobachtbare Phänomene – Seelen oder immaterielle kartesische Substanzen – genauso existieren?)

Reduktion und Supervenienz

Wie das obige Beispiel veranschaulicht, tendiert die moderne Wissenschaft der Ansicht vieler Materialisten nach hin zu dem, was oft als *Reduktionismus* bezeichnet wird: oft wird gesagt, der Tisch sei „reduzierbar auf" oder in Wirklichkeit „nichts anderes als" eine Ansammlung von Teilchen, was dem Anschein nach etwas anderes ist als das, was als Illusion verworfen wurde. Die verschiedenen *Eigenschaften* des Tisches werden ebenfalls reduziert: die Festigkeit, die er angeblich hat, ist nichts anderes als der Zustand, in dem sich seine Moleküle befinden, wenn das Kraftfeld, dass sie generieren, jene Kraftfelder abstößt, die mit anderen Ansammlungen von Teilchen in Verbindung stehen (Ihre Hände oder das Buch, das auf dem Tisch liegt). In ähnlicher Weise ist die Festigkeit eines Eiswürfels nichts anderes als der Zustand, in dem sich Wassermoleküle befinden, wenn sie am Gefrierpunkt sind, während die Flüssigkeit, die das Wasser bei höheren Temperaturen aufweist, nichts anderes als ein anderer Zustand seiner Moleküle ist. Die Versuchung liegt darin, anzunehmen, dass *alles* reale – nicht nur Tische und Eiswürfel, sondern auch Planeten und Galaxien, Tiere und menschlicher Geist – in irgendeiner Weise vollständig auf die grundlegenden Kategorien der Physik reduzierbar sein muss: in gewissem Sinne sind ein Planet und der Geist nichts anderes als verschiedene Arten von Molekül- oder Atomkonfigurationen. Die Sorte von Materialismus, die diese kühne materialistische Behauptung aufstellt, wird oft als *Physikalismus*, die Vorstellung, dass uns grundlegende Physik offenbart, was wirklich real ist, bezeichnet.

Das Problem ist, dass es Dinge gibt, bei denen es *sehr* schwer ist, sie auf die Kategorien der Physik in diesem strengen Sinn zu reduzieren, wie selbst die meisten Physikalisten anerkennen werden. Kulturelle Artefakte liefern offensichtliche Beispiele: was eine Dollarnote zu der Währung macht, die sie ist, scheint wenig mit den speziellen physikalischen Eigenschaften, die beteiligt sind, zu tun zu haben – ein Silberdollar ist genauso sehr ein Dollar wie einer aus Papier – und auch alles, das mit sozialen Konventionen zusammenhängt, die selbst schwerlich auf die Eigenschaften von Molekülen und Atomen in Bewegung zu reduzieren sind. Natürlich sind alle solche kulturellen und sozialen Phänomene letztlich von einem Geist abhängig; und der Geist selbst ist das berüchtigtste (und für unsere Zwecke relevanteste) Beispiel für etwas, das auf das physikalische zu reduzieren schwer erscheint, aus Gründen, die wir in Kapitel zwei skizziert haben und die wir in den nächsten paar Kapiteln genauer erforschen werden. Außerdem ist die Physik keinesfalls ein vollendetes Projekt, in dem die grundlegenden Bestandteile des materiellen Universums und die Gesetze, die sie beherrschen, alle dargestellt werden und fein säuberlich katalogisiert sind. Die Physik von Einstein und Heisenberg unterscheidet sich radikal von der von Galilei und Newton, und die Physik der Zukunft wird sich wahrscheinlich auf radikale Weise von beiden unterscheiden. In *welcher* Physik also genau sollte alles Reale reduzierbar sein? Physikalisten antworten darauf oft, dass es die Kategorien einer *vollständigen* Physik sind – das Theoriengebäude, welches auch immer Physiker der Zukunft entwickeln mögen, um all die Probleme, die die gegenwärtige Physik hat, zu lösen –, die diese Aufgabe lösen. Aber was, wenn diese Physik der Zukunft darin endet, dass sie immaterielle oder nicht-physische Eigenschaften postulieren muss, um mentale Phänomene darstellen zu können, so wie einige Dualisten argumentieren, dass es passieren wird (aus Gründen, denen wir später nachgehen werden)? Unter diesen Umständen würde sich herausstellen, dass sich der Physikalismus überhaupt nicht vom Dualismus unterscheidet – in diesem Fall wäre er auch überhaupt keine Version des Materialismus.

Solche Probleme mit dem Physikalismus haben andere dem Materialismus zugeneigte Philosophen dazu geführt, die strikte Reduktion als wesentlich für ihre Position zurückzuweisen und sich stattdessen für die Idee der *Supervenienz* zu entscheiden. Ein Ding „superveniert" ein anderes nur in dem Fall, dass es keinen Unterschied im ersten geben kann, ohne dass es einen Unterschied im zweiten gibt. Materialismus kann dementsprechend als die Behauptung verstanden werden, dass alle realen Objekte, Eigenschaften und Prozesse, inklusive der des Geistes, zu rein *physische* Objekte, Eigenschaften und Prozesse supervenieren: nichts, das passiert, und insbesondere nichts geistiges, kann überhaupt passieren, bis etwas auf rein physischer Ebene passiert und letztlich auf der Ebene der grundlegendsten Entitäten, die von der Physik postuliert werden. Ungleich dem Reduktionismus muss dies nicht zur Folge haben, dass die grundlegenden Einheiten in gewissem Sinne alles sind, was „wirklich" existiert: vielleicht gibt es einen Sinn, in dem Tische, Stühle, Steine, Bäume, Körper, Gehirne und sogar der Geist genauso real sind wie fundamentale physikalische Teilchen. Es hat lediglich zur Folge, dass alles, das auf dem Level der Tische, Steine, des Geistes, etc. passiert, letztlich nur deshalb passiert, *weil* etwas auf dem Level der fundamentalen Teilchen passiert. Einige Philosophen, die sich der Idee der Supervenienz des Geistigen über das Physische verschrieben haben, bevorzugen die Bezeichnung *Naturalismus* gegenüber Physikalismus, also die Idee, dass es nicht notwendigerweise nur die grundlegenden Teilchen, die die Physik postuliert, sind, die die Realität ausmachen, sondern vielmehr die natürliche Welt der materiellen Phänomene im allgemeinen (zum Unterschied von angeblichen *übernatürlichen* Phänomenen wie z. B. kartesische Substanzen, Engel oder Gott).

Natürlich ist das, wie es dasteht, alles ganz schön vage; und eines der Dinge, die einer Klärung bedürfen, ist, was genau mit der Behauptung gemeint ist, dass es *keinen* Unterschied in dem Ding, das superveniert, ohne einen Unterschied in dem Ding, das superveniert wird, *geben kann*. Heißt das, dass es metaphysisch unmöglich ist, dass sich ein Unterschied im ersten ereignen kann, ohne einen Unterschied im zweiten (um die Terminologie zu verwenden, die im letzten Kapitel eingeführt wurde), oder nur, dass es physisch unmöglich ist? Wenn man die Behauptung auf die erste Art versteht, dann erweisen sich Probleme, die den Reduktionismus betreffen, auch als solche, die die Vorstellung betreffen, dass das Geistige das Physische superveniert (aus Gründen, denen wir später nachgehen werden). Aber wenn die Behauptung auf die zweite Art verstanden wird, dann ist es nicht klar, dass die Position, die daraus resultiert, wirklich als eine Form des Materialismus zählt. Denn zu behaupten, dass es physisch unmöglich sei, dass es einen Unterschied auf der geistigen Ebene ohne einen Unterschied auf der physischen Ebene gibt, heißt nichts anderes, als zu behaupten, dass es keinen solchen Unterschied geben kann *in Anbetracht dessen, wie die tatsächliche Welt nun einmal funktioniert*; es heißt nicht zu behaupten, dass es metaphysisch unmöglich sei; das heißt, unmöglich in jeder möglichen Welt, nicht nur in der tatsächlichen – und daher heißt es nicht zu behaupten, dass es etwas sei, das die Grundidee des Dualisten ausschließt, nämlich dass es metaphysisch möglich ist, dass der Geist getrennt von Gehirn und Körper existiert.

Der Befürworter der Supervenienz hat nicht weniger als der Reduktionist ein Problem damit, eine nützliche Beschreibung dessen zu geben, *was* genau die grundlegenden Entitäten und Gesetze der Physik sind, zu denen angeblich alles supervenient ist. Die Antwort, dass eine „komplette Physik" eines Tages die Antwort liefern wird, lässt die Möglichkeit offen, dass die hypothetischen Physiker der Zukunft ihrer Liste nicht-physische und immaterielle Phänomene gerade wie es ihnen passt hinzufügen. Tatsächlich hat zumindest ein selbsternannter Naturalist, David Chalmers, vorhergesagt, dass das genau das ist, was die Physik der Zukunft erfordern wird – weshalb er sich selbst nicht nur als Naturalisten, sondern auch als Dualisten erachtet, wobei er ausdrücklich jede wesentliche Verbindung zwischen Naturalismus und Materialismus zurückweist!

Dieser letzte Punkt sollte uns dazu mahnen zu bedenken, dass, wie ich schon angedeutet habe, die Ausdrücke „Naturalismus", „Materialismus" und „Physikalismus" – und ich sollte nun die Ausdrücke „Reduktionismus" und „Supervenienz" hinzufügen – von Philosophen in einer verwirrenden Vielfalt von Arten verwendet werden. Für unsere Zwecke wird es ausreichen zu wiederholen, dass „Materialismus" eine allgemeine Verpflichtung zu der Vorstellung vermittelt, dass die physische Realität die ganze Realität ist, die es gibt. Versuche diese Grundidee genauer zum Ausdruck zu bringen tendieren entweder dazu, die gegenwärtige Physik (oder so etwas in der Art) als Prüfstein dafür anzusehen, was als „physische Realität“ (weshalb sie häufig die Bezeichnung „Physikalismus“ annimmt) zählt, oder stattdessen das Konzept des Physischen irgendwie offen zu lassen (weshalb man sich manchmal für die Bezeichnung „Naturalismus“ entscheidet). Wie vorherzusehen war ist die erste Herangehensweise, die klarer und festgelegter ist, schwieriger zu verteidigen, während die letztere, obwohl sie leichter zu verteidigen ist, oft weniger festgelegt und in einigen Fällen sogar weniger klar ihrer Substanz nach „materialistisch“ ist. In jedem Fall scheint das intuitive Gefühl des Alltagsverstandes in Hinblick auf den Materialismus nur so lange anzudauern, wie man die Darstellung davon vage hält.

Ursache und Wirkung

Bisher mag es so scheinen, als ob die anfängliche Plausibilität des Materialismus durch seine Unbestimmtheit so beeinträchtigt sei, dass es, während es verständlich ist, warum manche ihn anziehend finden können, schwer einzusehen ist, warum er die Position der Hauptströmung in der Philosophie des Geistes geworden ist. Aber wir dürfen nicht das Problem der Interaktion vergessen, das, wie wir im vorigen Kapitel gesehen haben, als Haupteinwand gegen den Dualismus und als hauptsächliche philosophische Motivation für den Materialismus dient. Die moderne Physik lehrt uns, so wie sie für gewöhnlich interpretiert wird, dass das materielle Universum, von dem die Dualisten nicht weniger als die Materialisten glauben, dass der menschliche Körper dazugehört, kausal geschlossen ist. Dem entsprechend könnte nichts von außerhalb – nichts nicht-physisches – in der Lage sein, auf das Einfluss auszuüben, was in diesem Universum geschieht. Aber dann wäre der Geist, wenn er eine kartesische, nicht-physische Substanz wäre, nicht in der Lage irgendeinen Effekt auf den Körper zu haben; und trotzdem scheint es geradezu offensichtlich, dass er welchen hat. Der Materialist schließt daher daraus, und das sicher nicht unvernünftiger Weise, dass, wenn der Geist mit dem Körper interagiert, er dann keine kartesische, nicht-physische Substanz sein kann, sondern er dann rein materiell oder physisch sein muss.

Dieses Argument stützt sich auf allgemeine Fakten über die Natur von Ursache-Wirkungs-Beziehungen in der physischen Welt. Aber es gibt auch ziemlich spezifische Fakten über die Leib-Seele-Interaktion, die der materialistischen These zusätzlichen Rückhalt liefern. Wir wissen aus der Alltagserfahrung, dass Veränderungen im Körper drastische Effekte auf den Geist haben können – zum Beispiel kann es, wenn man zu viel Alkohol zu sich nimmt oder wenn man ein Schädeltrauma erleidet, jemandes Fähigkeit, klar zu denken, oder überhaupt zu denken, schwer behindern. Wie kann das sein, wo doch der Geist so völlig verschieden ist vom Körper und dem Gehirn, wie Descartes meinte? Von der modernen Neurowissenschaft wissen wir auch, dass verschiedene, spezifische mentale Funktionen – Sehen, Hören, Sprachverständnis und so weiter – mit spezifischen Regionen im Gehirn in Verbindung stehen. Noch einmal, wie wahrscheinlich wäre es, wenn Geist und Gehirn zwei getrennte Dinge wären? Aber die Neurowissenschaft ist nicht die einzige Quelle wissenschaftlicher Einwände gegen den Dualismus. Die moderne Biologie sagt uns, dass menschliche Wesen das Produkt desselben, rein materiellen Prozesses – der Evolution – sind, der denselben physikalischen Gesetzen entsprechend funktioniert, die den Rest des physischen Universums beherrschen, und der, beginnend in der rein materiellen Umwelt der frühen Erdgeschichte, Kühe, Stubenfliegen und Bakterien, die alle offenbar rein physische Entitäten zu sein scheinen, hervorgebracht hat. Wie also können menschliche Wesen, die ein Ergebnis dieses materiellen Prozesses sind, irgendetwas anderes als rein physische Entitäten sein? Die Relativitätstheorie postuliert, dass Raum und Zeit ein einziges Kontinuum bilden – die Raumzeit – sodass alles, was in der Zeit existiert, auch im Raum existieren muss. Trotzdem scheinen mentale Prozesse ganz klar in der Zeit zu existieren, wie sogar Descartes anerkannte, im Falle dessen sie sicherlich auch im Raum existieren müssten. Wie also können sie darin scheitern, physische oder materielle Prozesse zu sein?

Die Berufung auf den Erfolg der modernen Wissenschaft, das mechanistische Modell der Erklärung auf jedes andere Phänomen im Universum anzuwenden, ist daher keinesfalls der einzige Pfeil im materialistischen Köcher. Beides, die allgemeine Natur physischer Kausalität und die spezifischen Details der Kausalbeziehung zwischen Geist und Körper, verleihen dem Materialismus ebenfalls beachtliche Plausibilität. In Anbetracht dessen, dass (a) die Natur von Ursache-Wirkungs-Beziehungen zu erfordern scheint, dass die Ursachen und Wirkungen physischer Prozesse selbst physisch sind, dass (b) die Anwendung dieser Vorstellung zu einem allgemeinen mechanistischen Modell des Universums geführt hat, das in der Erklärung jedes anderen Aspekts der Realität enorm erfolgreich war, und dass (c) wir bereits von gewissen spezifischen ursächlichen Verbindungen zwischen dem Geist und dem Gehirn wissen, kann der Materialist argumentieren, dass die vernünftigste Konklusion daraus ist, anzunehmen, dass der Geist eventuell *komplett* einer rein physikalischen Erklärung Platz machen wird.

Nichts davon zeigt für sich ein Versagen in der Argumentation für den Dualismus – so wie das Argument der Vorstellbarkeit – die wir im vorigen Kapitel betrachtet haben. Aber einige Materialisten haben behauptet, dass sie sogar ihr eigenes Argument der Vorstellbarkeit präsentieren können, um damit dem des Dualisten zu entgegnen. Stellen Sie sich vor, dass in ferner Zukunft Teleportationsgeräte von der Art, wie sie in Science-Fiction-Romanen beschrieben werden, möglich werden. Eine Person steigt hier auf der Erde in eine Kammer und ein Supercomputer scannt seinen oder ihren Körper samt Gehirn bis hin zum letzten Molekül und zeichnet all die zusammengetragene Information auf. Wie der Körper der Person zerstört wird, so wird diese Information in eine andere Kammer auf dem Mars gebeamt und ein exakt gleicher Körper erscheint in der Marskammer. Diese Art von Szenario wirft alle möglichen Arten von interessanten philosophischen Fragen auf, wie z.B. ob die Person, die in der Kammer am Mars erscheint, dieselbe wie die ist, die in die Kammer auf der Erde gestiegen ist, oder ob sie ein bloßes Duplikat ist. Auf diese Frage werden wir in Kapitel 8 eingehen. Was wir an dieser Stelle anmerken wollen ist, dass es sicherlich vorstellbar scheint und daher metaphysisch möglich ist, dass die Person, die in der Marskammer erscheint, ganz egal ob er oder sie mit dem Original identisch ist, das exakt gleiche Verhalten aufweisen wird und daher anscheinend, nicht weniger als das Original es tat, einen *Geist* hat. Aber die Ursache dafür, dass diese Person existiert, war das Speichern und Übermitteln von rein *physischer* Information – die Information, die der Computer von dem Körper und dem Gehirn auf der Erde abgelesen hat – und dem Verwenden dieser Information, um die Person, die in der Kammer auf dem Mars erschienen ist, zu erzeugen. Es scheint dann also so, als ob physische Faktoren einen Geist generieren können, im Falle dessen es Grund zu der Annahme gibt, dass der Geist rein physisch ist.

Dieses Argument ist nicht exakt parallel zu dem Argument der Vorstellbarkeit des Dualisten. Jenes Argument war darauf ausgerichtet zu beweisen, dass der Geist und das Gehirn nicht identisch sind, während dieses darauf ausgereichtet ist, die Behauptung, dass sie es doch sind oder dass zumindest ersterer letzteres superveniert, zu untermauern. Aber Argumente der Vorstellbarkeit, sofern sie überhaupt irgendetwas beweisen, scheinen unfähig zu sein, positive Behauptungen über Identität oder Supervenienz zu beweisen. Wenn man sich wirklich vorstellen kann, dass der Geist getrennt vom Körper oder Gehirn existiert, dann ist es zumindest plausibel, dass dies einen Beleg dafür darstellen würde, dass sie nicht identisch sind, denn wenn sie es wären, wie könnte man dann das eine ohne das andere haben? Aber sich vorzustellen, dass sie zusammen existieren, beweist kaum, dass sie identisch sind – schließlich geht sogar der Dualist davon aus, dass sie normalerweise gemeinsam existieren und besteht nur darauf, dass sie trotzdem prinzipiell getrennt werden könnten. Sich vorzustellen, dass alle Lebewesen mit Nieren auch ein Herz haben, beweist nicht, dass Herz und Nieren dieselbe Art von Organ sind; sich vorzustellen, dass ein Geist dort existiert, wo auch immer ein Gehirn existiert, zeigt in gleicher Weise kaum, dass der Geist und das Gehirn dasselbe Ding sind. Also kann das materialistische Argument der Vorstellbarkeit dem Wesen der Sache nach nicht dessen Konklusion beweisen. Trotzdem illustriert es lebhaft und untermauert es intuitiv den Schluss, den der Materialist aus einer anderen Überlegung, die wir untersucht haben, zieht: dass es zumindest möglich scheint, dass rein materielle Prozesse die Existenz und das Wesen des Geistes völlig beschreiben können.

Behaviorismus

Nehmen wir an, dass wir der Sache des Materialisten soweit Stärke einräumen. Wie sie sich darstellt, unterstützt sie höchstens die Behauptung, dass es möglich sei eine rein physikalische Darstellung des Geistes zu liefern. Aber wie kann diese Möglichkeit tatsächlich umgesetzt werden? Kann der Materialist uns im Speziellen sagen, wie völlig materielle Prozesse im Körper und im Gehirn alle die reichhaltigen mentalen Phänomene hervorrufen können, die wir in beiden vorhergehenden Kapiteln beschrieben haben – Bewusstsein und Denken, Qualia und Intentionalität und ein starker Sinn für Selbstheit? Materialisten haben einige mögliche Antworten auf diese Frage vorgeschlagen, und die erste, die dabei in der Mitte des 20. Jahrhunderts – der Ära, in der der Materialismus die Position der Mehrheit in der Philosophie des Geistes geworden ist – Verbreitung fand, war der *Behaviorismus* (manchmal auch als „Philosophischer Behaviorismus" bezeichnet, um ihn vom „Methodologischen Behaviorismus" zu unterscheiden, der mit B.F. Skinner und anderen Psychologen in Verbindung steht und der eine andere, wenn auch verwandte Idee darstellt).

Der Behaviorismus geht davon aus, dass einem Geist etwas zuzuschreiben heißt, ihm gewisse *Verhaltensdispositionen* zuzuschreiben; die relevanten Veranlagungen zu haben, *heißt bloß* einen Geist zu haben. So heißt z.B. Schmerz zu erfahren nichts anderes als so veranlagt zu sein, Verhalten wie Jammern, Zusammenzucken, Weinen oder „Autsch!" zu rufen, immer dann aufzuweisen, wenn der Körper verletzt wird. Zu glauben, dass es draußen regnet, heißt so veranlagt zu sein, dass man nach einem Regenschirm sucht oder dass man Gummistiefel anzieht, immer dann, wenn der Wetterbericht Regen voraussagt. Furcht zu verspüren heißt nur, die Neigung zum Zittern zu haben und/oder in der Gegenwart wilder Tiere oder messerzückender Fremder in dunklen Alleen davonzulaufen. Allgemein heißt dies, dass die Bedeutung eines mentalen Zustands darin liegt, eine Neigung dazu zu haben, bestimmte *Outputs* des Verhaltens als Antwort auf gegebene *Inputs* der Umwelt, und insbesondere als Antwort auf die Effekte, die jemandes Umgebung typischerweise auf die Sinnesorgane hat, zu erzeugen. Wenn der Behaviorismus wahr ist, dann wäre die Erklärung des Geistes durch rein materielle Begriffe relativ leicht und einfach eine Frage des Nachweises, dass ein rein physisches System in der Lage ist das Verhalten aufzuweisen, dass mit dem Besitz eines Geistes in Verbindung gebracht wird – etwas, wozu der menschliche Körper offensichtlich in der Lage ist.

Trotzdem ist der Behaviorismus nicht wahr. Manchmal wird gesagt, dass noch niemals eine philosophische Theorie entscheidend widerlegt worden ist, wahrscheinlich aber von niemandem, der mit dieser Beschreibung des Geistes vertraut ist, die heute keinen einzigen Verteidiger mehr zu haben scheint. Um fair zu sein sei gesagt, dass der Behaviorismus klare Vorteile hat. Er macht den Geist bis ins kleinste Bisschen beobachtbar und für wissenschaftliche Studien genauso zugänglich wie Tische, Stühle, Steine und Bäume und er scheint unser Alltagsverständnis widerzuspiegeln, insofern als der Weg, auf dem wir für gewöhnlich Zugang zum Geist, zumindest zum Geist anderer Leute haben, genau der durch ihr Verhalten ist. Was man *beobachtet*, wenn man jemandes Kummer beobachtet, scheint genau genommen nichts zu sein, das in diesem jemand vorgeht, sondern nur ein gewisses äußeres Verhalten: Schluchzen, Mimik und so weiter. Außerdem scheint diese Tatsache zusammen mit einer gewissen Theorie der sinnvollen Aussage, die in der Philosophie zur Mitte des 20. Jahrhunderts prominent war – die Verifikationstheorie, die besagt, dass der Sinn einer Aussage in ihrer Verifikationsmethode besteht – den Behaviorismus fast unvermeidlich zu machen: wenn der einzige Beleg, den man haben kann, um Behauptungen darüber zu verifizieren, was andere Menschen denken, in dem Verhalten besteht, das sie aufweisen, dann darf die Aussage, dass sie denken, nichts anderes heißen, als dass sie dazu tendieren ein gewisses Verhalten aufzuweisen.

Die Theorie der Verifizierbarkeit wurde schon lange aufgegeben, aus einer Reihe von Gründen, nicht zuletzt deshalb, weil, sofern es schwer einzusehen ist, wie diese Theorie selbst verifiziert werden könnte, es auch schwer einzusehen ist, wie sie ihre eigene Sinnlosigkeit implizieren könnte; und mit der Theorie der Verifizierbarkeit geht das stärkste Argument, das möglicherweise für den Behaviorismus genannt werden kann, verloren, in dessen Abwesenheit seine Problem überhand zu nehmen scheinen. Zunächst ist es einmal bekanntermaßen schwierig einzusehen, wie die Rede von einem Geist jemals völlig auf eine Rede von Verhalten reduziert werden könnte. Zu sagen, dass die Überzeugung, dass es regnet, nur heißt, so veranlagt zu sein, dass man sich Gummistiefel anzieht oder einen Schirm sucht, ist offensichtlich nicht die ganze Geschichte. Jemand, der glaubt, dass es regnet, wird diese Dinge nur tun, wenn er oder sie den Wunsch hat, nicht nass zu werden, und ein Wunsch selbst ist eine Art von geistigem Zustand. Also muss der Behaviorist nun *den Wunsch, nicht nass zu werden* auf dem Wege des Verhaltens analysieren, um die Analyse *des Glaubens, dass es regnet* in derselben Form zu vervollständigen. Aber jemand wird sich nur dann wünschen, nicht nass zu werden, wenn er oder sie z.B. Angst hat, sich zu erkälten, und *die Angst sich zu erkälten* ist dann wieder nur ein anderer geistiger Zustand, der durch das Verhalten analysiert werden muss – ein geistiger Zustand, der umgekehrt nur dann präsent sein wird, wenn ein weiterer geistiger Zustand, nämlich *der Glaube, dass Nasswerden Erkältungen verursacht*, ebenfalls präsent ist und für den wiederum eine behavioristische Analyse gegeben werden muss. Und so weiter *ad infinitum*. Dem entsprechend scheint es für Behavioristen keine Möglichkeit zu geben, jemals eine Rede von geistigen Zuständen und Prozessen nur in Form von Verhalten zum Ausdruck zu bringen.

Was aber noch schwerer wiegt ist, dass die Theorie die Subjektivität auslässt, die, wie wir in Kapitel 2 gesehen haben, für den Geist wesentlich zu sein scheint. Ob ich nun etwas über den Geist anderer alleine durch deren Verhalten weiß oder nicht, ist sicher nicht die Art, in der ich über meinen eigenen Kenntnis erlange: es ist nicht so, dass ich mich selbst im Spiegel betrachten muss wie ich schreie und weine, bevor ich daraus schließen kann: „He, schau dir das an! Ich muss wohl Schmerzen haben!" Das Subjekt der Gedanken und Erfahrungen scheint zu ihnen einen Zugang zu haben, den andere nicht haben, einen Zugang, der nicht auf der Beobachtung von Verhalten beruht. Tatsächlich scheint in Anbetracht dieser Subjektivität das Verhalten irgendwelcher Art für den Geist unwesentlich zu sein. Ein guter Schauspieler könnte auf überzeugende Weise all das Verhalten darstellen, das mit dem allerquälendsten Schmerz in Verbindung gebracht wird, und trotzdem überhaupt keinen Schmerz empfinden; ein noch besserer Schauspieler könnte sogar wirklich quälenden Schmerz empfinden und trotzdem allem Anschein nach nichts fühlen. Die geistigen Tatsachen – die Anwesenheit oder das Fehlen der „Qualia", die mit Schmerz in Verbindung gebracht werden – würden in jedem Fall gänzlich aus dem bestehen, was aus dem „Inneren", dem subjektiven Blickwinkel des Schauspielers hervorkommt, und nur von diesem Blickwinkel aus sichtbar sein, wobei das Verhalten irrelevant wäre.

Auch das Problem der *Verursachung* ist hier relevant, genauso wie in der Diskussion um den Dualismus. Einer der Einwände des Materialisten gegen den Dualismus ist, dass er angeblich völlig darin scheitert, den Umstand zu erklären, dass geistige Zustände die Ursachen für Verhalten sind. Aber der Behaviorismus scheitert ebenfalls darin, dies zu erklären. Denn wenn geistige Zustände mit dem Verhalten identisch sind, dann können sie nicht dessen Ursache sein: Ihr Glaube, dass es regnet, *veranlasst* Sie, laut Behavioristen, nicht dazu, ihren Regenschirm zu holen; es ist Ihr Regenschirmholen. Um die Bindung des Materialisten an die ursächliche Wirksamkeit des Geistigen ernst zu nehmen, bedarf es der Zurückweisung des Behaviorismus.

Die Theorie der Identität

Inspiriert von der Tatsache, dass geistige Zustände und Prozesse klar innere Prozesse irgendeiner Art, und Zustände und Prozesse, die äußeres Verhalten verursachen, zu sein scheinen, wandten sich die Materialisten in den 1950er und 1960er Jahren vom Behaviorismus ab und neigten von da an stattdessen eher dazu die *Identitätstheorie* zu favorisieren. Wenn geistige Zustände und Prozesse die Ursachen des Verhaltens sind, aber Ursachen, die auf irgendeine Weise in demjenigen drinnen sind, der das Verhalten aufweist, und die daher nicht beobachtbar sind, dann scheint es aus der materialistischen Sichtweise einen offensichtlichen Kandidaten dafür zu geben, wo genau solche inneren Ursachen gefunden werden könnten: das Gehirn. Nach dieser Ansicht sind geistige Zustände und Prozesse nur neurologische Zustände und Prozesse; das heißt, sie sind Zustände und Prozesse des Gehirns und des zentralen Nervensystems. Der Geist ist mit dem Gehirn identisch.

Wieder haben wir hier eine Behauptung, die einfach und offensichtlich scheint, die aber in Wirklichkeit nichts von beidem ist. Die Idee ist, dass irgendein geistiger Zustand – Ihr Gedanke an Ihre Großmutter, das Gefühl des Schmerzes in Ihrem Kreuz, Ihre Erinnerung an Ihren letzten Ausflug nach London – *genau dasselbe Ding wie* das Feuern von diesem und jenem Klumpen von Neuronen in Ihrem Gehirn. Es ist wichtig genau zu verstehen, was das bedeutet. Es ist *nicht* die Behauptung, dass das, was im Geist passiert, von dem *beeinflusst* wird, was im Gehirn passiert – dass die Gefühle und Sinneseindrücke, die Sie haben, Ihre Fähigkeiten sich zu erinnern und klar zu denken und so weiter, von verschiedenen neuronalen Strukturen und Prozessen abhängen. Niemand leugnet dies – gewiss nicht der Dualist, der wie wir gesehen haben, darauf besteht, dass der Geist und das Gehirn miteinander interagieren (auch wenn es ihm schwerfällt zu erklären wie). Wenn das alles wäre, was die Identitätstheorie besagt, dann wäre sie nicht sehr interessant oder umstritten. Die Theorie besagt aber vielmehr, dass nicht Ihr Geist von diesem und jenem Feuern von Neuronen *verursacht* wird, sondern dass es dieses und jenes Feuern von Neuronen *ist*. Es ist *nicht mehr dran* an einem Gedanken als das. Gewisse elektrochemische Signale werden von einem Teil des Gehirns zu einem anderen gesendet; und das, und nur das, ist es, was einen Gedanken, ein Gefühl oder einen Sinneseindruck ausmacht. Wenn Sie in der Lage wären in jemandes Schädel hinein zu schauen und irgendwie die Neuronen feuern sähen, dann würden Sie im wahrsten Sinne auf die Gedanken dieses jemand schauen.

Wenn sich das für Sie nicht seltsam anhört, dann haben Sie wahrscheinlich die Theorie nicht richtig verstanden. Es soll sich seltsam anhören; oder zumindest soll es sich nicht selbstverständlich anhören. Vertreter der Identitätstheorie glauben von sich selbst, dass sie eine gewagte wissenschaftliche Hypothese vorbringen, und nicht eine alltägliche Binsenweisheit. Die Idee war, dass die Identifikation des Geistes mit dem Gehirn als die letzte einer langen Reihe wissenschaftlicher, reduktionistischer Erklärungen akzeptiert werden sollte. Wie vorher schon angemerkt wurde, sind physische Dinge des Alltags wie Tische und Stühle, obwohl sie völlig undurchdringliche Objekte mit Eigenschaften wie Farbe, Geschmack und Geruch zu sein scheinen, in Wirklichkeit nichts anderes als Schwärme von farblosen, geruchlosen und geschmacklosen, mikroskopischen Teilchen. Physische Objekte wurden von Physikern der Gegenwart auf Ansammlungen von Molekülen und Atomen „reduziert". Ganz ähnlich wurden Eigenschaften wie Hitze, Kälte, Flüssigkeit oder Leuchtdichte auf Eigenschaften von Aggregaten von Molekülen oder Atomen reduziert. Somit stellt sich heraus, dass Wasser nichts anderes als eine besondere chemische Verbindung ist, eine Verbindung aus Wasserstoff und Sauerstoff: H_2O. Hitze, um ein anderes typisches Beispiel zu benutzen, ist nichts anderes als die Bewegung von Molekülen – hohe durchschnittliche molekulare, kinetische Energie, um etwas genauer zu sein. Solche Reduktionen offenbaren die wahre Natur alltäglicher Phänomene, und erlauben es uns sie zu verstehen und ihr Verhalten mit größerer Genauigkeit vorauszusagen, als das das Alltagsverständnis möglich macht.

Reduktionen finden manchmal *innerhalb* der Wissenschaft statt: das biologische Konzept der Gene zum Beispiel erweist sich als auf das grundlegendere Konzept der DNS reduzierbar. Diese Art von Beispiel wird als „innertheoretische Reduktion" bezeichnet: das ist die Reduktion der Gesetze und der Ontologie einer wissenschaftlichen Theorie auf diejenigen einer anderen. Die Ontologie einer Theorie ist dabei bloß die Liste der grundlegenden Entitäten, die sie postuliert, so wie etwa Moleküle, Atome und subatomare Teilchen der modernen Physik; die Gesetze der Theorie sind die Prinzipien, die ihr entsprechend die Aktivitäten der Entitäten ihrer Ontologie beherrschen, so wie etwa die Prinzipien der Quantenmechanik, von denen man sagt, dass sie die grundlegenden Entitäten beherrschen, die die Physik postuliert. Im Fall einer intertheoretischen Reduktion erweisen sich die Entitäten der Theorie, die reduziert wird, als identisch mit den oder als „nichts anderes als" die Entitäten, von denen die reduzierende Theorie spricht: Gene, um wieder sehr zu vereinfachen, erweisen sich als reduzierbar auf, oder sind in Wirklichkeit nichts anderes als die Aspekte der DNS. Dementsprechend gibt es eine gesetzesähnliche Verbindung zwischen den Entitäten der reduzierten und der reduzierenden Theorien: in jedem Fall, in dem dieses und jenes Gen vorhanden ist, ist auch dieser und jener Aspekt der DNS vorhanden.

Die Identitätstheorie wird manchmal als eine Art von intertheoretischer Reduktion formuliert. Von unserer gewöhnlichen, alltagsmäßigen Weise über unseren Geist zu sprechen und unser Verhalten in Form dessen, was in unserem Geist vor sich geht, zu erklären – zum Beispiel von Überzeugungen und Wünschen zu sprechen, oder von jemandes, als ein durch gewisse spezifische Überzeugungen und Wünsche verursachtes Verhalten – wird behauptet, dass sie eine quasi-wissenschaftliche „Theorie" sei. Es ist, um sicher zu gehen, keine komplexe Theorie, die mit mathematischer Präzision ausgewiesen ist, erdacht von einem exzentrischen Akademiker oder einem Doktoranden, dargeboten in einem Vorlesungssaal oder in einem Laboratorium getestet. Aber sie hat, zumindest wird so argumentiert, gewisse Eigenschaften einer wissenschaftlichen Theorie. Sie hat eine komplexe Ontologie – sie spricht nicht nur von Überzeugungen und Wünschen, sondern auch von Hoffnungen, Ängsten, Erfahrungen, Empfindungen, Emotionen, Sinneseindrücken – und sie beruft sich auf gewisse quasi-gesetzesähnliche Verallgemeinerungen: dass das Verlangen nach einem Cheeseburger dazu neigen wird, zu verursachen, dass man eine Cheeseburger isst, dass das empfinden von Schmerz dazu neigen wird, zu verursachen, dass man jammert und sich darüber beschwert, oder dass die Überzeugung sich in Gefahr zu befinden dazu neigt zu verursachen, dass man dem Geschehen entflieht. Da diese „Theorie" eine Theorie über den Geist ist, und da sie eine Theorie ist, die von „gewöhnlichen Leuten" genauso vertreten wird wie von den gebildeten, wird sie von den Philosophen typischerweise als *Alltagspsychologie* bezeichnet. Die Identitätstheorie kann somit als die Hypothese ausgedrückt werden, dass die Volkspsychologie auf Neurowissenschaft, auf die Wissenschaft vom Gehirn, reduziert werden kann. Genauso wie die Theorie, die von Genen usw. gesprochen hat, sich als reduzierbar auf eine Theorie, die stattdessen von DNS spricht, erwiesen hat, so sollten wir auch Überzeugungen, Wünsche, Erfahrungen, Empfindungen und Emotionen auf Gehirnzustände und -prozesse reduzieren.

Vertreter der Identitätstheorie berufen sich bei der Verteidigung ihrer eigenen Theorie auf die Arten von Überlegungen, die vorher zu

Gunsten des Materialismus im Allgemeinen angeführt wurden, und insbesondere auf die Abhängigkeit verschiedener spezifischer Arten geistiger Funktionen (Sprache, Sehen, etc.) von verschiedenen spezifischen Gehirnregionen. Sie gestehen ein, dass ihre Theorie kontraintuitiv erscheinen mag: wie, so könnte man fragen, können subjektive Gedanken und Empfindungen nichts anderes als elektrochemische Signale sein, die zwischen den Nervenzellen verlaufen? Aber sie merken auch an, dass zum Beispiel ein Tisch nicht sehr wie eine Ansammlung von Teilchen erscheint, obwohl das das ist, was er ist. Das Alltagsverständnis wurde schon vom Fortschritt der Wissenschaft in Frage gestellt. Wenn die Identitätstheorie nun auch das Alltagsverständnis in Frage stellt, so kann das für sich kein Einwand sein.

Dennoch gibt es ernstere Probleme mit der Identitätstheorie, die die Materialisten selbst aufgezeigt haben. Das erste hat mit einer technischen Unterscheidung zu tun, die Philosophen zwischen *Types* und *Tokens* getroffen haben. Betrachten wir den Satz: „Die Katze steigt auf die Matte." Wie viele Wörter sind in dem Satz? Die Antwort hängt davon ab, ob wir „die" einmal oder zweimal zählen. Wenn wir „die" als ein Wort zählen, dann zählen wir die *Types*; wenn wir es zweimal zählen (da es zweimal im Satz auftaucht), dann zählen wir die *Tokens*. In dem Satz sind *fünf* verschiedene Wörter, wenn wir die Wort-Types zählen, und *sechs*, wenn wir die Wort-Tokens zählen. Was für Wörter gilt, das gilt auch für geistige Zustände und Gehirnzustände (und was das betrifft auch für so ziemlich alles andere). Wir können beispielsweise zwischen einem allgemeinen Type eines geistigen Zustandes (zum Beispiel die Überzeugung, dass es regnet) und besonderen Tokens dieses Types (zum Beispiel die Überzeugung, dass es regnet, die ich früher in diesem Sommer hatte, die Überzeugung, dass es regnet, die ich am 16. April hatte, die Überzeugung, dass es regnet, die Sie am 1. Mai hatten, und so weiter) unterscheiden. Die Identitätstheorie war ursprünglich als etwas beabsichtigt, das man eine „Types-Identitätstheorie" nennen könnte: sie besagte, dass jeder *Type* eines geistigen Zustandes (die Überzeugung, dass es regnet, die Überzeugung, dass die Sonne scheint, das Verlangen nach einem Cheeseburger, das Verlangen nach einem Keks, und so weiter und so fort) mit einem spezifischen *Type* eines Gehirnzustandes (neuronales Aktivitätsmuster des Typs A, neuronales Aktivitätsmuster des Typs B, und so weiter) eins zu eins verbunden werden könnte.

Das Problem ist, dass es klar zu sein scheint, dass es *kein* solches ordentliches Verbinden geben *kann*, weil es kein solches Ding wie eine gesetzesähnliche Korrelation zwischen geistigen Zuständen und Gehirnzuständen geben kann. Erinnern wir uns an einen Punkt, den wir oben angeführt haben, um dem Behaviorismus zu entgegnen: eine Person wird sich üblicherweise nur dann wünschen, nicht nass zu werden, wenn er oder sie andere geistige Zustände aufweist, so wie etwa die Angst, sich eine Erkältung einzufangen und die Überzeugung, dass Nasswerden gerne Erkältungen verursacht; darüber hinaus wird er oder sie *diese* geistigen Zustände nur haben, wenn er oder sie auch glaubt, dass es unangenehm ist, sich eine Erkältung einzufangen, und sich mehr wünscht, diese Unannehmlichkeit zu vermeiden, als im Regen herumzutollen, etc. Jeder geistige Zustand ist somit niemals individuell, sondern schließt auch das Vorhandensein anderer geistiger Zustände mit ein; und typischerweise schließt es auch ein, dass es rationale Verbindungen zwischen den geistigen Zuständen, die man hat, gibt. *Weil* man glaubt, dass es unangenehm ist, sich eine Erkältung einzufangen, und dass nass zu werden tendenziell zu einer Erkältung führt, schließt man daraus, dass man besser daran täte, nicht nass zu werden, und zieht dann den weiteren Schluss, da das Hinausgehen in den Regen, wie angenehm es auch sein mag, verursacht, dass man nass wird, dass man besser daran täte, nicht in den Regen hinaus zu gehen.

Es gibt also *logische Beziehungen* zwischen geistigen Zuständen, die teilweise genau bestimmen, welche geistigen Zustände man haben wird, wenn man überhaupt irgendwelche hat. Aber ganz offensichtlich scheint es solche Beziehungen zwischen den feuernden Neuronen im Gehirn nicht zu geben. Es wäre absurd zu sagen – tatsächlich wäre nicht klar, was es überhaupt *bedeuten* könnte zu sagen – dass „das neuronale Aktivitätsmuster des Typs A zieht logischer Weise das neuronale Aktivitätsmuster des Typs B nach sich“, oder dass „die Sekretion des Gelbkörperreifungshormons ist mit dem Feuern der Neuronen 6092 bis 8887 logisch inkonsistent“. Neuronen und Hormonsekretionen weisen *kausale* Relationen untereinander auf; aber *logische* Relationen – die Art von Relationen zwischen Propositionen wie „Draußen regnet es.“ und „Draußen ist es nass.“ – sind nicht kausal. Es scheint keine Möglichkeit zu geben, um Reihen logisch in Wechselbeziehung stehender geistiger Zustände mit Reihen bloß kausal in Wechselbeziehung stehender Gehirnzustände zu verbinden, und daher scheint es keine Möglichkeit zu geben, das Geistige auf das Physische zu reduzieren. Das Beste, worauf wir hoffen können, ist eine Art von „Token-Identitätstheorie“: besondere Tokens geistiger Zustände sind mit besonderen Tokens von Gehirnzuständen identisch – Ihr Glaube, dass es regnet, ist identisch mit dem Feuern einiger Neuronen oder anderer – aber es gibt keine Möglichkeit geistige Zustände und Gehirnzustände miteinander auf eine gesetzesähnliche Weise in Verbindung zu bringen, keine Möglichkeit die Beziehung zwischen ihnen in Form einer streng wissenschaftlichen Theorie zu beschreiben. Diese Art von Sichtweise wird manchmal *anomaler Monismus* genannt, eine Bezeichnung, die von Donald Davidson (1917-2003) geprägt wurde, von dem Philosophen, der damit am engsten in Verbindung gebracht wird: geistige Ereignisse sind mit physischen Ereignissen identisch, wobei das physische letztlich alles ist, das existiert (deshalb „Monismus"); aber es gibt keine Möglichkeit, irgendwelche wissenschaftlichen Gesetze zu formulieren, die das Geistige und das Physische verbinden (daher das Adjektiv „anomal").

Ein mit der Identitätstheorie verwandtes Problem ist, dass es möglich zu sein scheint, dass es Wesen geben könnte, die eine Geist haben, denen aber das Gehirn fehlt; der Geist scheint nämlich „vielfach realisierbar" zu sein – etwas, das in Systemen „realisiert" werden oder existieren könnte, die aus etwas anderem zusammengesetzt sind, als aus Neuronen. Göttliche Wesen und Engel wären offensichtliche Beispiele, und sogar die meisten Atheisten würden zugeben, dass solche Wesen zumindest metaphysisch möglich sind, ob sie nun in der tatsächlichen Welt existieren oder nicht. Außerirdische mit physiologischen Charakteristika, die gänzlich anders sind als unsere eigenen – mit nichts, das auch nur entfernt dem menschlichen Gehirn oder Nervensystem ähnlich ist – und Androiden mit künstlichen Gehirnen, die aus Silizium, Plastik und Kupferdrähten zusammengesetzt sind, scheinen ebenfalls Kandidaten für Kreaturen zu sein, von denen man sagen kann, dass sie denken und fühlen, obwohl ihnen die neurologische Ausstattung fehlt. Aber wie kann dann, wenn der Geist der Möglichkeit nach auch in anderen physischen Systemen als dem Gehirn existieren kann, er mit dem Gehirn *identisch* sein?

Funktionalismus

Der Einwand der vielfachen Realisierbarkeit führt uns naturgemäß – so wie es in der Geschichte die meisten Materialisten geführt hat – zu der Form des Materialismus, die in der Philosophie des Geistes seit den 1970er Jahren dominant ist. Der *Funktionalismus* hat seinen Ausgangspunkt in der Beobachtung, dass viele Dinge passender Weise nicht in Form des Stoffes, aus dem sie gemacht sind, charakterisiert werden, sondern eher durch Bezugnahme auf die Funktionen, die sie ausüben. Ein Messer wird durch seine Fähigkeit, zu schneiden, nicht durch seine materielle Zusammensetzung charakterisiert; ob das Messer aus Stahl oder aus Plastik gemacht ist, ist irrelevant für seinen Status als Messer. Die Spielsteine des Damespiels sind in Form dessen definiert, welche Funktion jeder Stein im Verlauf des Spiels einnimmt: für gewöhnlich sind die Steine aus Plastik und werden über ein Oberfläche geführt, das aus Karton ist, aber im Prinzip könnte man ein Damespielfeld auch auf dem Strand zeichnen und mit zerdrückten Bierdosen und toten Krabben spielen. Natürlich würde das nicht mit *jeder* Art von Material funktionieren: es wäre schwierig Dame mit Spielsteinen aus Rasierschaum zu spielen, und ein Messer aus Rasierschaum wäre eigentlich auch überhaupt kein Messer. Aber der Punkt ist, dass es dennoch keine *spezifische* Art von Stoff gibt, aus dem Messer oder Damesteine sein müssen; viele Dinge würden den Zweck erfüllen, solange sie die richtige Art von Struktur haben, um die erforderlichen Funktionen zu erfüllen.

Der Funktionalist behauptet, dass so etwas ähnliches auch für geistige Zustände und Prozesse gilt. Es ist nicht der Stoff, aus dem er gemacht ist, der einen bestimmten geistigen Zustand zu dem macht, was er ist – sei es nun das Feuern von Neuronen oder etwas anderes – sondern es vielmehr das, was er tut und insbesondere die Arten von Ursachen und Effekten, die er hat. Was das Empfinden von Schmerz zu der Art von Ding macht, das es ist, ist, dass es von einem Schaden am Körper verursacht wird und dass es selbst dazu neigt, gewisse andere geistige Zustände, wie Ängstlichkeit, oder auch Verhalten wie Schreien oder Weinen, zu verursachen. Was die Überzeugung, dass es regnet, zu der Art von Ding macht, das es ist, ist, dass es dazu neigt, von Licht hervorgerufen zu werden, das von Regentropfen reflektiert wird und auf die Retinae trifft, und dass es selbst dazu neigt, wenn der Wunsch, trocken zu bleiben, ebenfalls vorhanden ist, gewisse andere geistige Zustände zu verursachen, so wie etwa die Absicht, einen Regenschirm zu ergreifen, und dazu, in Verbindung mit diesen anderen geistigen Zuständen, das körperliche Verhalten zu verursachen, in den Abstellraum zu gehen und den Regenschirm hervorzuholen. Geistige Zustände sind also in Form ihrer ursächlichen Relationen zu anderen geistigen Zuständen zu definieren, und letztlich ist dieses System geistiger Zustände selbst in Form seiner ursächlichen Relationen zu dem Input, den

Umwelteinflüsse auf die Sinnesorgane darstellen, und dem Output, der sich im körperlichen Verhalten manifestiert. Dass das gesamte System die *spezifischen Arten* kausaler Relationen manifestiert, ist das, was jedes Element darin zu einem bestimmten *geistigen* Zustand oder Prozess und was das System als Ganzes zu einem *Geist* macht; ob dieses System in einem menschlichen Gehirn, den schleimigen Eingeweiden eines Außerirdischen oder dem Silizium-Prozessor eines hochentwickelten Roboters inkarniert ist, ist irrelevant. Genauso wie irgendetwas, das die richtige Art von Funktion erbringt, ein Messer ist, ob es nun aus Plastik, Stahl oder etwas anderem besteht, so kann man auch von etwas, das die richtige Art von kausalen Relationen manifestiert, sagen, dass es einen Geist hat, ob es nun ein Lebewesen mit einem Nervensystem wie dem unseren oder eine ganz und gar andere Art von Wesen ist: ein ET, ein Androide oder ein Engel.

Einer der Vorteile, die dieser Sichtweise zugesprochen werden, besteht darin, dass sie eine Analyse des Geistes zulässt, die prinzipiell neutral steht zwischen Materialismus und Dualismus. Der Funktionalismus *per se* besagt bloß, dass geistige Zustände in Form ihrer kausalen Relationen zu definieren sind; er schließt nicht die Möglichkeit aus, dass diese kausalen Relationen eher in einer kartesischen, immateriellen Substanz inkarniert sein könnten als in etwas physischem. Aber natürlich gestattet die Theorie auch, dass etwas, das völlig materiell *ist*, einen Geist haben kann, solange es komplex genug ist, um die relevanten kausalen Relationen zu zeigen, und das menschliche Gehirn, das komplizierteste Objekt, das wir kennen, erfüllt dieses Erfordernis sicherlich. Der Funktionalismus macht dadurch eine Erklärung des Geistes in rein physikalischen Begriffen möglich, und das, zusammen mit Ockhams Rasiermesser, scheint den Materialismus gegenüber dem Dualismus zu begünstigen. Außerdem wird manchmal, da die Theorie besagt, dass Geist in anderen Systemen als Gehirnen inkarniert sein kann, behauptet, dass der Funktionalismus es dem Materialisten erlaubt, das Argument der Vorstellbarkeit des Dualisten zu entkräften: wenn es vorstellbar scheint, dass der Geist getrennt vom Gehirn existieren kann, dann kann das einfach deshalb sein, weil geistige Zustände vielfach realisierbar sind – der Möglichkeit nach in anderen physischen Systemen als Gehirnen inkarniert – und nicht, weil sie völlig unabhängig von *jedem* materiellen Substrat existieren können. Daher ist der Funktionalismus, auch wenn er im Prinzip mit dem Dualismus konsistent ist, in der Praxis zur bevorzugten Theorie der Materialisten geworden.

Einige mögen fragen, ob die Idee der vielfachen Realisierbarkeit, auf der der Funktionalismus beruht, überhaupt wirklich so plausibel ist. Sollten wir so bereitwillig die Behauptung, dass man von einem hochkomplizierten Roboter der Art, wie sie in den Science-Fiction Romanen von Isaac Asimov, in den *Terminator*-Filmen oder vom Charakter des Data in *Star Trek* dargestellt werden, buchstäblich sagen, dass er denkt und fühlt, so wie wir das tun? Wenn wir akzeptieren, dass solche Geschöpfe der Fiktion zumindest vorstellbar sind – dass wir uns kohärent ein Geschöpf vorstellen können, das aus nichts anderem als Stahl und Plastik besteht, dass aber trotzdem einen Geist besitzt – dann scheint das dem Funktionalisten Unterstützung zu bieten. Wenn Sie schließlich wirklich Data oder dem Terminator begegnen sich mit ihm unterhalten könnten, würden Sie dann wirklich irgendeinen Zweifel daran haben, dass die genauso intelligent sind wie Sie? Wenn Data Sie fragen würde, wie spät es ist, gäbe das nicht Grund zu der Annahme, dass er *wünscht*, die Zeit zu wissen? Wenn Ihnen der Terminator erzählen würde, dass er aus der fernen Zukunft kommt, wäre das nicht ein Beweis dafür, dass er *glaubt*, dass das ist, wo er herkommmt? Glaube und Wünsche sind Arten geistiger Zustände; also kann man von allem, das sie besitzt, sagen, dass es einen Geist besitzt. Man könnte trotzdem einwenden, dass solche Geschöpfe nicht die *Empfindungen* und *Emotionen* haben würden, die wir haben. Aber warum sollten sie das nicht können? Spiegelt dieser Einwand nicht eher bloß die Vorliebe von Science-Fiction-Autoren für das Stereotyp der kalten, gefühllosen Maschine wider, als irgendeine objektive Grenze für eine solche Art von Roboter, die theoretisch gebaut werden könnten. Der Funktionalist behauptet, das müssen wir uns in Erinnerung rufen, dass Empfindungen und Emotionen ebenfalls nichts anderes als Zustände sind, die gewisse Arten kausaler Beziehungen haben. Warum sollten solche Zustände nicht in einem Roboter gebildet werden können. Wenn ein Roboter einen inneren Zustand hätte, der durch eine Schädigung seines Körpers entsteht, der ihn dazu veranlasst zu schreien, zu weinen und verzweifelt nach einer Möglichkeit sucht, den Schaden zu beheben, warum sollte das nicht als Schmerz zählen? Wenn Sie Data sähen, wie er auf dem Boden liegt und wild um sich schlägt, kreischt und schluchzt und sich seine Seite hält, nachdem er von einer Strahlenkanone getroffen worden ist, würden Sie nicht versuchen ihm zu helfen? Würden Sie zu ihm sagen „Schneid es raus, du bist bloß ein Roboter – du fühlst nicht wirklich etwas!“ (Und was, wenn er Ihnen sagt, dass es seine Gefühle verletzt zu hören, wie Sie das sagen? Würden

Sie sich nicht zumindest ein bisschen fragen, ob er nicht in Wirklichkeit vielleicht doch Gefühle hat?)

Der Funktionalist würde weiter argumentieren, dass die Vorstellung, dass es denkende und fühlende Roboter geben könnte, auf keinen Fall verworfen werden kann von jemandem, der die allgemeine materialistische Behauptung ernst nimmt, dass geistige Zustände und Prozesse durch Bezugnahme auf Zustände und Prozesse des Gehirns völlig erklärbar sind. Ein Klumpen von Neuronen ist letztlich nicht weniger rein physisch als ein Haufen von Silizium-Computerchips im Kopf eines Roboters. Warum sollte es so unglaublich sein sich vorzustellen, dass etwas, dessen „Gehirn" aus solchen Computerchips gemacht ist, so denken und fühlen kann, wie wir das tun? Warum sollte elektrischer Strom, der zwischen Computerchips fließt, weniger fähig sein, mentale Zustände hervorzurufen, als elektrochemische Signale, die zwischen Neuronen verlaufen?

Ein einzelnes Neuron erfüllt eine relativ einfache Aufgabe: es bekommt Signale von einigen Neuronen und sendet dann Signale an andere. Warum könnte das nicht ein Computerchip machen? Nehmen wir an, dass ein sehr kleiner Klumpen Ihrer Neuronen durch winzige Computerchips ersetzt wird und dass sie Signale auf genau dieselbe Weise empfangen und senden wie die originalen Neuronen. Gibt es irgendeinen Zweifel, dass Sie genau so bewusst und zu Gedanken fähig wären wie davor? Ein künstliches Herz befähigt die Person, die es erhält, nicht weniger, Blut zu pumpen: ein künstliches Herz ist immer noch ein Herz, weil es die Funktion eines Herzens erfüllt. Warum also sollten künstliche Neuronen weniger dazu in der Lage sein Denken und Fühlen zu unterstützen, wenn sie genau das machen, was auch echte Neuronen machen? Nehmen wir weiter an, dass die Nervenenden in Ihrer Hand durch künstliche Nervenenden ersetzt werden – gemacht aus mikroskopischen Drähten oder aus der Art von winzigen Mechanismen, die uns aus der Nanotechnologie vertraut ist – die genauso funktionieren wie die originalen, die Schaden am Körper registrieren, die Gegenwart von Hitze oder Kälte und so weiter. Gibt es irgendeinen Grund zu bezweifeln, dass Sie genauso in der Lage wären Schmerz, Wärme oder Kühle zu spüren wie davor? Wenn ja, warum genau? Die künstlichen Nervenenden funktionieren physiologisch auf genau dieselbe Weise wie die originalen; warum also sollten ihre letzten Auswirkungen nicht dieselben sein? Stellen Sie sich jetzt vor, dass andere Neuronen und Nervenenden schrittweise auf ähnlich Weise ersetzt werden, und auch dass verschiedene Organe – eine Leber, eine Niere, eine Lunge – durch extrem komplexe und ausgeklügelte Duplikate, die aus Plastik, Stahl und Silizium konstruiert sind, die aber die Funktion der Originale exakt nachahmen. Gibt es irgendeinen Grund zu bezweifeln, dass sie genauso in der Lage wären zu denken und zu fühlen wie sie es immer waren? Die neuen Organe und Neuronen funktionieren physisch *exakt* so wie die Originale; warum also sollten ihre Endresultate nicht ebenfalls identisch sein? (Und wenn Sie irgendwie die Fähigkeit verlieren zu denken und zu fühlen wie davor, wann *genau* passiert das? Das Ersetzen *eines* Klumpens Neuronen oder Nervenenden hatte keinen solchen Effekt – warum also sollte es das Ersetzen von zwei, drei, zweitausend, oder zwei Millionen haben?) Stellen Sie sich schließlich vor, dass eventuell Ihr *ganzer* Körper und Ihr Nervensystem durch diese künstlichen Duplikate ersetzt werden. Gibt es irgendeinen Zweifel, dass Sie genauso bewusst wären wie davor? Wieder, wenn ja, warum genau? Ihre neuen Teile sind völlig physisch, aber das waren auch Ihre originalen Neuronen und Organe, und die neuen Teile funktionieren genauso wie die originalen es taten. Welchen Grund könnte es also dafür geben, zu bezweifeln, dass Sie immer noch einen Geist haben? Bedenken Sie aber dennoch, dass Sie effektiv ein Roboter geworden wären. Aber wenn Sie, da Sie schrittweise in einen Roboter transformiert worden sind, trotzdem denken und fühlen können, warum sollten Sie leugnen, dass *andere* Roboter – die Art, die in Fabriken und Labors hergestellt wird – das auch können?

Wie dieses Argument andeutet, ist der Funktionalismus eng an die Vorstellung geknüpft, dass das Gehirn eine Art von Computer und der Geist eine Art von Programm darauf ist: die Software, die auf der Hardware des Gehirns läuft. Wir werden das in Kapitel 6 genauer untersuchen. Jetzt reicht es anzumerken, dass diese Vorstellung dem Materialisten die Möglichkeit bietet, die funktionalistische These zu erhellen und zu argumentieren, dass es das Rätsel, wie etwas rein Materielles einen Geist haben kann, ausschaltet. Ein Computerprogramm ist etwas Abstraktes – eine mathematische Struktur, die auf Papier oder im Geist des Programmierers verstanden und bestimmt werden kann, lange bevor es jemand in einer Maschine ausführt. Trotzdem muss das Programm, um „real“ zu werden – um irgendeinen Einfluss auf die physische Welt zu haben und um von uns benutzt werden zu können – muss es derart ausgeführt werden. Bis Sie es nicht auf einem tatsächlichen Stück Computerhardware installieren können, bleibt es rein abstrakt und wirkungslos. Es muss nicht irgendein *besonderer* Computer sein, der den Job tut – manche Programme könnten auf fast *jedem* Computer betrieben werden – aber es muss *irgendeinen* Computer oder einen anderen geben, der es tut. Das mag als passende Analogie für den Geist dienen: wir können den Geist in funktionalistischer Form verstehen, indem wir davon jegliche physischen Details seiner Ausführung im menschlichen Gehirn abstrahieren und uns nur auf seine kausale Struktur konzentrieren. Das mag die Illusion hervorrufen, dass er in der Lage ist, getrennt von einer Ausführung zu existieren; aber in Wahrheit muss er, genau wie ein Computerprogramm, in dem einen oder anderen physischen System ausgeführt sein – und wenn nicht notwendigerweise in einem menschlichen Gehirn, dann vielleicht im Gehirn eines Roboters oder Außerirdischen. Außerdem gibt es, trotz des abstrakten Charakters eines Programms, kein Geheimnis darum, wie er auf einem Stück Computerhardware betrieben werden kann. Aber dann darf es analoger Weise kein Geheimnis darum geben, wie der Geist im Gehirn inkarniert sein kann: wie Computersoftware ist er bloß eine Inkarnation einer komplexen, abstrakten Struktur, die in einem komplexen Stück Materie realisiert ist.

Die Beweislast

Trotz der Unklarheiten, die die Versuche, der materialistischen These eine präzise Formulierung zu geben, plagen, bleibt sie dennoch mächtig. Wenn das Alltagsverständnis, der rein sachliche Charakter des Materialismus, auch manchmal übertrieben wird von seinen Befürwortern, so scheint es trotzdem von allgemeinen Trends in der modernen Wissenschaft kräftig untermauert zu werden. Außerdem haben Materialisten im Funktionalismus eine vielversprechende philosophische Theorie, wie der Geist in etwas rein Materiellem realisiert sein könnte, und es gibt zwingende Beweise aus der Neurowissenschaft, dass geistige Zustände und Prozesse tatsächlich unzertrennbar mit Zuständen und Prozessen des Gehirns verknüpft sind.

Welche Auswirkungen hat dies alle auf die Diskussion zwischen Materialismus und Dualismus? Viele Materialisten sind derselben Meinung, dass die bisher angeführten Überlegungen für sich selbst ausreichend sind, um die rationale Überlegenheit ihres Glaubensbekenntnisses zu etablieren. Ihrer Einschätzung nach ist der Materialismus völlig in der Lage, den Geist prinzipiell zu erklären. Die verbleibende Arbeit ist wenig mehr als eine Aufwischaktion, ein bloßes Einfügen von Details. Die Dualisten wurden effektiv widerlegt; zumindest liegt die Beweislast bei ihnen, nicht bei den Materialisten. In Anbetracht der Gesamtbeweislage hat der Materialismus eine Vermutung zu seinen Gunsten. Er ist unschuldig, bis seine Schuld bewiesen ist.

So mag es scheinen. Dualisten könnten dem dennoch entgegnen, dass der philosophische Vorteil, den der Materialismus für sich beansprucht, illusorisch sein könnte, da der gegenwärtige Konsens zu seinen Gunsten mehr eine intellektuelle Mode widerspiegelt als eine objektive, leidenschaftslose Evaluierung der relevanten Argumente. Insbesondere könnten Dualisten argumentieren, dass es keinen guten Grund gibt, die Vorstellung in der Diskussion zwischen Materialismus und Dualismus ernst zu nehmen, dass es der Materialismus ist, der Vorteil aus dem Zweifel zieht. Die behauptete historische Rechtfertigung für eine solche Einstellung ist vertraut genug: Jahrhunderte lang, so sagt man, haben Materialisten und ihre Gegner philosophische Schlachten geschlagen, ohne dass dabei eine Seite einen Vorteil erkämpft hätte; aber dann kam die moderne Wissenschaft daher und Phänomene, die unerklärbar schienen, außer in Form von übernatürlichen Kräften, beugten sich in zunehmendem Maß der materialistischen Erklärung. Der Geist ist bloß der letzte Rückzugspunkt und dieser Umstand ist bloß gegenwärtig so; denn mit dem Aufstieg der Neurowissenschaft stehen wir nun an der Schwelle zur endgültigen Erklärung des Geistigen in rein physischer Form, und die materialistische Weltsicht wird danach völlig gerechtfertigt sein. Aber wie einflussreich es auch gewesen sein mag, dieser philosophiehistorische Fall wurde wohl übertrieben.

Erstens scheint der wissenschaftliche Fortschritt, der weit davon entfernt ist, das Leib-Seele-Problem zu Gunsten des Materialismus zu lösen, es noch akuter gemacht zu haben. Die moderne Wissenschaft hat, wie wir in Kapitel 2 bemerkt haben, physische Objekte offenbart, die aus wesentlicher Weise farblosen, geschmacklosen und geruchlosen Teilchen zusammengesetzt sind. Farbe, Geschmack und Geruch existieren daher in gewissem Sinne nur im Geist des Wahrnehmenden. Aber dann ist es rätselhaft, wie sie mit dem Gehirn in Verbindung stehen, das, wie andere materielle Objekte, aus nichts anderem als farblosen, geschmacklosen und geruchlosen Teilchen zusammengesetzt ist. Die Wissenschaft sagt uns auch, dass der Anschein von Zweck in der Natur eine Illusion ist: streng genommen haben z.B. Flossen nicht den Zweck

Fische durch das Wasser anzutreiben, da sie in Wirklichkeit überhaupt keinen Zweck haben und das Produkt derselben bedeutungslosen und unpersönlichen Kausalprozesse sind, von denen man vermutet, dass sie alle komplexen Phänomene, inklusive organischer Phänomene, hervorgebracht haben. Vielmehr funktionieren Flossen so *als ob* sie einen solchen Zweck hätten, weil die Geschöpfe, die sie als erste als ein Resultat zufälliger genetischer Mutation entwickelten, sich *nur* als solche *erwiesen*, die dadurch einen Wettbewerbsvorteil gegenüber denen hatten, die das nicht taten. Das Ergebnis ahmte die Produkte eines zweckmäßigen Entwurfs nach; man sagt, dass es in Wirklichkeit überhaupt keinen Entwurf gab. Aber wenn Zwecke deshalb „geistabhängig" sind – nicht wirklich präsent in der physischen Welt nur von uns da hinein projiziert – dann macht dies den Akt der Projektion und die Intentionalität, von der sie eine Instanz ist (so wie es menschliche Zwecke sind, was das betrifft), zumindest in Form von Prozessen, die im Gehirn stattfinden und die so grob bedeutungslos und zwecklos erscheinen wie alle anderen rein physischen Prozesse, schwer erklärbar. Kurz gesagt hat die Wissenschaft die Sinnesqualitäten und die Bedeutung, die dem Alltagsverständnis nach real existieren, nur dadurch „erklärt", dass sie sie unter den Teppich des Geistes gekehrt hat; das heißt, sie hat sie eigentlich überhaupt nicht wirklich erklärt, sondern hat bloß jede Erklärung ausgeschaltet, indem sie sie aus dem physischen ins mentale Gebiet verschoben hat. Dort jedoch verbleiben sie und bilden eine beachtliche Beule unter dem Teppich – eine, die anscheinend nicht durch weiteres wissenschaftliches Kehren entfernt werden kann.

Zweitens war die Diskussion über den Materialismus wohl nie mehr als tangential damit beschäftigt, wie man physische Phänomene am besten erklären könnte – die Bewegung der Planeten, die Natur der chemischen Reaktionen oder sogar die Ursprünge des Lebens. Wissenschaftliche Probleme waren daher ehrlich gesagt niemals die entscheidenden. Vielmehr hat sich die Debatte zweieinhalbtausend Jahre lang primär auf drei grundlegende metaphysische Probleme konzentriert: die Natur des Geistes und seine Beziehung zum Körper, der ontologische und epistemologische Status mathematischer und anderer, anscheinend abstrakter Objekte, und die Frage nach der Existenz Gottes. Damit der Materialismus nun echt die Oberhand hätte, müssten materialistische Argumente siegreich gewesen sein, oder hätten sich zumindest in jedem dieser Gegenstandsbereiche als beträchtlich plausibler erweisen müssen. Ist das passiert? Niemand, der mit der jüngsten Geschichte der Philosophie vertraut ist, kann ehrlicherweise so denken.

Das ist offensichtlich so im Fall des ersten Gegenstandsbereichs, der der eigentliche Gegenstand ist, der gegenwärtig zur Debatte steht. Der Materialismus mag zwar der Standpunkt der Mehrheit in der gegenwärtigen Philosophie des Geistes sein, aber nicht, weil ihn jemand als richtig bewiesen hätte. Tatsächlich, wie wir in den folgenden Kapiteln sehen werden, besteht heute die ganze Arbeit der Philosophen des Geistes im Grunde aus dem Versuch, ihre bevorzugten Marken des Materialismus gegen die verschiedenen Einwände, die im Charakter implizit oder explizit antimaterialistisch sind, zu verteidigen, das heißt mit der Auswirkung, dass die Art des zur Debatte stehenden Materialismus darin scheitert, irgendein mentales Phänomen (Intentionalität, Qualia, etc.) wirklich auf rein physische Weise zu erklären. Außerdem sind diese Einwände typischerweise Variationen derselben Kritik des Materialismus, die seit zweieinhalbtausend Jahren vorgebracht wird, wobei moderne Materialisten der entscheidenden Antwort nicht näher sind als deren intellektuelle Vorfahren. Dualisten könnten argumentieren, dass die Tatsache des Projektes der Naturalisierung des Geistes – des Versuches zu zeigen, dass er erklärbar ist ohne dabei auf nichtphysische Eigenschaften zurückzugreifen – genauso populär ist wie sie ein Zeichen der Schwäche der materialistischen Philosophie des Geistes ist, und nicht eines der Stärke; denn wenn es keinen ernsthaften Zweifel gäbe, dass der Geist in rein physischen Begriffen erklärbar ist, dann wäre das Naturalisierungsprojekt schon vor langer Zeit weitgehend bestätigt worden. Wiederum scheint die Dominanz des Materialismus in der Philosophie des Geistes weitgehend auf dem Glauben zu beruhen, dass der Materialismus überall *sonst* etabliert sei, sodass es vernünftig sei zu erwarten, dass er auch dort erfolgreich ist, wo es den Geist betrifft.

Aber es scheint klar zu sein, dass der Materialismus ansonsten nicht überall etabliert ist, zumindest wenn wir beachten, dass es metaphysische Debatten waren, keine wissenschaftlichen, die im Lauf der Geschichte diskutiert wurden. Betrachten wir den zweiten Bereich der Debatte zwischen Materialisten und ihren Gegnern, nämlich die Debatte über abstrakte Objekte. Unter den Philosophen war die Mathematik lange das Musterbeispiel für Erkenntnis, die absolut sicher ist, und die deshalb, weil die Wahrheiten der Mathematik *notwendige* Wahrheiten sind, in allen möglichen Welten wahr ist. Aus diesem Grund scheint es klar, dass diese Wahrheiten nicht Wahrheiten über irgendetwas entweder mentales oder materielles sein können: Tatsachen über das Mentale sind Tatsachen über ein subjektives Gebiet, aber Mathematik ist objektiv wahr, völlig unabhängig von menschlichen Interessen; Tatsachen über die materielle Welt sind Tatsachen über das Gebiet, das andauernd im Fluss ist, ein Bereich des Kontingenten, aber mathematische Tatsachen sind unveränderlich und ewig. Die Mathematik scheint daher ein drittes Gebiet zu beschreiben, einen Bereich der abstrakten Entitäten – Zahlen, geometrische Formen – die weder auf das mentale noch auf das materielle reduziert werden können; das heißt, es scheint zu etwas zu führen, was als *Platonismus* bezeichnet wird (nach Platon, dem Philosophen, der weithin mit dieser Art von Sichtweise in Verbindung gebracht wird). Viele Philosophen haben natürlich versucht, diese Konzeption der Mathematik zu widerlegen und zu zeigen, dass mathematische Wahrheit, trotz des Anscheins, naturalisiert werden kann. Der Punkt ist, dass sich solche Versuche im besten Fall immer wieder als höchst umstritten herausgestellt haben, und häufiger von den meisten Philosophen als letztlich nicht plausibel verworfen wurden. Die Dialektik ist den Philosophen der Mathematik vertraut: die Natur mathematischer Wahrheit scheint unvermeidlicher Weise zum Platonismus zu führen; dem Naturalismus zugeneigte Philosophen versuchen etwas anderes zu zeigen; ihre Versuche stellen sich dann als mit unüberwindlichen Schwierigkeiten durchlöchert heraus oder als solche, die sogar den Platonismus auf subtile Art in einer anderen Weise nach sich ziehen. Dieses Muster scheint heute dasselbe zu sein, wie es im Verlauf der gesamten Geschichte der Philosophie war. Und wenn überhaupt irgendetwas Vorteil aus dem Zweifel ziehen sollte, dann ist es nicht der Naturalismus, sondern der Platonismus – so wie er unvermeidlicher Weise aus dem Wesen der Mathematik zu folgen scheint und wie er jedem Versuch, ihn zu widerlegen, widerstanden hat – besonders in Anbetracht dessen, dass viele Mathematiker selbst in ihren philosophischen Augenblicken dazu tendieren, Platonisten zu sein.

Was für mathematische Objekte gilt, gilt nicht weniger für andere anscheinend abstrakte Dinge. Wenn wir eine mathematische Wahrheit verstehen, dann erfassen wir eine *Proposition* – sagen wir, die Proposition, dass 2 + 2 = 4. Aber wir erfassen auch Propositionen, wenn wir irgendeine andere Art von Wahrheit verstehen, und genau wie in der Mathematik scheinen die Objekte unseres Verstehens klarerweise weder mental noch physisch zu sein. Im Verstehen des Satzes des Pythagoras oder dass Cäsar in den Iden des März ermordet wurde, verstehen Sie und ich in jedem Fall *dasselbe Ding*. Es ist nicht so, dass ich meinen eigenen subjektiven Satz des Pythagoras verstehe und Sie Ihren; was wir verstehen, ist etwas Objektives, etwas, das wahr bleibt, unabhängig von irgendeinem Geist. Also kann es nichts Geistiges sein. Aber es kann auch nichts Materielles sein, da die Tatsache, die der Satz beschreibt, wahr bleibt, egal was in der physischen Welt passiert, sogar wenn es keine physische Welt gäbe. Dies ist ebenfalls nicht weniger wahr von Propositionen über physische Dinge: die Proposition, dass Cäsar in den Iden des März ermordet wurde würde wahr bleiben sogar dann, wenn das gesamte physische Universum morgen verschwinden würde; beim Erfassen davon können Sie nichts Materielles erfassen. Dieser Weg, Propositionen als abstrakte, immaterielle Entitäten hinzustellen, wird mit Gottlob Frege (1848-1925) in Verbindung gebracht, aber die Grundidee reicht weit zurück in die Geschichte der Philosophie und letztlich bis zu Platon. Platon wird natürlich auch mit der Idee in Verbindung gebracht, dass unsere Wörter für die Eigenschaften von Dingen – Röte, Rundheit oder Güte – sich auf *Universalien* oder *Formen* beziehen, die in gewissem Sinn abstrakt existieren, unabhängig von besonderen konkreten Objekten (das heißt besonderen roten, runden oder guten Dingen). Nominalisten verneinen dies bekannter Weise, aber, was genau so bekannt ist, ihre Versuche, aus den Eigenschaften schlau zu werden, ohne sich auf abstrakte Universalien zu berufen, tendieren entweder dazu nicht plausibel zu sein oder ziehen letztlich doch eine stillschweigende Bindung an die Universalien nach sich.

All das ist umstritten; tatsächlich ist dies genau der Punkt. Die Diskussion über diese Angelegenheiten ist heute einfach nicht näher daran *erledigt* zu sein, viel weniger erledigt zu Gunsten des Materialismus oder des Naturalismus, als sie es jemals war. Es hat immer schon Kritiker des Platonismus über Mathematik, Propositionen und Eigenschaften gegeben, und sie sind immer darin gescheitert, ihre Sache entscheidend durchzubringen. Dennoch könnten sie sich als richtig herausstellen. Aber wenn dem so ist, dann hat bisher noch niemand gezeigt, dass sie es auch tun werden. Wenn der Naturalismus über diese angeblich abstrakten Entitäten von vielen bevorzugt wird, dann mag das bloß deshalb sein, weil, wie in der Philosophie des Geistes, die Philosophen annehmen, dass der Naturalismus oder Materialismus in anderen Zusammenhängen irgendwie etabliert ist, und deshalb die richtige Sichtweise sein muss, um diese Sache aufzufassen. Aber dann kann man sich nicht auf den Stand der Dinge in der Debatte über abstrakte Objekte als unabhängigen Beweis dafür, dass es einen vernünftigen Anhaltspunkt zu Gunsten des Materialismus im Allgemeinen gibt, berufen.

Dasselbe scheint wahr zu sein wo die Debatte über die Existenz Gottes betrachtet wird. Es gibt natürlich eine Reihe von Standardeinwänden gegen die traditionellen Argumente für die Existenz Gottes. Aber es hat in den letzten Jahrzehnten unter den Philosophen auch ein großes Wiederaufleben des Interesses an der Religionsphilosophie im Allgemeinen und den traditionellen theistischen Argumenten im Speziellen gegeben. Viele Religionsphilosophen der Gegenwart vertreten die Ansicht, dass die traditionellen Argumente in einer Weise reformuliert werden können, die sie gegen die gewöhnlichen Einwände immun macht, und dass viele dieser Einwände zunächst auf Missverständnissen oder Karikaturen beruhen. Die Arbeit dieser gegenwärtigen Verteidiger des traditionellen religiösen Glauben ist philosophisch so ausgeklügelt und die Herausforderung, die sie an den atheistischen Naturalismus stellt, ist so bedeutend, dass der prominente atheistische Philosoph Quentin Smith so weit gegangen ist zuzugeben, dass „die große Mehrheit der naturalistischen Philosophen den ungerechtfertigten Glauben haben, dass Theismus (oder Supernaturalismus) falsch ist". Smiths Ansicht ist nicht die, dass diese naturalistischen Philosophen im Irrtum sind – als Atheist teilt er deren Naturalismus – sondern vielmehr, dass die meisten dieser naturalistischen Kollegen und Atheisten keinen ernsthaften Versuch unternommen haben, sich mit den starken Argumenten auseinanderzusetzen, die für die andere Seite gemacht werden können und auch gemacht wurden, so dass der Grad des Vertrauens, das sie in die Wahrheit ihrer eigenen Position haben, ungerechtfertigt ist. Die Frage, ob Gott existiert, ist nach wie vor ein lebendiges philosophisches Problem, und kann vernünftiger Weise nicht als eines erachtet werden, das in einer Weise gelöst wurde, die eine Vermutung zu Gunsten des Naturalismus oder des Materialismus unterstützen würde.

Ein Materialist könnte diese Punkte hinsichtlich der Debatte über Mathematik, Propositionen, Eigenschaften und Gott (so wie es Smith anscheinend tut) akzeptieren – nichts, das in diesem Abschnitt gesagt wurde, zeigt oder zielt darauf ab zu zeigen, dass der Materialismus falsch ist. Aber sie zu akzeptieren würde heißen anzuerkennen, dass es keinen Grund für eine *Vermutung* zu Gunsten einer materialistischen Beschreibung des Geistes gibt. Solch eine Beschreibung mag nur allein aufgrund ihrer eigenen Verdienste stehen oder fallen. Wenn man natürlich unabhängig für eine breite naturalistische Beschreibung von Mathematik, Propositionen, Eigenschaften und die Ursprünge des Universums argumentieren kann, dann kann man vernünftigerweise die Ansicht vertreten, dass der Materialismus die natürliche Standardposition ist, die in der Philosophie des Geistes einzunehmen ist. Aber aus demselben Grund gilt, dass, wenn man stattdessen unabhängige Gründe hat, dem Platonismus und/oder dem Theismus beizupflichten, dann hätte man dadurch starke Gründe, dem Dualismus den Vorteil aus dem Zweifel zuzusprechen. Die a-priori-Plausibilität einer jeden Seite in der Diskussion zwischen Materialismus und Dualismus hängt weitgehend von dem Hintergrund ab, vor dem metaphysische Annahmen zum Tragen kommen, um die Debatte zu bewerten. Wenn diese metaphysischen Probleme nicht zu Gunsten des Materialismus gelöst wurden, dann gibt es keinen Grund, die Beweislast dem Dualisten aufzubürden.

Der Materialismus mag somit ungeachtet seiner Verdienste nicht in einer so überwältigend starken Position sein, wie oft angenommen wird. Dies ist besonders dann der Fall, wenn man bedenkt, dass nichts, was bisher gesagt wurde, die Argumente für den Dualismus, die im vorigen Kapiteln diskutiert wurden, wirklich untergraben hat. Sogar die Behauptung, die von einigen Materialisten aufgestellt wird, dass vielfältige Verwirklichbarkeit des Geistes ausreiche, um das dualistische Argument der Vorstellbarkeit weg zu erklären, ist zweifelhaft: da der Hauptpunkt des Arguments nicht ist, dass es vorstellbar ist, dass der Geist in anderen physischen Systemen als dem Gehirn existieren könnte, sondern vielmehr, dass es vorstellbar ist, dass er getrennt von *überhaupt irgendetwas physischem* existieren könnte. Bisher haben wir keinen Grund gesehen, dies zu bezweifeln.

Aber einen Grund dafür zu *liefern*, dies zu bezweifeln, erscheint notwendig, wenn der Materialismus etabliert werden soll; und das zu vollführen – zu zeigen, dass es *nicht einmal vorstellbar* ist, dass der Geist getrennt von der physischen Welt existieren kann – ist sicherlich viel verlangt. Wenn das Problem der Interaktion für den Dualismus eine Schwierigkeit darstellt, dann stellen die dualistischen Argumente, die wir untersucht haben, für den Materialismus eine gleichermaßen gewaltige Herausforderung dar. Dem entsprechend hat der Materialist soweit höchstens ein Patt erreicht und Verweise auf den Fortschritt der Wissenschaft, auf die größere Sparsamkeit einer materialistischen Ontologie, auf allgemeine Korrelationen zwischen Geist und Gehirn, etc. können dieses letztlich nicht brechen. Materialisten müssen darüber hinausgehen und zeigen, dass all die verschiedenen besonderen Aspekte des Geistes – Qualia und Bewusstsein, Denken und Intentionalität – trotz des gegenteiligen Anscheins materielle Eigenschaften sind, Eigenschaften, die *der Vorstellung nach nicht* getrennt von irgendeinem physischen Substrat existieren *können*. Der Teufel steckt im Detail, und Materialismus und Dualismus stehen und fallen mit ihrer Fähigkeit, diese Details zu erklären. Es sind diese Details, denen wir uns jetzt zuletzt zuwenden.

4. Qualia

Wenn Descartes recht hatte, dann wird es nicht reichen, wenn Sie sich zwicken, um zu beweisen, dass Sie wach sind. Trotzdem mag es reichen, um etwas philosophisch Bedeutsameres zu beweisen: dass der Materialismus falsch ist. Das ist jedenfalls die Behauptung einer Reihe neuerer anti-materialistischer Argumente in der Philosophie des Geistes. Das Empfinden des Zwickens – das subjektive, „innere" Element, das es wahr macht, dass es „etwas wie" gezwickt werden gibt – scheint verschieden von und zusätzlich zu dem objektiven „äußeren" Phänomen wie etwa dem Erröten der Haut, der Stimulation der Nervenenden oder etwas tatsächlich Materiellem oder Physischem zu sein. Kurz, es scheint als ob es *im*materiell oder *nicht*-physisch wäre, und, wenn es das ist, dann widerlegt seine bloße Existenz die materialistische Behauptung, dass alles Reale in Wirklichkeit materiell ist.

Qualia – das Empfinden eines Zwickens, eines Juckens oder eines Schmerzes, der Geschmack eines Apfels oder von Whiskey, die Röte eines Feuerwehrautos oder ein Nachbild, und so weiter für jede sensorische Beschaffenheit – stellen in den Köpfen vieler Philosophen die ernsthafteste Herausforderung für den Materialismus dar. Das bisschen, das über sie bisher in diesem Buch gesagt wurde, hat vielleicht einen intuitiven Sinn dafür vermittelt, warum das so ist. Und dann vielleicht auch wieder nicht; denn es ist leicht zu verstehen, wie man sich nicht im Klaren darüber sein kann, was genau das Problem ist. Ist letztlich nicht das Empfinden Ihres Zahnschmerzes offensichtlicher Weise in Ihrem Zahn? Und wenn es das ist, zeigt das nicht, dass es physisch ist? Schließlich ist Ihr Zahn physisch, würde also nicht alles darin – Blutgefäße oder Schmerzen – ebenfalls physisch sein müssen? Aber der Schmerz ist nicht „in" Ihrem Zahn auf dieselbe Weise wie es Blutgefäße sind – man kann den Schmerz nicht beobachten oder genau darauf zeigen, so wie man das bei Blutgefäßen kann – und das sollte ein Hinweis darauf sein, dass hier tatsächlich etwas philosophisch Mysteriöses vor sich gehen könnte. Jedenfalls haben eine Reihe neuerer Argumente versucht, genau zu erklären, was Qualia sind und warum man annehmen sollte, dass es unmöglich ist, sie in rein materiellen Begriffen darzustellen.

Das umgekehrte Spektrum

Die Idee des „umgekehrten Spektrums“ hat eine lange Geschichte in der Philosophie und geht zumindest bis Locke zurück, aber es hat vielen jüngeren Philosophen ebenfalls als ein Ansporn für das Problem der Qualia gedient. Es geht ungefähr so: es scheint möglich, dass eine andere Person, sogar eine, die physisch, vom Verhalten her und funktionell mit Ihnen identisch ist, Farbeindrücke hat, die relativ zu Ihren genau umgekehrt sind; das heißt, was Sie sehen, wenn Sie auf etwas blicken, von dem Sie beide sagen, dass es zum Beispiel rot sei, ist das, was die andere Person sieht, wenn sie oder er auf etwas blickt, das Sie beide grün nennen, und umgekehrt, und dieser Unterschied würde trotzdem nicht erfassen, was jeder von Ihnen beiden über rote und grüne Objekte gesagt hat oder wie Sie mit diesen interagiert haben. Wenn Sie irgendwie in der Lage wären in den Geist der anderen Person zu schauen, wenn er oder sie auf etwas blickt, das Sie beide als rot bezeichnen, dann würden Sie sagen „Warte eine Sekunde, das würde *ich* als *grün* bezeichnen!“ und wenn er oder sie in Ihren Geist schauen könnte, wenn Sie gerade auf etwas blicken, das Sie beide als grün bezeichnen, dann würde die andere Person sagen „Warte eine Sekunde, das würde *ich* als *rot* bezeichnen!“ Da dies aber dennoch keiner von Ihnen beiden tun kann, bleibt der Unterschied im subjektiven Charakter Ihrer Wahrnehmung unbemerkt. Das Szenario ist ähnlich dem Unterschied in der Wahrnehmung zwischen denen, die farbenblind sind, und jenen mit normaler Sicht: farbenblinde Leute können viele derselben Unterscheidungen zwischen Objekten machen wie jeder andere auch, ihre Farbenblindheit kann also prinzipiell für etliche Zeit unentdeckt bleiben. Von „außen“ mag es so scheinen als wären die Wahrnehmungen von farbenblinden und normalsichtigen Menschen identisch, aber sie sind es nicht. Das Szenario des umgekehrten Spektrums ist nur eine Erweiterung davon, ein Fall in dem der Unterschied zwischen Ihren Erfahrungen und denen der anderen Person von außen *absolut* nicht aufzudecken ist. Aus der Möglichkeit einer solchen umgekehrten Farbwahrnehmung scheint zu folgen, dass Tatsachen über Farb-Qualia – darüber wie es ist, rot und grün wahrzunehmen – sind Tatsachen *über und oberhalb von* den Tatsachen über jemandes physischen Aufbau und funktionelle Organisation; denn diese letzteren, rein physischen Tatsachen in diesem Fall für sich genommen wären nicht genug, um das Wesen der Farbwahrnehmung, die jemand hat, zu bestimmen. Aber dann scheint der Materialismus, der besagt, dass die physischen Tatsachen, die in der Farbwahrnehmung eine Rolle spielen, alle Tatsachen sind, die es gibt, falsch zu sein.

Es können ähnliche Szenarien beschrieben werden, in denen nicht Farben verkehrt sind, sondern irgendeine Art von Qualia. Wir können uns zum Beispiel vorstellen, dass das, was Sie schmecken, wenn Sie essen, von Ihnen und anderen Leuten als süß bezeichnet wird, das aber das ist, was die anderen schmecken, wenn sie das essen, was von Ihnen und den anderen als salzig bezeichnet wird; dass das, was Sie fühlen, wenn Sie das wahrnehmen, was Sie und die anderen als Schmerz bezeichnen würden, nun aber das ist, was die anderen fühlen, wenn sie das wahrnehmen, was Sie und die anderen als angenehm bezeichnen würden, und so weiter. Die Farbumkehr kann man sich wahrscheinlich wegen der Ähnlichkeit zu dem lebensweltlichen Phänomen der Farbenblindheit am einfachsten vorstellen. Aber es legt auch nahe, wie der Materialist um das Problem herumkommen könnte. Das Szenario des umgekehrten Spektrums wird für den Materialismus nur eine Schwierigkeit darstellen, wenn es tatsächlich *prinzipiell* absolut keine Möglichkeit gibt, die Umkehr von außen zu entdecken – wenn es nicht einmal eine Möglichkeit für diese gibt, sich in Unterschieden im Verhalten oder in Unterschieden in der funktionellen Organisation von Ihnen und der anderen Person zu manifestieren. Aber es scheint einen guten Grund zu geben daran zu zweifeln, dass dies prinzipiell unmöglich ist. Wie Philosophen des Geistes wie C.L. Hardin und Austen Clark betont haben, hat die wissenschaftliche Untersuchung von Farbe und Farbsehen gezeigt, dass es hochkomplexe Beziehungen zwischen den verschiedenen Farben gibt, sodass zu jeder bestimmten Farbe eine detaillierte Beschreibung in Form ihrer Beziehungen zu den anderen gegeben werden kann. Diese bilden, wenn sie konsequent deutlich gemacht werden, eine abstrakte Struktur, die manchmal als „Farbraum" (Anm.: engl. „color space") bezeichnet wird, ein System von internen Beziehungen, in dem jeder Farbe eine präzise Stelle zugeschrieben werden kann. Diese Struktur scheint dennoch asymmetrisch zu sein. Eigenschaften, die für einen Teil des Farbraumes charakteristisch sind – sagen wir die „Wärme" von Rot – fehlen in anderen Teilen, wie etwa dem Bereich, in dem Blau liegt, der charakteristischer Weise „kühl" ist. Die

Anzahl der Schattierungen, die im Fall einer Farbe unterschieden werden können, passen eventuell nicht mit der Anzahl derer zusammen, die im Fall einer anderen unterschieden werden können: wir glauben zum Beispiel, dass wir mehr Schattierungen von Rot unterscheiden können, als von gelb. Und so weiter. Aber diese Asymmetrien würden sich sicherlich selbst in der funktionellen Organisation und dem Verhalten von Farbwahrnehmern, deren Farb-Qualia verdreht sind, manifestieren: wenn Sie das sähen, was ich blau nennen würde, wann immer Sie auf etwas blickten, das wir beide rote Objekte nennen würden, dann würden Sie vermutlich nicht so wie ich auf jene Objekte in einer Weise reagieren, die mit der „Wärme" korrespondiert, die ihre Farbe für mich darzustellen scheint; wenn Sie das sähen, was ich gelb nennen würde, wenn Sie auf etwas blickten, das wir beide rote Objekte nennen würden, dann wären Sie sicherlich nicht in der Lage dieselbe Anzahl an Schattierungen ihrer Farbe zu unterscheiden wie ich das könnte; und so weiter. Es erscheint somit wahrscheinlich, dass eine Qualia-Umkehr prinzipiell von außen erkennbar *wäre* – durch Unterschiede in physischen Fakten. Der Materialismus, der ja besagt, dass die physischen Tatsachen alle Tatsachen sind, die es gibt, würde damit schließlich von der Vorstellung des umgekehrten Spektrums nicht widerlegt werden.

Darauf wird manchmal erwidert, dass, sogar wenn *unsere* Farbwahrnehmungen nicht unerkennbar verdreht werden können, es trotzdem möglich ist, dass es andere Wesen gibt, die zwei verschiedene Farben wahrnehmen, deren Beziehungen symmetrisch sind, sodass eine Umkehr *ihrer* Wahrnehmung von außen unerkennbar *wäre*. Wenn dem so wäre, dann wären die Tatsachen über ihre Farbwahrnehmungen Tatsachen über und oberhalb von den Tatsachen über ihre physische Zusammensetzung und funktionelle Organisation, und die antimaterialistischen Implikationen der Idee des umgekehrten Spektrums würden immer noch gelten. Aber es ist nicht ganz klar, dass das möglich ist. Wie genau wären diese hypothetischen Farben beschaffen? Sicherlich nicht wie unsere Farben (z.B. rot und blau), deren Struktur asymmetrisch ist (z.B. Wärme versus Kühle). Was wir uns somit vorstellen müssen, um sicher zu sein, dass der Vorschlag wirklich möglich ist, sind Farben, die unseren völlig unähnlich sind, deren Struktur symmetrisch ist und die ohne erkannt zu werden verdreht werden können. Aber es ist schwer einzusehen, wie irgendjemand glaubhaft behaupten könnte, dass dies wirklich vorstellbar ist. Insbesondere ist es schwer einzusehen, wie wir zuversichtlich sein können, dass zwei Farben, deren Beziehungen *völlig* symmetrisch sind, zunächst überhaupt als *verschiedene* Farben gelten könnten. Das Szenario des umgekehrten Spektrums scheint daher schwer als ein entscheidendes Argument gegen den Materialismus zu retten zu sein.

Das „Chinesische-Nation"-Argument

Nicht einmal das Szenario des umgekehrten Spektrums behauptet zu zeigen, dass die physischen Eigenschaften des Nervensystems, das Verhalten, etc. völlig getrennt von den Qualia sind. Was zur Debatte steht, ist die Frage, ob die rein physischen Eigenschaften Ihres Nervensystems ausreichend sind, um das genaue Wesen Ihrer Qualia zu bestimmen; dass Sie Qualia der einen oder anderen Sorte haben, steht außer Frage. Aber es gibt ein weiteres berühmtes Gedankenexperiment, das versucht zu zeigen, dass zumindest die funktionalistische Version des Materialismus – die Version, die, wie wir gesehen haben, gegenwärtig die beliebteste ist – darin scheitert, nicht nur den spezifischen Charakter von Qualia zu erklären, sondern sogar darin, warum wir Qualia überhaupt haben. Das ist das „Chinesische-Nation"-Argument, das benannt ist nach einem Gedankenexperiment ist, das von Ned Block ersonnen wurde.

Wie wir gesehen haben, geht der Funktionalismus davon aus, dass geistige Zustände in passender Weise in Form ihrer Ursache-Beziehungen definiert werden können, nicht in Form der besonderen Art von Stoff, in der diese Ursache-Beziehung zufällig inkarniert ist. Ein Glaube ist ein Glaube, egal ob er nun in dem Feuern von Neuronen oder im Durchströmen elektrischen Stroms durch Computerschaltkreise realisiert ist. Alles, was die erforderliche funktionelle Rolle spielt, erfüllt den Zweck. Wenn Computerchips dieselbe Funktion wie Neuronen erfüllen können – was im Grunde genommen nicht mehr als das Empfangen und Übermitteln einfacher Signale ist – dann können sie, sofern sie in einem System organisiert sind, das genauso komplex ist wie das System, das von unseren Neuronen gebildet wird, ein geistiges Leben generieren, das genauso reichhaltig wie unseres ist. Aber was für Computerchips gilt, das sollte, wenn der Funktionalismus korrekt ist, auch für jede Anzahl anderer möglicher Elemente gelten. Wir können uns zum Beispiel vorstellen, dass eine enorme Anzahl von Menschen – nehmen wir einmal an, die Bevölkerung Chinas – dazu bewegt werden könnte, miteinander auf eine Weise zu interagieren, die genau gleich der ist, in der Neuronen im Gehirn miteinander interagieren. Auf unterster Stufe senden jene Neuronen bloß Signale zu feuern oder das Feuern zu unterlassen an andere Neuronen. Wir können uns also vorstellen, dass jedes Mitglied der Bevölkerung Instruktionen erhält, etwas ähnliches zu tun, vielleicht durch das Senden von Signalen untereinander via Funkgerät oder Handy mit dem Effekt, dass die Leute, die sie empfangen, entweder ein weiteres Signal die Reihe entlang senden sollen oder es unterlassen sollen, eines zu senden. Nehmen wir weiter an, dass diese riesige Netzwerk von Menschen mittels eines Senders verbunden ist mit einem komplexen Roboterkörper, der in seiner Bauweise ausgeklügelt genug ist, um durch seine künstlichen Sinnesorgane genau die Arten von Information empfangen zu können, die unsere Sinne empfangen, und um genau das Verhalten aufzuweisen, das auch wir aufweisen. Das Netzwerk aus Funkgerät- oder Handygesteuerten Signalgebern fungiert als Ganzes als das „Gehirn" dieses Roboterkörpers. Wenn der Roboter vor das Schienbein getreten wird, dann senden die künstlichen Nervenenden in den Beinen Signale zum Sender im Roboterkopf, der wiederum Signale an einige hunderttausend Mitglieder des Funkgerät-Netzwerkes sendet, die wiederum Signale an einige hunderttausend andere sendet, die wiederum Signale an andere senden und so weiter, bis am Ende der Reihe die letzten Mitglieder des Netzwerks Signale zurück zum Roboter senden, worauf der Roboter als Resultat davon „Autsch!" jault und sein Schienbein reibt. Die Signale, die zwischen den Mitgliedern des Netzwerks gesendet werden, entsprechen genau den Signalen, die zwischen den Neuronen gesendet werden, wenn ein Mensch vor das Schienbein getreten wird, und rufen dasselbe Verhalten hervor. Und wir können uns vorstellen, dass das Netzwerk der chinesischen Signalgeber so organisiert ist, dass ihre Interaktionen denen der Neuronen in jeder anderen Hinsicht ebenfalls entspricht, so dass der Roboterkörper sich genauso verhält, wie wir es unter genau derselben Art von Umständen tun: wenn wir uns mit anderen unterhalten, über Witze lachen und wegen Verletzungen schreien.

Wie im Fall des ursprünglichen Roboterbeispiels, das wir benutzt haben um den Funktionalismus anzuregen, haben wir in diesem Roboter, der vom Volk Chinas gesteuert wird – „China-Kopf", wie einige Philosophen ihn liebevoll getauft haben – ein System, das mit uns funktionell identisch ist: es produziert dieselben Arten von Verhalten als Antwort auf dieselben Arten von Stimulation, und auf dem Weg exakt paralleler Zwischenschritte, allerdings mehr in Funkgerät benutzenden Menschen umgesetzt als in Neuronen. Wenn der Funktionalist recht hat, dann sollte dieses System, wie exzentrisch es auch sein mag, geistige Zustände haben, die genau wie unsere sind, und insbesondere Qualia genau wie unsere. Aber würde es das? Es ist beispielsweise schwer zu glauben, dass, wenn man China-Kopf vor das Schienbein tritt, die gesamte Bevölkerung Chinas *kollektiv*, als ein riesiger Super-Geist, Schmerz fühlt! Aber wenn das nicht der Fall ist, dann ist der Funktionalismus falsch: denn wenn ein System mit uns funktionell identisch sein kann und ihm trotzdem die Qualia fehlen, dann steckt mehr hinter dem Besitzen eines Geistes und insbesondere mehr hinter dem Aufweisen von Qualia, als lediglich eine gewisse Art von funktioneller Organisation zu haben.

Das ist der Schluss, den Block und andere für einen daraus intuitiv zu ziehenden halten. Aber das „Chinesische-Nation"-Argument, genau wie das Argument des umgekehrten Spektrums, scheint als ein auf Qualia beruhendes Argument gegen den Materialismus weniger als schlüssig zu sein. Denn es scheint, dass das Szenario der graduellen Transformation, das, wie wir im vorigen Kapitel gesehen haben, der Funktionalist benutzen kann, um die Behauptung zu verteidigen, dass ein Data-ähnlicher Roboter ein Bewusstsein hätte, angepasst werden kann an eine Verwendung für das „China-Kopf"-Beispiel. Betrachten wir einen Fall, den wir das „Spaghetti-Kopf"-Szenario nennen können.

Sogar wenn Sie bezweifeln, dass China-Kopf ein Bewusstsein hat, haben Sie sicher keinen Zweifel, dass *Sie* eines haben. Jetzt stellen Sie sich vor, dass Sie von verrückten, der Philosophie zugeneigten Neurowissenschaftlern entführt werden, die Sie auf einen Tisch in ihrem Laboratorium schnallen und Ihre Schädeldecke entfernen, sodass Ihr Gehirn freiliegt. Nehmen wir an, dass sie herausgefunden haben, wie die Milliarden winziger Nervenfasern, die es ausmachen, in einer Weise zu entwirren sind, in der ihre Funktionstüchtigkeit nicht davon betroffen ist. Langsam und vorsichtig hängen sie sie auf Haken über dem Tisch, wobei sie jede einzelne mit einer Nummer versehen. Dann behandeln sie sie mit einer speziellen Chemikalie, die es ermöglicht, dass die Fasern fast endlos gestreckt werden können, ohne dass sie brechen oder ihre Leitfähigkeit verlieren. Schließlich wird der Raum mit Milliarden von winzigen Strängen, die von der Decke hängen, gefüllt. Trotzdem bleiben Sie über die ganze Zeit hinweg in der Lage, Gedanken und Wahrnehmung so zu haben, wie davor, und Sie bemerken keinen Unterschied in Ihrem geistigen Leben. Natürlich ist das alles Science-Fiction von der Art, die wahrscheinlich niemals realisierbar sein wird. Aber es scheint perfekt vorstellbar zu sein und daher metaphysisch möglich.

Stellen Sie sich nun vor, dass, wie bei der graduellen Transformation, die in Kapitel 3 beschrieben wurde, jedes Ihrer in die Länge gezogenen Neuronen nach und nach ersetzt wird – nur dass sie diesmal nicht durch Computerchips, sondern durch Menschen ersetzt werden. Das heißt, wenn ein Neuron entfernt wird, dann hängen die Neurowissenschaftler an jedes Neuron, mit dem es verbunden gewesen ist, eine Funkeinheit und geben der Person, die es ersetzt, eine weitere Funkeinheit. Anstatt des Sendens eines elektrochemischen Signals senden die Neuronen, die vorher das ersetzte Neuron gesteuert haben, ein Funksignal, das vom Funkgerät des menschlichen Ersatzes aufgefangen wird, und diese Person sendet wiederum weitere Radiosignale, anstatt der elektrochemischen, zu anderen Neuronen, genau wie das ursprüngliche Neuron es für gewöhnlich tat. Nehmen wir an, dass zuerst nur etwa hundert Neuronen auf diese Weise ersetzt werden. Wie in unserem ursprünglichen Ersatz-Szenario im letzten Kapitel scheint es höchst unglaubwürdig, dass dies das geistige Funktionieren in irgendeiner Weise beeinflussen könnte: die Leute mit den Funkeinheiten tun genau das, was die ursprünglichen Neuronen getan haben, also sollte Ihr geistiges Leben – inklusive Ihrer Qualia – genauso sein wie zuvor.

Zweifelsohne hat der Leser bereits erraten, wohin das alles führt. Wir können uns vorstellen, dass all Ihre Neuronen schließlich auf diese Weise ersetzt werden – vielleicht durch die Bevölkerung von China. Spaghetti-Kopf wird in China-Kopf transformiert. Trotzdem ist es zu keinem Punkt in dieser graduellen Verwandlung plausibel, dass Ihre Qualia verschwinden, denn wie in dem Szenario mit dem Computerchip-Ersatz, das in Kapitel 3 beschrieben wurde, bleibt das Funktionieren Ihres Nervensystems exakt dasselbe, ob es nun aus Neuronen oder Menschen mit Funkgeräten besteht: warum dann sollte es aufhören die geistigen Zustände zu generieren, wie es das vorher getan hat? Zumindest scheint es in Anbetracht der Langsamkeit der Veränderung möglich, dass Ihre Qualia dieselben bleiben. Aber dann scheint Blocks ursprüngliches „Chinesische-Nation"-Beispiel viel weniger überzeugend. Wenn Sie, nachdem Sie Schritt für Schritt in China-Kopf verwandelt worden sind, bei Bewusstsein bleiben würden, warum könnte da nicht auch der ursprüngliche China-Kopf – der nach all dem mit Ihnen funktionell identisch ist – bei Bewusstsein sein? Es scheint zumindest diskutabel, dass er das sein könnte: in diesem Fall scheitert Blocks Argument ebenfalls darin, den Funktionalismus zu widerlegen.

Das Zombie-Argument

Nach all dem, was bisher gesagt wurde, mag es immer noch scheinen, dass etwas faul ist an dem Vorschlag, dass China-Kopf wirklich bei Bewusstsein sein könnte. Auf jeden Fall vertreten viele Kritiker des Materialismus die Ansicht, dass der grundsätzliche Druck des Chinesische-Nation-Arguments – dass es metaphysisch möglich ist, dass ein Wesen mit uns funktionell identisch ist, dem aber trotzdem Qualia fehlen – verteidigt werden kann, ohne sich auf Systeme berufen zu müssen, die so ausgefallen sind wie das, das Block ins Auge fasst. Das bringt uns zum Zombie-Argument.

Es scheint perfekt vorstellbar, und daher metaphysisch möglich, dass es eine Kreatur gibt, die (nicht wie China-Kopf) physisch mit Ihnen identisch ist, bis hin zum letzten Molekül – eine, die genau gleich aussieht und handelt, die in ihren materiellen und funktionellen Charakteristika selbst nach der detailliertesten Untersuchung absolut ununterscheidbar ist – und der trotzdem jegliche bewusste Wahrnehmung fehlt.

Wenn Sie auf einen Reißnagel steigen, dann nimmt die Haut auf Ihrem Fuß daran Schaden, es folgt eine Stimulation der Nervenenden, Signale werden das Bein aufwärts gesendet hin zum Rückenmark, ein daraus resultierender Reflex zieht Ihren Fuß weg, weitere Signale werden zum Gehirn hochgesendet und es erfolgen komplexe, neuronale Prozesse, die darin gipfeln, dass sie die Zähne zusammenbeißen und „Autsch!" schreien. In Verbindung mit all dieser physischen Aktivität gibt es außerdem ein pochendes Gefühl der Art, wie wir sie normalerweise mit Schmerz verbinden. Wenn die Kreatur auf einen Reißnagel tritt, dann nimmt auch ihre Haut am Fuß daran Schaden, es folgt eine Stimulation von dessen Nervenenden, Signale werden das Bein aufwärts zum Rückenmark gesendet, ein daraus resultierender Reflex zieht deren Fuß weg, weitere Signale werden zum Gehirn hinauf gesendet, und es erfolgen komplexe, neuronale Prozesse, die darin gipfeln, dass sie ihre Zähne zusammenbeißt und „Autsch!" schreit. Aber es gibt in diesem Fall kein subjektives Empfinden von Schmerz oder überhaupt irgendeine andere bewusste Wahrnehmung, die mit diesen physischen Prozessen in Verbindung steht. Niemand, der die Kreatur von außen beobachtet, wäre in der Lage zu sagen, dass sie von Ihnen getrennt ist, da Ihre physischen Charakteristika und Ihr Verhalten identisch sind. Tatsächlich würde die Kreatur, wenn sie gefragt würde, ob sie bei Bewusstsein ist und ob sie wirklich Schmerz empfinde, genau wie Sie mit offenkundiger Empörung antworten „Natürlich bin ich das!". Dennoch gibt es einen einschneidenden Unterschied auf der *Innenseite*: in Ihrem Fall gibt es einen reichen und lebhaften Strom von Sinneseindrücken und Wahrnehmungen; in ihrem Fall ist alles dunkel. So eine Kreatur ist das, was Philosophen des Geistes einen *Zombie* nennen: eine Kreatur, die in ihrem Verhalten und ihren körperlichen und funktionellen Eigenschaften exakt wie wir ist, der aber Qualia völlig fehlen.

Wenn Zombies metaphysisch möglich sind, dann scheint der Materialismus falsch zu sein, da er davon ausgeht, dass Eigenschaften, die das Verhalten betreffen, die körperlich oder funktionell sind, alle Eigenschaften sind, die es gibt, und dass sie völlig ausreichend sind, um einen geistigen Zustand zu haben. Aber die Möglichkeit von Zombies zieht nach sich, dass Tatsachen über Qualia *zusätzlich* zu, *über und oberhalb von* dem Aufweisen von Verhaltenseigenschaften, sowie körperlichen und funktionellen Eigenschaften sind: wenn eine Kreatur alle diese Eigenschaften haben kann und ihr trotzdem Qualia fehlen, dann ist das Aufweisen von geistigen Zuständen inklusive Qualia etwas mehr als nur das Aufweisen jener Eigenschaften. Das Zombie-Argument ist die Rückseite des Arguments der Vorstellbarkeit für den Dualismus, das in Kapitel 2 diskutiert wurde. Dort hatten wir die Behauptung, dass es vorstellbar und somit metaphysisch möglich ist, dass der Geist getrennt vom Körper, dem Gehirn oder überhaupt irgendeinem physischen Substrat existiert. Hier haben wir die Behauptung, dass es vorstellbar und somit metaphysisch möglich ist, dass ein voll funktionsfähiger Körper samt Gehirn existieren kann, ohne dass überhaupt ein Geist anwesend ist (oder zumindest ohne, dass gewisse Aspekte des Geistes – Qualia – anwesend sind). Das Fazit ist in beiden Fällen das gleiche: der Geist ist nicht bloß der Körper oder das Gehirn (oder irgendetwas physisches, was das betrifft), sondern ist etwas, das zu diesen noch hinzukommt.

Das Zombie-Argument läuft manchmal auch unter dem Namen des *Arguments der Vorstellbarkeit*, obwohl es ungleich dem Argument aus Kapitel 2 versucht, den Materialismus zu untergraben, ohne sich selbst dabei dem kartesischen Vollblut-Substanzdualismus notwendigerweise zu verschreiben. Man könnte das Zombie-Argument akzeptieren, ohne dabei davon auszugehen, dass der Geist vollständig getrennt vom Gehirn oder Körper existieren kann; die Behauptung wäre bloß die, dass, sogar wenn bewusste Wahrnehmungen in ihrer Existenz ursächlicher Weise abhängig sind vom Gehirn, sie so dennoch nicht reduzierbar auf rein physische oder funktionelle Eigenschaften des Gehirns sind (oder diesen metaphysisch hinsichtlich einer Supervenienz unterliegen). Somit sind einige der Einwände, die der Materialist gegen Descartes' Art des Dualismus vorbringen könnte (mit dem Effekt, dass der Geist von speziellen Eigenschaften des Gehirns zu abhängig zu sein scheint, um komplett unabhängig davon existieren zu können), diesem Argument gegenüber kraftlos. Das Argument wird auch manchmal das *modale Argument* gegen den Materialismus genannt, weil es sich wie das Argument in Kapitel 2 auf so modale Begriffe wie metaphysische Möglichkeit stützt; tatsächlich wurde eine frühe Version dieses Arguments von Kripke präsentiert, dessen Arbeit über Möglichkeit und Notwendigkeit auf die gegenwärtige Philosophie des Geistes enorm viel Einfluss ausgeübt hat, wie unsere frühere Diskussion über das Argument der Vorstellbarkeit bereits angedeutet hat. Und die Verteidigung dieses Arguments, die in Kapitel 2 vorgenommen wurde, indem wir uns auf einige von Kripkes Ideen berufen haben, würde auch mehr oder weniger ohne Abänderung auf die Verteidigung des Zombie-Arguments gegen irgendwelche entsprechenden Einwände, die man erheben könnte, zutreffen (solche entsprechenden Einwände sind tatsächlich die Standardeinwände gegen das Zombie-Argument).

Das Zombie-Argument scheint daher das Problem für den Materialismus, wie es das ursprüngliche Argument der Vorstellbarkeit darstellt, noch zu verschärfen: es ist mindestens so stark wie letzteres, und vielleicht stärker, denn es zeigt, dass die Kritik des Materialismus keinesfalls mit der Tragbarkeit des Substanz-Dualismus steht oder fällt.

Das Argument der Erkenntnis

Das Zombie-Argument versucht zu zeigen, dass die physische Realität sich alleine nicht auf die geistige Realität aufsummiert. Ein verwandtes Argument, das diese Grundidee untermauert, versucht zu zeigen, dass die Erkenntnis der physischen Realität alleine nicht für Erkenntnis über die geistige Realität ausreicht. Dementsprechend ist es allgemein als das *Argument der Erkenntnis* bekannt und stammt von dem Gegenwartsphilosophen Frank Jackson.

Jackson bittet uns Mary zu betrachten, eine Neurowissenschaftlerin der fernen Zukunft, in der wir komplette Erkenntnis über die Details der Struktur und des Funktionierens des Nervensystems erlangt haben. Mary ist in der einzigartigen Situation, dass sie ihr gesamtes Leben in einem Schwarzweiß-Raum verbracht hat und mit der Außenwelt über einen Schwarz-Weiß-Bildschirm interagiert hat. Sie hat niemals irgendwelche Farben erlebt. (Wir können uns sogar vorstellen, dass sie immer einen Anzug getragen hat, der ihren gesamten Körper bedeckt, der sie davon abgehalten hat, die Farbe ihrer Haut und ihrer Haare zu sehen, etc.) Wohingegen sie es in diesem Raum so weit gebracht hat, dass sie die Neurowissenschaften beherrscht, und sie sich insbesondere eine gründliche Kenntnis der Physik und Physiologie der Farberkennung angeeignet hat. Sie hat niemals die Farbe Rot selbst gesehen, aber sie weiß genau, was in den Augen, dem Nervensystem und auf der Oberfläche des Objekts passiert, sobald jemand Rot sieht. Sie kennt sozusagen bis ins letzte Detail all die physischen Tatsachen, die es über die Wahrnehmung von Farbe zu wissen gibt. Stellen wir uns nun vor, dass Mary eines Tages den Raum verlassen darf, und bei ihrer Freilassung wird ihr ein roter Apfel in all seiner lebendigen Farbe zum allerersten Mal gezeigt. Wird sie aus dieser Erfahrung irgendetwas lernen? Sicherlich wird sie das: sie wird lernen, wie es ist, rot zu sehen. Und was das zeigt, dem Argument entsprechend, ist, dass der Materialismus falsch ist.

Die Überlegung ist folgende. Der Materialismus behauptet, dass die physischen Tatsachen über die Wahrnehmung und ähnlichem alle Tatsachen sind, die es gibt. Aber Mary kannte in hypothetischer Weise all die physischen Fakten, die es über die Wahrnehmung zu wissen gab – die Arten von Fakten, die in Lehrbüchern der Neurowissenschaften niedergeschrieben werden können oder die in Vorlesungen vermittelt werden können, die sie über den Fernsehschirm gehört hat. Trotzdem wusste sie nicht alle Fakten, die es über die Wahrnehmungen zu wissen gab, weil sie etwas Neues darüber lernte, als sie den Raum verließ – und man kann nichts lernen, das man bereits weiß. Was sie also gelernt hat, muss eine *nicht*-physische Tatsache sein. Insbesondere muss Erkenntnis über Qualia – zum Beispiel darüber, wie es ist, rot zu sehen – Erkenntnis über etwas nicht-physisches sein.

Die Behauptung, dass Erkenntnis über all die relevanten physischen Fakten keine Erkenntnis über all die Fakten, die die bewusste Wahrnehmung betreffen, hervorbringen kann, wurde auch in einem Beispiel, das Thomas Nagel vorgebracht hat, lebhaft illustriert. Wie Nagel anmerkt, navigieren Fledermäuse durch ihre Sinne, die sich sehr von den unseren unterscheiden: während wir uns hauptsächlich auf Sehen und Hören verlassen, benutzen sie eine Art Sonar oder Echolot, indem sie eine sensorische Karte der Außenwelt durch das Aussenden von Schreien und anschließendem Registrieren der Schallwellen, die von den Objekten in ihrer unmittelbaren Umgebung auf sie zurückgeworfen werden, zusammenstellen. Die Wahrnehmungen, die Fledermäuse haben, indem sie die Welt auf diese Weise erfahren, müssen von unseren radikal verschieden sein. Wissenschaftliche Forschungen über die Struktur und das Funktionieren des Nervensystems einer Fledermaus mag uns einen guten Einblick in die Mechanismen gewähren, die deren Wahrnehmungen zu Grunde liegen. Aber die Natur der Wahrnehmungserfahrungen selbst – wie es ist eine Fledermaus zu *sein* – kann von solchen Untersuchungen nicht offenbart werden, wie Nagel argumentiert. Denn die Wissenschaft liefert uns nur objektive, dritte-Person-Tatsachen über irgendein Phänomen, und lässt jeden Aspekt, der an einen besonderen Blickwinkel gebunden ist, außen vor. Aber nur vom besonderen, subjektiven Blickwinkel einer Fledermaus aus, können die Wahrnehmungen einer Fledermaus verstanden werden. Materialistische, wissenschaftliche Darstellungen müssen also notwendigerweise unpassend sein, um all die Fakten über das Bewusstsein einer Fledermaus einzufangen – oder was das betrifft, über jedes Bewusstsein.

Eine Antwort, die manchmal auf Argumente wie dieses entgegnet wird, ist, dass sie einfach annehmen, dass die Neurowissenschaft der Zukunft nicht in der Lage sein wird, all das zu erklären, was es hinsichtlich bewusster Wahrnehmungen zu erklären gibt: wie können wir mit Sicherheit wissen, dass Mary nicht wissen wird, wie es ist, rot zu sehen, allein dadurch, dass sie all den Stoff in ihren Lehrbüchern gemeistert hat, während sie in dem Schwarzweißraum sitzt? Es gibt zwei Probleme mit diesem Vorschlag. Das erste ist, dass es intuitiv nicht plausibel erscheint. Jedwede Fakten, die Neurowissenschaftler der Zukunft wahrscheinlich entdecken werden, sind daran gebunden, Tatsachen derselben, allgemeinen Art zu sein, die sie bereits kennen: Fakten darüber, wie Neuronen verkabelt sind, oder darüber, welche biochemischen Substanzen in welchen Prozessen eingebunden sind. Es ist schwer einzusehen, wie weitere Erkenntnis dieser Art – also von weiteren objektiven, dritte-Person-Phänomenen – die subjektiven, erste-Person-Tatsachen darüber, wie es ist, rot wahrzunehmen oder durch Echolotung herumzukommen, zum Vorschein bringen könnte; es gibt einfach einen grundlegenden und klaren konzeptionellen Unterschied zwischen der ersten Art von Fakten und der letzteren. Das zweite Problem ist, dass der Vorschlag, der zur Debatte steht, unvermeidlicher Weise von derselben Unbestimmtheit heimgesucht zu werden scheint, die, wie wir im vorigen Kapitel gesehen haben, einige Versionen des Physikalismus plagt: was, wenn die Weise, in der die Neurowissenschaftler der Zukunft bewusste Wahrnehmung erklären, die Postulierung nicht-physischer Eigenschaften ist? Das würde das Argument der Erkenntnis eher rechtfertigen als untergraben. Aber bisher gibt es nichts im gegenwärtigen Verlauf der Neurowissenschaft, das uns vernünftigerweise dazu führt, irgendeine andere Weise, auf die Bewusstsein erklärt werden könnte, zu erwarten.

Schwerwiegendere Einwände gegen das Argument der Erkenntnis gehen für gewöhnlich so von Statten, dass zugestanden wird, dass Mary in gewisser Weise etwas lernt, wenn sie den Raum verlässt, auch wenn sie all die Neurowissenschaft der Zukunft beherrscht. Die Strategie ist dann zu argumentieren, dass das, was sie lernt, wenn man es recht versteht, nicht wirklich als eine Bedrohung für den Materialismus gesehen werden kann. Paul Churchland argumentiert, dass Mary beim Verlassen des Raumes nicht wirklich neue *Fakten* lernt; vielmehr würde sie nur auf eine neue *Weise* Fakten lernen, die sie *bereits* kennt. Die Konklusion also, dass die physischen Fakten nicht alle Fakten sein können, die es gibt, da sie all die physischen Fakten bereits kennt und es keine neuen Fakten gibt (nicht-physische oder irgendwelche anderen), die sie nach dem Verlassen des Raumes lernt, ist abgeblockt. Churchland entwickelt diesen Vorschlag, indem er sich auf Russells berühmte Unterscheidung zwischen „Erkenntnis durch Bekanntschaft“ und „Erkenntnis durch Beschreibung“ stützt: Sie könnten heute von Giraffen nur durch Beschreibungen, die Sie gehört oder in einem Buch gelesen haben, wissen, aber Sie könnten eines Tages über sie Bescheid wissen, indem Sie sich mit ihnen in der Wahrnehmungserfahrung bekannt machen; in ähnlicher Weise kannte Mary, während sie noch im Raum war, all die Fakten über die Wahrnehmung von Rot nur durch Beschreibung, und wird dann direkt mit genau denselben Fakten bekannt, nachdem sie den Raum verlässt.

Ein möglicher Einwand gegen dieses Argument ist, dass es nicht plausibel scheint vorzuschlagen, dass Mary keine neue Tatsache lernt, wenn sie den Raum verlässt: mit Sicherheit ist die Tatsache, dass Rot wie *das* aussieht (wobei „das" sich auf die unmittelbare Empfindung bezieht, die sie von der Farbe hat), eine, die sie nicht kannte, bevor sie den Raum verlassen hat, und die sie erst nachher lernt. Ein anderes Problem ist, dass die Russellsche Unterscheidung, auf die sich Churchland beruft, nicht so philosophisch neutral ist, wie sie erscheinen mag. Russell selbst vertrat die Ansicht, dass alles, was wir durch Bekanntschaft wissen, nicht äußere physische Objekte wie Giraffen sind, sondern vielmehr (wie Philosophen heutzutage es nennen würden) die subjektiven Qualia, von denen wir gewöhnlich annehmen, dass sie von solchen äußeren Objekten hervorgerufen werden; die äußere physische Welt ist in seiner Totalität etwas, das wir nur indirekt kennen, nämlich durch Beschreibung. Das geht Hand in Hand mit der Art einer indirektrealistische Theorie der Wahrnehmung, die wir in Kapitel 1 diskutiert haben, von der Russell ein Vertreter war (wie übrigens auch Jackson einer ist). Sie wirft auch die Frage auf, was genau diese Qualia sind, mit denen wir direkt bekannt sind; Jackson und (wie wir im nächsten Kapitel sehen werden) Russell halten sie nicht für reduzierbar auf die Art von Eigenschaften, die uns die physikalische Wissenschaft offenbart, Eigenschaften, die wir ungleich den Qualia nicht durch Bekanntschaft kennen können. Sich also auf Russells Konzeption einer Erkenntnis durch Bekanntschaft zu berufen, kann Churchland kaum helfen, ein Argument gegen den Materialismus zu entkräften. Aber um Russells Konzeption zu verwerfen und stattdessen darauf zu beharren, dass Wissen durch Bekanntschaft keine Erkenntnis von nicht-physischen Qualia beinhaltet, würde heißen, der Frage auszuweichen. So oder so, es scheint, dass Churchlands Entgegnung auf Jacksons Argument scheitert.

Eine andere Entgegnung wurde von David Lewis vorgebracht, der wie Churchland bestreitet, dass das, was Mary lernt, eine Tatsache ist, die sie vorher nicht kannte. Vielmehr sei die Erkenntnis, die sie erhält, eine Erkenntnis neuer *Fähigkeiten*: eher eine Erkenntnis darüber, *wie* etwas zu tun ist, als eine Erkenntnis darüber, *dass* etwas der Fall ist, und im Besonderen eine Erkenntnis darüber, wie man rote Objekte erkennt, die Fähigkeit sich Rot vorzustellen, und so weiter. Aber diese Antwort scheint Probleme zu haben, die denen entsprechen, die jene von Churchland untergraben: zum einen scheint es nicht plausibel zu behaupten, dass Mary keine neuen Fakten lernt, da die Erkenntnis, dass Rot *so* aussieht (was sich auf eine subjektive Empfindung bezieht), eine Erkenntnis einer neuen Tatsache ist; zum anderen ist die Unterscheidung, auf die sich Lewis beruft, selbst nicht notwendigerweise eine neutrale. Mary mag wohl neue Fähigkeiten oder Erkenntnisse gewinnen, wenn sie den Raum verlässt, aber man kann darüber streiten, ob einige der Fähigkeiten nur gewonnen wurden, weil sie neue Tatsachen lernt: Mary hat nun die Fähigkeitsich sich vorzustellen, wie Rot aussieht, aber nur deshalb, weil sie die Tatsache gelernt hat, dass Rot *so* aussieht.

Robert van Gulick stellt einen etwas technischen Einwand gegen Jacksons Argument vor. Er behauptet, dass das, was Mary gewinnt, Erkenntnis über ein neues Konzept ist, und dass, wenn sie neue Propositionen lernt, das dann nur auf Grund eines fein abgestimmten Schemas von Individuation oder Unterscheidung zwischen Propositionen geschieht. Was das bedeutet, kann am besten anhand eines Beispiels erklärt werden. Ob die Proposition, dass Wasser bei 32 Grad Fahrenheit gefriert, und die Proposition, dass H_2O bei 32 Grad Fahrenheit gefriert, *dieselbe* Proposition sind, hängt davon ab, ob wir Propositionen auf eine fein- oder eine grobkörnige Weise unterteilen. Eine feinkörnige Art wäre eine, die der Tatsache Rechnung trägt, dass „Wasser" und „H_2O"mit verschiedenen Konzepten in Verbindung gebracht werden (obwohl sie sich auf dieselbe Substanz beziehen) und die daher diese Propositionen als verschieden erachtet; eine grobkörnige Art würde die Unterschiede in den Konzepten ignorieren und (da „Wasser" und „H_2O" sich auf dieselbe Substanz beziehen) sie als identisch gelten lassen. In ähnlicher Weise sind die Propositionen 5 + 7 = 12 und die Proposition, dass 38 die Quadratwurzel aus 1444 ist, entsprechend einer grobkörnigen Art Propositionen zu unterteilen, dieselbe Proposition (eine die nur der Tatsache Rechnung trägt, dass diese beiden mathematischen Propositionen, die notwendigerweise wahr sind, beide den exakt gleichen Wahrheitswert in jeder möglichen Welt haben); aber sie sind verschiedene Propositionen in einem feinkörnigen Schema, einem, das den verschiedenen Konzepten, die mit „5", „+", „7", „=", „12", „38", „Quadratwurzel" und „1444" in Verbindung gebracht werden, Rechnung trägt. Im ersten Beispiel ist es klar, dass sogar wenn die Propositionen als verschiedene erachtet werden, so doch die Tatsache, auf die sie sich beziehen, dieselbe ist: Wasser ist identisch mit H_2O, also ist die Tatsache, dass Wasser bei 32 Grad Fahrenheit gefriert, dieselbe Tatsache wie die, dass H_2O bei 32 Grad Fahrenheit gefriert. In ähnlicher Weise schlägt van Gulick vor, dass, selbst wenn Mary, nachdem sie nach Verlassen des Raumes ein neues Konzept gelernt hat, dadurch auch befähigt ist, dass sie ein neues Konzept erlernt, so würde daraus nicht folgen, dass die Tatsache, die diese Proposition beschreibt, eine Tatsache ist, die sie noch nicht gewusst hat. Vielleicht ist es eine physische Tatsache derselben Art, wie sie sie bereits gekannt hat, als sie noch im Raum war.

Genau wie bei den anderen Entgegnungen auf das Argument der Erkenntnis könnte man gegen dieses einwenden, dass es intuitiv nicht plausibel erscheint: die Tatsache, dass Rot *so* aussieht (wobei sich „so“ auf eine unmittelbare Empfindung bezieht) scheint offensichtlich eine andere Tatsache zu sein wie die Tatsache, dass Mary in einem Gehirnzustand des Typs B (oder welchem auch immer) ist. Natürlich könnte van Gulick behaupten, dass die Weise, wie die Dinge erscheinen, nichts desto trotz in diesem Fall falsch ist: es könnte für jemanden, der sich in Chemie nicht auskennt, auch scheinen, dass die Tatsache, dass Wasser bei 32 Grad Fahrenheit gefriert, eine andere Tatsache ist als die, dass H_2O bei 32 Grad Fahrenheit gefriert, obwohl sie in Wirklichkeit dieselbe Tatsache sind. Aber es ist nicht klar, dass dieser Vorschlag funktioniert. Letztlich würden es nur wenige als eine befriedigende Verteidigung der höchst zweifelhaften Behauptung erachten, dass die Tatsache, dass $5 + 7 = 12$ dieselbe ist, wie die Tatsache, dass 38 die Quadratwurzel aus 1444 ist. Im Fall dieses mathematischen Beispiels haben wir sicherlich zwei Fakten, nicht nur zwei feinkörnig unterschiedene Propositionen. Tatsächlich ist es teilweise in unserem Sinn, dass es sich so verhält, was uns dazu führt die Notwendigkeit zu erkennen, die Propositionen von vorneherein in einer feinkörnigen Art zu unterteilen: wir vermuten nicht, dass dies bloß notwendig ist, um den Unterschieden in den Konzepten Rechnung zu tragen, sondern auch, weil die Propositionen, von denen Konzepte Bestandteile sind, anscheinend oft (wie in dem mathematischen Beispiel) über verschiedene Fakten sind. Aber der Vorschlag, dass die Tatsachen, die Mary lernt, als sie den Raum verlässt, genau dieselben Tatsachen wie die sind, die sie vorher schon kannte, scheint intuitiv gerade so wenig einleuchtend zu sein wie der Vorschlag, dass die mathematischen Fakten in unserem Beispiel dieselben sind. Und wenn so eine Unglaubwürdigkeit in dem einen Fall selbst genau das ist, was uns dazu führt, eine feinkörnigere Darstellung mathematischer Propositionen zu akzeptieren – sodass es absurd wäre anzunehmen, dass man die Behauptung, die fraglichen mathematischen Tatsachen seien dieselben, verteidigen könnte, indem man sich auf eine feinkörnige Darstellung beruft – dann wäre es gleichermaßen absurd wie unglaubwürdig, anzunehmen, dass man das Argument der Erkenntnis durch eine entsprechende Berufung auf ein feinkörniges Schema zur Unterteilung von Propositionen verwerfen könnte. Mit anderen Worten verhält es sich zum Teil genau deshalb so, weil es intuitiv so einleuchtend erscheint, dass Tatsachen über Qualia und physische Tatsachen einfach verschiedene Arten von Tatsachen sind, und wir finden, dass eine feinkörnige Art der Unterscheidung von Propositionen über jene überhaupt notwendig ist. Es reicht also nicht, sich auf eine solche Art zu berufen, um die Behauptung zu verteidigen, dass sie nicht verschieden seien.

Subjektivität

Die meisten der Kritikpunkte am Argument der Erkenntnis sind mehr oder weniger auf derselben Linie, und wären deshalb offen für ähnliche Einwände. Aber es gibt eine andere mögliche Entgegnung, angeregt von dem, was vorher über das Szenario des umgekehrten Spektrums gesagt wurde, die schwerer wiegen mag. Nehmen wir an, dass jeder Farbe wirklich ein genauer Platz im Farbraum zugeteilt werden kann, und dass sie daher in Form ihrer Beziehungen zu jeder anderen Farbe analysiert werden kann. Es scheint dann zumindest dem Prinzip nach möglich, dass man in der Lage sein könnte, das Wesen einer Farbe von ihren Relationen zu den anderen abzuleiten. Betrachten wir ein einfaches Beispiel, das drei sehr nahe Schattierungen von Blau umfasst, A, B und C, wobei A die hellste, C die dunkelste und B die mittlere ist. Es ist sicherlich einleuchtend, dass jemand, der bisher nur A und C wahrgenommen hat, fähig wäre herauszufinden, wie es wäre B wahrzunehmen, nur durch das Beachten seiner Relationen zu A und C (die Relationen „dunkler sein als“ und „heller sein als“). Damit scheint es ebenfalls plausibel zu behaupten, dass jemand, der noch nie orange gesehen hat, prinzipiell bestimmen könnte, wie es wäre, es wahrzunehmen, wenn er oder sie rot und gelb wahrgenommen hat: man könnte die Erscheinung von Orange davon ableiten, dass es diesen anderen Farben ähnlich ist und mitten zwischen ihnen liegt. Warum sollte man dann nicht daraus schließen, dass jemand, der zumindest *irgendeine* visuelle Wahrnehmung erlebt hat – von schwarz und weiß, von grau als mitten zwischen ihnen liegend, von hell und dunkel – prinzipiell fähig wäre, auf Grund einer ausreichend detaillierten Beschreibung ihrer Relationen abzuleiten, wie die verschiedenen Farben aussehen? Warum sollte man insbesondere nicht daraus schließen, dass Mary – die die Theorie der Farben und die Struktur des Farbraumes studiert hat – prinzipiell in der Lage wäre, abzuleiten, wie es wäre rot wahrzunehmen, während sie immer noch in dem Raum ist, so dass sie dann tatsächlich nichts lernen würde, wenn sie ihn verlässt?

Diese Art der Strategie könnte theoretisch auf alle Arten von Qualia ausgedehnt werden – auditive, taktile, olfaktorische und geschmackliche sowie visuelle – die alle in Form ihrer Relationen zu anderen Qualia derselben Art beschrieben werden könnten, und sogar durch ihre Relationen zu Qualia anderer Art: „Wärme", „Kühle", „Härte", „Weichheit", „Schärfe", „Glätte" scheinen Qualitäten zu sein, die auf viele verschiedene Arten von Qualia anwendbar sind, so dass (in gewissem Maß zumindest) visuelle Qualia in Form ihrer Ähnlichkeitsrelationen zu taktilen Relationen, etc. beschrieben werden können. Rudolf Carnap (1891-1970) unternahm den Versuch genau solch eine detaillierte und systematische Analyse aller Qualia in Form ihrer Beziehungen zu anderen, deren Relationen er letztlich in der Grundrelation der „Erinnerung der Ähnlichkeit" für begründet hielt. Wenn solch eine Analyse komplett durchgeführt werden könnte, dann kann man darüber streiten, ob jemand, der damit gründlich vertraut ist, auch auf Basis der begrenztesten Sinneserfahrungen bestimmen könnte, wie es wäre, irgendeine Erfahrung zu machen, die er oder sie tatsächlich niemals hatte.

Diese Herangehensweise scheint vielversprechend, dennoch bräuchte es einiges an Argumentation, dies überzeugend zu verteidigen. Aber auch wenn sie erfolgreich ist, könnte der Kritiker des Materialismus die Ansicht vertreten, dass diese Strategie die tiefere Wahrheit, die in dem Argument der Erkenntnis liegt, nicht untergräbt, in Nagels Version mehr als in der von Jackson. Diese Wahrheit ist wohl einfach folgende: während Mary zumindest dem Prinzip nach in der Lage wäre von dem, was sie weiß, während sie noch im Raum ist, abzuleiten, wie es ist Rot wahrzunehmen, wäre sie nicht in der Lage davon abzuleiten, *warum es überhaupt irgendwie ist*. Das eigentliche Rätsel ist nicht, dass sich Rot speziell eher so als so „anfühlt"; sondern dass es sich überhaupt irgendwie „anfühlt". Nagel erfasst das Problem, indem er anmerkt, dass es die Tatsache ist, dass es „wie etwas ist" gibt, dessen man sich bewusst wird und das es so schwer macht, das Bewusstsein in Form rein materieller Begriffe zu beschreiben. Das Zombie-Argument erfasst dies mit der Behauptung, dass es metaphysisch möglich ist, dass es Kreaturen gibt, die mit uns physisch identisch sind, die aber kein Bewusstsein haben, Kreaturen, die genau dasselbe Verhalten aufweisen – und daher zum Beispiel genau dieselbe Unterscheidung zwischen Rot und anderen Farben treffen – die aber Rot nicht wahrnehmen, für die es nichts gibt, das so ist wie das Unterscheiden von Rot von anderen Farben. Dass es für uns etwas gibt, das so wie wahrnehmen ist, scheint eine weitere Tatsache über uns zu sein, die über und oberhalb des physischen anzusiedeln ist.

Dies geht Hand in Hand mit Nagels Punkt, dass ein bewusstes Wesen eine erste-Person-Sichtweise auf die Welt hat und ein Ort für Subjektivität ist. Das Bewusstsein darüber, wie eine Wahrnehmung ist, ist immer Bewusstsein darüber, wie es „für mich" ist, für ein Subjekt der Erfahrung; und für Mary setzt das Herleiten dessen, wie es ist, Rot wahrzunehmen, von dessen Ähnlichkeitsrelationen zu anderen Wahrnehmungen voraus, dass sie ein bewusstes Subjekt ist, *für das* es ähnlich wäre. Man könnte meinen, dass man dieser Vorstellung von Subjektivität den Wind aus den Segeln nehmen könnte, indem man einwendet, dass viele rein physische Dinge ebenfalls Sichtweisen auf die Welt haben – eine Kamera zum Beispiel, die nur das fotografieren kann, was direkt vor ihr ist; deren Bilder entstehen dadurch, dass sie ihre besondere Sichtweise widerspiegeln – so dass es nicht so rätselhaft erscheinen sollte, warum wir, mit unseren spezifischen Sinnesorganen und physischen Begrenzungen, ebenfalls eigene Sichtweisen haben. Aber ein solcher Einwand würde uns trügerisch vorkommen. Eine Kamera ist nur ein Mechanismus, der sensibel auf Licht reagiert, sodass sie verwendet werden kann, um Muster auf dem Film zu erzeugen, die mit den Lichtmustern, die von den physischen Objekten reflektiert werden, korrespondieren. Sie hat keine eigentliche „Sichtweise", da sie überhaupt nichts sieht in dem Sinne, wie wir das tun. Wir sind es, die verstehen, dass die Bilder, die die Kamera erzeugt, Bedeutung haben – tatsächlich sind wir es, die sie eher als Bilder denn als Flecken von Chemikalien auf Papier erachten. Es stimmt auch, dass die besondere Sichtweise, die jeder von uns einnimmt, genau wie bei der Kamera von unserer bestimmten Position im Raum und den physischen Grenzen, die uns die Struktur des menschlichen Körpers setzt, begrenzt wird. Aber (um ein Argument einzubringen, das dem Argument entspricht, das oben in Bezug auf die Erfahrung des Sehens von Rot vorgebracht wurde) es ist nicht der Umstand, dass wir diese oder jene Sichtweise haben, von dem behauptet wird, dass er mit materialistischen Begriffen schwierig oder unmöglich zu erklären sei; es ist vielmehr der Umstand, dass wir überhaupt irgendeine Sichtweise haben, der rätselhaft ist.

Nach der Ansicht des Dualisten, dass die Wissenschaft zumindest so, wie sie von den Materialisten verstanden wird, dieses Rätsel *prinzipiell* nicht lösen kann, scheint notwendigerweise aus dem wahren Wesen wissenschaftlicher Erklärung zu folgen: es ist keine Angelegenheit dessen, dass wir noch nicht alle neurologischen Daten gesammelt haben oder noch nicht auf die richtige Theorie gekommen sind. Denn, wie wir im letzten Kapitel angemerkt haben, die Methode moderner wissenschaftlicher Erklärung war in ihrer Geschichte immer genau dazu da, um den subjektiven, beobachterbezogenen Aspekt jedes Phänomens, das sie untersucht, wegzubringen und zu ignorieren und solche Phänomene ausschließlich mit dem objektiven, dritte-Person-Rest, der übrigbleibt, zu identifizieren. Wir können die Erklärung von Temperatur als Musterbeispiel heranziehen. Ein uraltes philosophisches Beispiel illustriert die Subjektivität der Temperatur, die als gefühlte Wahrnehmung betrachtet wird: jemand, der zuerst seine oder ihre rechte Hand in einen Eimer voller eiskaltem Wasser und seine oder ihre linke in einen Eimer voller heißem, und dann beide in einen Eimer voller lauwarmem Wasser gibt, wird finden, dass sich das lauwarme Wasser für die rechte Hand warm und für die linke Hand kalt anfühlt. Wir können uns auch Außerirdische vorstellen, die das fühlen, was wir Kühle nennen, wenn sie ihre Hände (oder Tentakeln) in heißes Wasser geben und Hitze, wenn sie sie in eiskaltes Wasser tauchen. Wenn wir mit „Hitze" oder „Kälte" die subjektive Empfindung oder das Gefühl, das von heißen und kalten Objekten produziert wird, meinen, dann gibt es kein objektives Faktum darüber, ob ein bestimmtes Objekt heiß oder kalt ist. Die Wissenschaft ignoriert daher die subjektiven Empfindungen und definiert (oder re-definiert) anstatt dessen Hitze und Kälte ausschließlich in Form der objektiven, geistunabhängigen, physischen Fakten, die (irgendwie in uns) die relevanten Sinneseindrücke verursachen: Fakten über die mittlere kinetische Energie. Aber wenn die Methode der Wissenschaft in jedem Fall darin besteht, die subjektive Erscheinung, die ein Phänomen darstellt, über Bord zu werfen und es gleichsam in den Geist hineinzudrücken, dann scheint es offensichtlich, dass dieselbe

Prozedur prinzipiell nicht auf eine Erklärung des Geistes selbst angewendet werden kann: denn der Geist *ist genau* (zum Teil) eine Sammlung der subjektiven Erscheinungen der Dinge, die er wahrnimmt; das subjektive Element kann in *diesem* Fall nicht über Bord geworfen werden ohne damit auch das eigentliche Phänomen, das es zu erklären gilt, über Bord zu werfen und zu ignorieren – in diesem Fall wäre es ja überhaupt nicht erklärt worden.

Subjektivität – die sich aus den Phänomenen der Anwesenheit in einem wahrnehmenden Subjekt, der direkten Zugänglichkeit nur von der Sichtweise dieses Subjekts aus und der Fähigkeit in der Wahrnehmung existent zu sein, sogar wenn (wie in Träumen oder Halluzinationen) ein erkennbares, objektives Korrelat der Wahrnehmung nicht existiert, zusammensetzt – erscheint daher als das wesentliche Kernstück zu dem Konzept der Qualia, und als die Eigenschaft, die am glaubhaftesten auf physikalische Weise unerklärbar ist. Oft schreiben Philosophen den Qualia andere, vermeintlich problematische Eigenschaften zu, wie etwa Unbeschreiblichkeit und Wesentlichkeit, aber diese scheinen in sehr großem Ausmaß reduzierbar auf oder parasitisch an Subjektivität zu sein. So scheinen Qualia zum Beispiel unbeschreiblich zu sein, nur weil unsere Sprache typischerweise dazu verwendet wird, um Gedanken über *objektive, öffentliche* Phänomene zu kommunizieren, und Worte typischerweise durch Bezugnahme auf solche Phänomene erlernt werden; Gedanken und private und subjektive Phänomene zu kommunizieren scheint daher schwierig oder unmöglich. Soweit Qualia nicht ausgedrückt werden können, ist dies eine Konsequenz ihres subjektiven Daseins.

Von Qualia wird oft behauptet, dass sie unbezogen seien in der Hinsicht, dass sie nicht in Form ihrer Relationen zu anderen Dingen analysiert werden können, wie zum Beispiel in Form der Kausalrelationen, von denen der Funktionalismus aber behauptet, dass alle mentalen Phänomene auf diese Weise analysiert werden können; denn, wie das das Zombie-Argument vorschlägt, scheint es logisch möglich, dass jede Menge solcher Kausalrelationen ohne Qualia existiert. Aber auch hier scheint die Subjektivität das zu sein, das wirklich zur Debatte steht. Und zwar deshalb, weil Qualia nicht in Relationen zerlegt werden können, die in *objektiven, dritte-Person*-Phänomenen verwirklicht sind – sagen wir Kausalbeziehungen zwischen Aktivitätsmustern in Neuronenklumpen – weil sie unbezogen zu sein scheinen. Trotzdem lässt dies offen, ob sie in *subjektive, erste-Person*-Ähnlichkeitsrelationen von der Sorte, wie sie Carnap, Clark und Hardin zu verdeutlichen versucht haben, zerlegt werden könnten: dass sie in diesem Sinn sehr wohl beides, in nicht reduzierbarer Weise subjektiv und trotzdem nicht unbezogen, sind. Tatsächlich ist es umstritten, dass sich dies genau deshalb so verhält, weil sie so analysierbar sind, dass wir über sie trotz ihrer Subjektivität kommunizieren können (sodass sie *nicht* beschreibbar sind in diesem strengen Sinn): wenn wir nicht fähig wären die systematischen Ähnlichkeiten und Unterschiede zwischen Qualia zu beschreiben und untereinander zu vermitteln, dann wären wir nicht in der Lage zu wissen (wie wir aber sicherlich wissen), dass wir alle über *dieselben* Phänomene reden, dass wir über Qualia diskutieren und darüber argumentieren, ob der Materialismus sie darstellen kann. Unsere Kenntnis der relationalen Struktur der Qualia macht unsere Behauptungen über sie erkenntnismäßig sinnvoll und rational zugänglich, trotz der Tatsache, dass die Relationen, aus denen diese Struktur besteht, nur von der subjektiven erste-Person Sichtweise aus direkt erkennbar sind.

Es scheint somit strittig, dass der entscheidende Unterschied zwischen Qualia auf der einen Seite und solchen physischen Phänomenen als funktionelle Organisation, Neurophysiologie und Verhalten auf der anderen Seite, darin besteht, dass erstere ihrem Charakter nach nichtreduzierbar subjektiv, „privat" und erste-Person-mäßig sind, während die letzteren grundsätzlich objektiv, öffentlich zugänglich und dritte-Person-mäßig sind. Der Dualist schließt daraus, dass aufgrund dessen, dass die beiden Arten von Phänomenen solch unvereinbare wesentliche Eigenschaften haben, erstere nicht in Form der letzteren beschrieben werden können – in diesem Fall muss der Materialismus, der behauptet, dass alles reale in Form von objektiven, dritte-Person-mäßigen Phänomenen erklärbar sein muss, falsch sein.

Eigenschaftsdualismus

Interessanterweise sind die meisten der Philosophen, die typischerweise mit den Arten von Argumenten, die in diesem Kapitel untersucht werden, in Zusammenhang stehen, obwohl sie Kritiker des Mainstream-Materialismus sind, trotzdem keine kartesischen Dualisten. Einige von ihnen stimmen einem agnostischen Materialismus als eine Rückzugsposition zu: Joseph Levine zum Beispiel, schlägt vor, dass das, was solche Argumente wirklich beweisen, höchstens das ist, dass es eine „Erklärungslücke“ zwischen dem Physischen und dem Geistigen gibt – dass wir nicht verstehen, *wie* der Materialismus wahr sein kann, aber dass das nicht zeigt, dass er *nicht* wahr *ist*; Colin McGinn fügt dem hinzu, dass es einfach sein könnte, dass uns die Evolution nicht die konzeptionellen Ressourcen gegeben hat, um die Weise völlig zu erfassen, in der materielle Prozesse geistige generieren. Doch solche Maßnahmen treffen wohl nicht den Kern: wenn die Argumente von Chalmers, Jackson, Kripke und anderen überhaupt funktionieren, dann scheinen sie zu beweisen, dass Qualia einfach nicht reduzierbar sind auf physische Eigenschaften, nicht, dass wir nicht verstehen können, wie sie reduzierbar sind. (Niemand würde vernünftigerweise daran denken, auf Gödels Argumente für seine berühmten Unvollständigkeitstheoreme mit der Behauptung zu antworten, dass wir vielleicht einfach nicht verstehen, wie die Konsistenz eines formalen Systems, das berechenbare Arithmetik enthält, durch sich selbst beweisbar ist.)

Die meisten Philosophen, die den fraglichen Argumenten wohlgesonnen sind, entscheiden sich anstatt dessen für das, was als *Eigenschaftsdualismus* bekannt geworden ist, die Ansicht, dass (in Anspielung auf vorher, als wir das Zombie-Argument diskutiert haben) es im Gegensatz zum kartesischen Substanzdualismus nur eine Art von Substanz gibt – materielle Substanz – aber dass es auch, im Gegensatz zum Materialismus, zwei Arten von Eigenschaften, physische und nichtphysische, gibt. Dieser Ansicht nach ist der Geist, der als eine Substanz betrachtet wird, tatsächlich identisch mit dem Gehirn, aber mentale Eigenschaften – oder zumindest Qualia – sind keine physischen Eigenschaften, die der physischen Substanz innewohnen. Der beanspruchte Vorteil für diese Ansicht ist, dass sie sowohl die Überzeugung des kartesischen Dualisten, dass der Geist nicht auf Materie reduzierbar ist, als auch das Beharren des Materialisten darauf, dass der Geist von der Materie nicht separiert werden kann, unter einen Hut bringt.

Eigenschaftsdualisten halten oft auch andere mentale Phänomene – die, welche nicht wesentlicher Weise Qualia beinhalten –gegenüber Erklärungen in Form des materialistischen Funktionalismus für empfänglich, in einer Weise, in der Qualia es nicht sind. Dies wird insbesondere in Hinsicht auf die *propositionalen Einstellungen* – Glaube, Begehren, Hoffnung, Angst – für wahr gehalten, die so genannt werden, weil sie ein Subjekt umfassen, das eine bestimmte Einstellung gegenüber einer Proposition einnimmt, so wie etwa die Einstellung der Überzeugung, dass es regnet, oder die Einstellung der Hoffnung, die Sie gegenüber der

Proposition einnehmen, dass Sie Ihre Prüfungen bestehen, wenn Sie hoffen, dass Sie Ihre Prüfungen bestehen. Die Idee dahinter ist, dass, indem diese Arten von geistigen Zuständen ja nicht notwendiger Weise mit Qualia in Verbindung gebracht werden (da Sie glauben könnten, dass es regnet, auch wenn Sie gerade nicht bewusst den Überzeugung hegen), man keinen Einwand dagegen anführen kann, dass sie auf physische Zustände des Gehirns reduziert werden können auf Grundlage von Argumenten der Art, wie das des „umgekehrten Spektrums", der „Chinesischen Nation", des „Zombies" oder der „Erkenntnis".

Ob dieser Vorschlag so plausibel ist, wie Eigenschaftsdualisten von ihm allgemein glauben, ist etwas, das wir in den Kapiteln 6 und 7 erörtern werden. Aber er scheint, was die Verteidigung einer dualistischen Sicht der Welt im weiteren Sinne betrifft, dem Eigenschaftsdualisten einen bedeutenden Vorteil gegenüber dem kartesischen Dualisten zu verschaffen. Wie wir in Kapitel 2 gesehen haben, scheint der Kartesische Dualist seine Schwierigkeiten zu haben, genau zu erklären, wie eine nicht-physische Substanz der Möglichkeit nach mit dem Körper interagieren könnte. Wie zum Beispiel Ihre Überzeugung, dass es regnet, das sein kann, das verursacht, dass Sie Ihren Regenschirm holen, metaphysisch gesehen ein Rätsel wird. Der Epiphänomenalismus zeichnet sich ab. Aber es scheint, als hätte der Eigenschaftsdualist dieses Problem umgangen: Ihre Überzeugung ist, so würden die meisten Eigenschaftsdualisten zugestehen, ein physischer Zustand Ihres Gehirns, so dass es kein Rätsel darüber geben muss, wie dieser ursächlichen Einfluss auf das Verhalten haben kann. Sogar Ihre Wahrnehmung, dass es regnet, kann, insoweit es das Vorhandensein einer propositionalen Einstellung genauso miteinschließt wie das eine Überzeugung tut, mit einem physischen Prozess in Ihrem Gehirn identifiziert werden, sodass es kein Problem damit gibt, zu erklären, wie es auch Verhalten verursachen kann. Fürwahr, die Wahrnehmung mag man, ungleich vielen Überzeugungen, gut mit gewissen Qualia in Verbindung bringen (so wie etwa das Spüren von Wassertropfen, die auf den Arm treffen), und diese können mit physischen Eigenschaften des Gehirns nicht in Verbindung gebracht werden. Tatsächlich scheint es, dass Qualia, ungleich den propositionalen Einstellungen, letzten Endes als epiphänomenal erachtet werden müssen, wobei sie bei dem Hervorrufen von Verhalten keine Rolle spielen, denn das Verhalten eines Zombies wäre genau dasselbe, wie das von jemandem, der Qualia hat. Aber solange wie die Wahrnehmung selbst physisch ist, sollte das nichts ausmachen: Ihre Wahrnehmung der Regentropfen verursacht wirklich, dass Sie Ihren Regenschirm holen, auch wenn die Qualia, die damit in Verbindung gebracht werden, das nicht tun.

Dennoch spielt es tatsächlich eine große Rolle, und der Eigenschaftsdualismus scheint ein schlimmeres Problem mit dem Epiphänomenalismus zu haben als der kartesische Dualismus. Denken Sie daran, dass der kartesische Dualist, der sich für den Epiphänomenalismus entscheidet, der absurden Konsequenz verpflichtet zu sein scheint, dass wir nicht einmal über unsere geistigen Zustände sprechen können, denn wenn der Epiphänomenalismus wahr ist, dann haben diese geistigen Zustände überhaupt keinen Effekt auf unseren Körper, inklusive unseres Kehlkopfes, unserer Zunge und unserer Lippen. Aber wie Daniel Dennett aufgezeigt hat, scheint der Eigenschaftsdualist sich zu etwas sogar noch Absurderem verpflichtet zu haben: dem Schluss, dass wir nicht einmal über unsere geistigen Zustände *nachdenken* können, oder zumindest über unsere Qualia! Denn wenn Ihre Überzeugungen – inklusive Ihrer Überzeugung, dass Sie Qualia haben – physische Zustände Ihres Gehirns sind und Qualia keinen Effekt welcher Art auch immer auf irgendetwas physisches haben können, dann hat die Frage, ob Sie wirklich Qualia haben, nichts damit zu tun, ob sie glauben, dass Sie sie haben. Die Erfahrung von Schmerz, den Sie im Rücken haben, steht in absolut keiner Verbindung mit der *Überzeugung*, dass Sie die Erfahrung des Schmerzes in Ihrem Rücken machen; denn wenn sie nicht der Lage sind, irgendeinen ursächlichen Einfluss auf die physische Welt zu nehmen, dann können sie es nicht sein, die Sie dazu veranlasst haben, Überzeugungen davon zu haben. Tatsächlich scheint daraus auch zu folgen, dass Sie kein Vertrauen darin haben können, dass Schmerz überhaupt *existiert*; denn Sie würden genau dieselben Überzeugungen diesbezüglich haben, egal ob er nun existiert oder nicht. Der Eigenschaftsdualismus scheint daher zu einem Skeptizismus zu führen, der sogar noch radikaler ist als der, den das Szenario mit dem bösen Geist von Descartes nach sich zieht: wenn der Eigenschaftsdualismus wahr ist, dann können Sie sich nicht einmal sicher sein, dass Ihre eigenen bewussten Erfahrungen existieren; Sie könnten, nach allem was Sie wissen, ein Zombie sein!

Das ist nicht nur bizarr, es ist auch inkohärent. Der Eigenschaftsdualismus dreht sich als Ganzes bloß darum, darauf zu bestehen, dass es nicht-physische Qualia gibt; wenn die Theorie auch nach sich zieht, dass wir niemals wissen können, dass es solche Qualia gibt, wie (und warum) ziehen wir sie dann überhaupt in Betracht? Wie können Eigenschaftsdualisten selbst überhaupt so etwas wie ihre Hypothesen formulieren? Chalmers versucht mit diesem Problem umzugehen, indem er vorschlägt, dass die Annahme, dass es eine ursächliche Verbindung zwischen dem Erkennenden und dem Erkannten geben muss, unpassend für die Erkenntnis von Qualia ist, obwohl sie dort passend ist, wo die Erkenntnis physischer Objekte in Betracht gezogen wird. Die Existenz einer Kausalkette impliziert die Möglichkeit eines Irrtums, da (wie wir in Kapitel 1 gesehen haben) sie eine Lücke zwischen der Erfahrung des erkannten Dinges und dem Ding selbst, eine Lücke zwischen Schein und Wirklichkeit nach sich zieht: es ist zumindest möglich, dass die normale Kausalkette, die uns mit dem wahrgenommenen Ding verbindet, unterbrochen wurde, so dass die Wahrnehmung irreführend ist (wie auch bei einer Halluzination oder der Täuschung durch einen kartesischen, bösen Geist). Aber Erkenntnis von Qualia, sagt Chalmers, ist absolut gewiss. Hier gibt es keine Lücke zwischen Schein und Wirklichkeit, weil der Schein – die Weise, in der die Dinge erscheinen und die selbst aus den Qualia besteht – die Realität *ist*. Die Erkenntnis der Qualia muss also deshalb irgendwie direkt und unvermittelt von Kausalketten, die zwischen diesen und unseren Überzeugungen in Hinblick auf sie bestehen, sein. Die Tatsache, dass sie keinen ursächlichen Einfluss auf unsere Überzeugungen haben können, zieht daher letztlich nicht nach sich, dass wir über sie nicht nachdenken oder sprechen können.

Aber ein Einwand dagegen ist, dass es so scheint, als weiche es der Frage aus, ob unsere Erkenntnis der Qualia wirklich ein Teil von dem ist, was in Dennetts Argument zur Debatte steht. Außerdem scheint Chalmers Behauptung, dass es keine Lücke zwischen Schein und Wirklichkeit gibt, wenn man die Erkenntnis von Qualia betrachtet, problematisch in Anbetracht der Voraussetzung, die er mit anderen Eigenschaftsdualisten teilt, dass nämlich propositionale Einstellungen ungleich den Qualia auf physische Prozesse im Gehirn reduziert werden können. Denn während es eine Bedeutung von „Anschein" und „Scheinen" gibt, die die Anwesenheit von Qualia miteinschließt (eine Bedeutung, die wir die „qualitative" Bedeutung nennen können), gibt es auch eine Bedeutung dieser Wörter (nennen wir sie die „kognitive" Bedeutung), die das nicht tut, die aber stattdessen nur die Anwesenheit bestimmter Überzeugungen miteinschließt: zum Beispiel könnte jemand sagen, dass es ihm zuerst so erschien oder so vorkam, dass Chalmers Argumente stimmig wären, aber nach weiteren Überlegungen, schloss er daraus, dass sie es nicht waren. Es müssen hier keine Qualia anwesend sein, sondern es könnte sich nur um einen Irrtum in der Beurteilung oder um eine falsche Überzeugung handeln. Aber das Vorhandensein von Überzeugungen und das Abgeben von Urteilen sind nach Chalmers eigener Einschätzung identisch damit, dass man sich in bestimmten Gehirnzuständen befindet, so dass es eine Bedeutung gibt, in der sogar ein Zombie Überzeugungen (inklusive falscher Überzeugungen) hat und Urteile (inklusive Fehlurteile) abgibt. Aber in diesem Fall könnte es sogar einem Zombie „erscheinen" oder „so vorkommen", dass er Qualia hat, obwohl er das der Definition nach nicht hat. Es kann also eine Lücke zwischen Schein und Wirklichkeit geben, sogar dort, wo Qualia in Betracht gezogen werden. Dennetts Herausforderung bleibt bestehen: wie können Eigenschaftsdualisten so etwas wie Nachdenken über die Qualia, von denen sie behaupten, dass sie existieren, tun? Wie können sie wissen, dass sie keine Zombies sind?

Chalmers Ansicht scheint zu sein, dass diese Art des Einwandes durch das Argument verhindert werden kann, dass es eben in der wahren Natur der Wahrnehmungen, die man hat, liegt, dass man in der Überzeugung sie zu haben gerechtfertigt ist, dass es also eine *konzeptionelle Verbindung* zwischen dem Haben und dem Wissen, dass sie jemand hat, gibt. Die Rechtfertigung für meine Überzeugung, dass ich die Wahrnehmung habe, und die Wahrnehmung selbst sind dasselbe Ding; ich leite also nicht die Existenz der Wahrnehmung von dem Rechtfertigungsgrund ab, sondern weiß es einfach vom bloßen Vorhandensein des Rechtfertigungsgrunds. Aber das scheint das Problem bloß in den Hintergrund zu rücken, da die Frage nun lautet, wie man wissen kann, dass man diesen Rechtfertigungsgrund – die Wahrnehmung – zunächst wirklich hat, und zwar in Anbetracht dessen, dass ein wahrnehmungsloser Zombie ebenfalls glauben würde, dass er diesen hat (und, wenn er Chalmers gelesen hat, dass es eine konzeptionelle Verbindung zwischen dessen Vorhandensein und dem Gerechtfertigtsein, dass man glaubt es zu tun, gibt). Chalmers Behauptung scheint auf folgenden Bedingungssatz hinauszulaufen: *wenn* Sie Qualia haben, *dann* können Sie wissen, dass Sie sie haben. Aber das wirft die Frage auf, wie man das Antezedens dieses Bedingungssatzes wissen kann, das heißt wie man wissen kann, *dass* man tatsächlich Qualia hat. Chalmers Antwort lautet „Weil es mir so *erscheint,* dass ich sie habe, und dessen Anschein, dass es so ist, ist die ganze Rechtfertigung, die ich brauche." Aber ein Zombie wäre derselben Ansicht! „Aber *ich* habe Beweise, die der Zombie nicht hat –

meine Wahrnehmung!" würde Chalmers erwidern. Trotzdem glaubt *das auch* der Zombie, weil es auch ihm so erscheint (im kognitiven Sinn), als ob er diese Beweise hätte. Jede Antwort, die Chalmers auf solche Fragen geben könnte scheint weitere Fragen dahingehend aufzuwerfen, ob er die Beweise, von denen er glaubt, dass er sie hat, auch *wirklich* hat. Seine einzige mögliche Entgegnung könnte sein zu sagen, dass er sie hat, weil es scheint, dass er sie hat, aber wenn er sagt, dass es scheint, dass er sie im *kognitiven* Sinn von „scheinen" hat, dann sagt er etwas, das auch ein Zombie glaubt, während wenn er sagt, dass er sie im *qualitativen* Sinn von „scheinen" hat, dann weicht er der Frage aus, denn ob er die Qualia hat, die diese Bedeutung von „scheinen" voraussetzt, ist genau das, was zur Debatte steht. Chalmers' Entgegnung auf diese Art der Kritik, die von Dennett erhoben wurde, scheint daher zu scheitern.

Der Eigenschaftsdualismus scheint daher zu einer Absurdität zu führen, solange er dem Materialismus die Reduzierbarkeit der propositionalen Eigenschaften zugesteht. Wenn er hingegen die Einstellungen genau wie die Qualia für nicht reduzierbar auf physische Zustände des Gehirns hält, dann kann diese Absurdität vermieden werden: denn in diesem Fall sind Ihre Überzeugungen und Urteile genauso nicht-physisch wie Ihre Qualia, und es gibt daher kein Hindernis (zumindest nicht der gewöhnlichen geistig-zu-physisch epiphänomenalistischen Art) für Ihre Qualia, um die Ursachen der Überzeugungen von ihnen zu sein. Aber sollte er diesen Weg beschreiten, so scheint es weitaus geringeren Anlass dafür zu geben, den Eigenschaftsdualismus eher anzunehmen als den völlig ausgearbeiteten kartesischen Substanzdualismus: es war eben genau das Zugeständnis der Materialität propositionaler Einstellungen, die es dem Eigenschaftsdualisten zu erlauben schienen bei dem Interaktionsproblem Fortschritte zu machen, ein Vorteil, der verloren geht, wenn dieses Zugeständnis widerrufen wird; und während das Dafürhalten zumindest von Überzeugungen, Begehren und ähnlichem als etwas rein materielles die Plausibilität der Existenz einer unterschiedenen, nicht-physischen, geistigen Substanz untergräbt, scheint diese Plausibilität wiederhergestellt zu werden, wenn alle geistigen Eigenschaften, Überzeugungen und Wünsche, genau wie Qualia, nicht-physisch sind. Außerdem stellt der Substanzdualismus selbst ein Rätsel dar, nämlich das der Erklärung, wie genau nicht-physische Eigenschaften einer physischen Substanz innewohnen könnten.

Der Eigenschaftsdualismus ist somit wohl kein echter Fortschritt gegenüber dem Substanzdualismus, obwohl einige der Argumente der

Eigenschaftsdualisten anscheinend eine bedeutende Herausforderung für den Materialismus darzustellen scheinen und damit den Anlass für den Dualismus allgemein zu befördern scheinen. Dennoch hat der Materialist immer noch das Interaktionsproblem gegen den Dualisten in der Hand, zusammen mit der weniger paradoxen, aber trotzdem nicht zufriedenstellenden Form des Epiphänomenalismus, die sogar den kartesischen Dualismus bedroht. Außerdem ist damit noch nicht das letzte Wort des Materialisten zu den Qualia gesprochen. Wir haben gesehen, dass das Problem, das die Qualia für den Materialismus darstellen, im Grunde das Problem ist, die Existenz eines bewussten Subjekts, das eine erste-Person-mäßige Sicht auf die Welt hat, zu erklären. Ein angemessenes Verständnis des Qualia-Problems kann somit nicht erlangt werden, bis es nicht als ein Teil des größeren Problems des Wesens des Bewusstseins selbst erachtet wird. Wenn das Bewusstsein allgemein in Form gänzlich materialistischer Ausdrücke erklärt werden kann, dann wäre vielleicht eine materialistische Erklärung der Qualia im Besonderen letztlich möglich, als ein Nebenprodukt dieser allgemeineren Theorie. Das ist auf jeden Fall die Hoffnung einer Reihe von materialistischen Gegenwartsphilosophen. Ein Blick auf das Problem des Bewusstseins muss deshalb der nächste Punkt auf unserer Agenda sein.

5. Bewusstsein

Das Bewusstsein ist in den letzten Jahren zu *dem* heißen Thema unter den Philosophen des Geistes geworden, und auch unter nicht wenigen Neurowissenschaftlern und Kognitionsforschern. Der Grund dafür hat weitgehend mit dem Qualia-Problem, das wir im letzten Kapitel untersucht haben, zu tun. Die daraus erhaltene Weisheit ist, dass wir einerseits zwischen dem Vermögen des bewussten Geistes, die Welt jenseits ihrer selbst zu repräsentieren (das ist seine Intentionalität) und auf Grundlage solcher Repräsentationen Schlüsse zu ziehen, und andererseits den Qualia, die wir mit diesen geistigen Zuständen und Prozessen in Verbindung bringen unterscheiden, dann sind es (a) letztere – die Qualia – eher als Rationalität und Intentionalität, die wesentlich sind für bewusste Zustände als eben gerade bewusste Zustände, und (b) sind es diese Qualia, die es schwierig machen, das Bewusstsein in Form materialistischer Ausdrücke zu erklären, wobei Rationalität und Intentionalität leicht zugänglich sind für eine reduktionistische Erklärung.

Mein eigener Verdacht ist, dass diese erhaltene Weisheit in beiderlei Hinsicht eine andere Seite hat: es sind nicht die Qualia, sondern andere mentale Phänomene – Rationalität und besonders Intentionalität – die wesentlich sind für das Bewusstsein, und die die wichtigste Herausforderung für den Materialismus darstellen. Ironischer Weise wird uns die Betrachtung der Ansichten von einigen zeitgenössischen Theoretikern, die repräsentativ sind für die erhaltene Weisheit, helfen, dies einzusehen. Deren Strategie ist es, eine materialistische Erklärung des Bewusstseins zu liefern, indem zuerst die qualitativen Zustände (jene die durch Qualia charakterisiert sind) auf intentionale Zustände (jene die durch Intentionalität charakterisiert sind) reduziert werden und dann ihre Erklärung vervollständigen, indem sie die leichtere Aufgabe (von der sie meinen, dass sie es sei), nämlich dass sie intentionale Zustände auf materielle Zustände des Gehirns reduzieren, ausführen. In diesem Kapitel werden wir unter anderen Theorien des Bewusstseins einige Versuche, den ersten Teil dieser Strategie zu entwickeln, untersuchen – das wird oft die *intentionalistische* Herangehensweise genannt – und wir werden sehen, dass, während keine, die bisher hervorgebracht wurde, frei von Schwierigkeiten ist, jede von ihnen plausibler Weise wahre Elemente enthält und zu einer allgemeinen intentionalistischen Erklärung des Bewusstseins kombiniert werden kann. In den Kapiteln 6 und 7 werden wir dann betrachten, ob intentionale geistige Zustände und Prozesse wirklich auf rein materialistische Weise erklärt werden können.

Eliminativismus

Die intentionalistische Herangehensweise an das Bewusstsein geht davon aus, dass bewusste Zustände nichts anderes als intentionale Zustände sind: Zustände, die Intentionalität aufweisen, oder die Fähigkeit etwas zu repräsentieren, das jenseits ihrer selbst liegt. Die Schwierigkeit bei dieser Herangehensweise ist, dass den Qualia Intentionalität zu fehlen scheint: das Pochen eines Zahnschmerzes zum Beispiel scheint gar nichts zu repräsentieren; es schmerzt einfach nur. Qualia scheinen also ein Extraelement zu sein, ein Aspekt bewusster Erfahrung über und oberhalb von ihrem intentionalen Gehalt. Die gesamte Erfahrung von Zahnschmerz mag den Gedanken beinhalten, dass man Schmerzen hat – ein Gedanke, der, so wie er jemandes gegenwärtige Situation repräsentiert, Intentionalität aufweist – aber der Schmerz selbst ist eine weitere, nicht-intentionale Komponente. Bewusste Erfahrungen können deshalb nicht komplett auf intentionale Zustände reduziert werden. Insbesondere sind Qualia nicht auf intentionale Eigenschaften reduzierbar und müssen auf irgendeine Weise separat erklärt werden, unabhängig von irgendeiner materialistischen Analyse der Intentionalität.

Daniel Dennetts Antwort auf diese Schwierigkeit ist, was auch immer man sonst darüber sagen mag, verwegen: er leugnet ganz einfach, dass es in Wirklichkeit überhaupt irgendwelche Qualia gibt, die zu erklären sind. Seine Position ist eine, die Philosophen als eine *eliminativistische* bezeichnen, eine die mit einem philosophisch problematischen Phänomen umgeht, indem sie behauptet, dass dessen problematische Natur Grund dafür ist, seine Existenz zu bezweifeln – es eher gänzlich aus unserem Bild der Welt zu „eliminieren“, als zu versuchen es zu erklären. Er leugnet nicht, dass wir wirklich bewusste Erfahrungen machen – das Fühlen von Schmerz, das Schmecken von Kaffee, das Riechen von Blumen, das Hören von Musik und alles Übrige – sondern er leugnet nur, dass bei irgendeiner dieser Wahrnehmungen Eigenschaften der Art, wie Qualia aufgefasst werden, eine Rolle spielen. Es gibt dort sozusagen keine Eigenschaften, die wesentlich unbezogen sind – das heißt, sie sind nicht analysierbar in Form ihrer Relationen; oder subjektiv – das heißt sie sind nur von der ersten-Person-Sichtweise aus direkt zugänglich. Das Pochen eines Zahnschmerzes, ungeachtet der Erscheinung, ist keines dieser Dinge. Im vorigen Kapitel wurde vorgeschlagen, dass Qualia nicht wesentlicher Weise unbezogen sind in dem Sinne, wie das oft behauptet wird; bis zu diesem Grad mag Dennett recht haben. Aber es wurde auch vorgeschlagen, dass sie wesentlich subjektiv erscheinen. Was ist dann mit Dennetts Behauptung, dass keine wesentlich subjektiven Eigenschaften gibt? Ist das nicht einfach offensichtlich falsch, in Anbetracht dessen, was wir aus der Introspektion wissen?

Erinnern wir uns aus Kapitel 3, dass Materialisten oft unser Alltagskonzept des Geistes dazu verwenden, um eine Art von Theorie zu erstellen, die als „Alltagspsychologie“ beschrieben wird. Wenn man dieser Voraussetzung zustimmt, dann zählen die Entitäten, die von der Volkspsychologie angeblich „postuliert“ werden – wie etwa Qualia – als *theoretische* Entitäten: sie könnten sich als existent erweisen, als die beste Erklärung der Phänomene, deren Erklärung wegen sie postuliert werden; aber dann wiederum scheinen sie sich als nicht existent zu erweisen, da es eine bessere Erklärung geben könnte, die sie nicht postuliert. Aber selbst wenn wir dem zustimmen, gibt es wirklich irgendeinen Grund zu bezweifeln, dass es Qualia, wenn auch nur theoretisch, wirklich gibt? Dennett glaubt, dass es den gibt, und bei der Verteidigung seines Eliminativismus wiederholt er die Art von Qualia-Umkehrungsszenarien, die wir im letzten Kapitel betrachtet haben. Nehmen Sie an, sie wachen nach einem neurochirurgischen Eingriff auf und stellen verblüfft fest, dass das Gras rot aussieht und der Himmel gelb. Offensichtlich sind Ihre Farb-Qualia verdreht worden, vermutlich wegen einer zum Spaß vorgenommenen Neuverdrahtung Ihrer Neuronen. Aber, wie Dennett argumentiert, das ist nicht die einzige Möglichkeit. Die Neurochirurgen könnten Ihr Erstaunen durch die Manipulation all der neuronalen Verbindungen, welche Ihren Farbwahrnehmungen zu Grunde liegen, hervorgerufen haben, wodurch Ihre Qualia verdreht wurden, aber sie könnten dies anstatt dessen auch durch die Manipulation der Verbindungen, die der *Erinnerung* zu Grunde liegen, getan haben: vielleicht sind Ihre Qualia jetzt dieselben, die sie immer waren, und Sie erinnern sich nur falsch, wie sie zuvor erschienen. Der einzige mögliche Weg, wie sie bestimmen könnten, welche dieser Möglichkeiten es tatsächlich ist, ist indem Sie die Neurochirurgen fragen, oder vielleicht indem Sie eine Art neurologischer Selbstinspektion vornehmen. Aber dann müssen Sie sich notwendiger Weise auf *objektive, dritte-Person-mäßige* Belege verlassen, um zu wissen, ob Ihre Qualia verdreht worden sind; und in diesem Fall, so Dennett, können Qualia nicht subjektiv sein. Aber wenn man Qualia für wesentlich subjektiv hält – wenn Subjektivität ein Teil ihres wahren Wesens ist – dann zieht das nur nach sich, dass es in Wirklichkeit keine Qualia gibt. Was auch immer das Szenario des umgekehrten Spektrums und Farbsehen im Allgemeinen einschließt, so schließt es doch nicht das Vorhandensein von Qualia mit ein, und wir sollten deshalb einer Theorie des Geistes den Vorzug geben, die auf Qualia keinen Bezug nimmt.

Man könnte einwenden, dass dieses Argument wie ein *Gedankensprung* erscheint. Dass die Frage, ob Ihre Erinnerung an Ihre Qualia durch etwas manipuliert wurde, etwas ist, das man durch dritte-Person-mäßige, neurologische Belege stützen muss, um es festzustellen, scheint nicht zu zeigen, dass Ihre Qualia selbst – vergangene oder gegenwärtige – nur durch die Berufung auf diese Belege erkannt werden können. Sie werden sich, nach all dem, was Dennett gesagt hat, Ihrer Qualia immer noch von dem erste-Person-mäßigen, subjektiven Standpunkt aus direkt bewusst sein, sogar wenn Sie nicht wissen, ob sie dieselben wie oder verschiedene als die Art von Qualia sind, die Sie gestern hatten – genau wie Sie sich des Buches vor Ihnen wirklich bewusst sein mögen, auch wenn Sie nicht wissen, ob es dasselbe oder ein anderes Buch ist, als jenes, das Sie gestern gesehen haben. Fragen über die Erinnerung haben nicht notwendig einen Zusammenhang mit der Natur Ihres Bewusstseins von Objekten, die hier und jetzt präsent sind (auch wenn sie einen offensichtlichen Zusammenhang mit dem haben, von dem Sie gerechtfertigter Weise behaupten können, dass Sie über solche Objekte Kenntnis haben), was auch immer diese Objekte sein mögen.

Natürlich ist die Analogie nicht exakt. Es gibt keinen Zweifel, dass Sie sich der Qualia jetzt wirklich bewusst sind, auch wenn Sie nicht wissen, ob sie so sind wie die, die Sie gestern hatten; im Fall des Buches könnte es sein, dass Sie sich dessen genau jetzt nicht wirklich bewusst sind, da Sie es auch bloß halluzinieren könnten. Und wenn die indirekt-realistische Theorie, die in Kapitel 1 diskutiert wurde, richtig ist, dann sind Sie sich dieses Buches, auch wenn Sie sich seiner bewusst sind, dennoch nicht direkt bewusst, so wie Sie sich Ihrer Qualia bewusst sind. Aber all das scheint nur die vorgeschlagene Antwort auf Dennett zu stärken. Denn wenn der indirekte Realismus korrekt ist, dann wissen wir nur durch das *erste-Person-mäßige, subjektive* Gebiet der Qualia, dass es ein solches objektives, dritte-Person-mäßiges Gebiet überhaupt gibt – inklusive der Neurochirurgen und der Gehirne, die sie womöglich manipulieren. Tatsächlich dienen die Rätsel, die die Erinnerung betreffen und von denen Dennett Gebrauch macht, wenn man deren Implikationen konsistent durchbringt, dazu, die Wirklichkeit des erste-Person-mäßigen, subjektiven Gebiets der Qualia zu unterstreichen (statt sie zu untergraben): dass die gesamte Vergangenheit ein Konstrukt meiner Einbildung ist und dass das Universum in Wirklichkeit nur fünf Minuten alt ist, ist ein weiteres skeptisches Szenario der Art, wie wir sie in Kapitel 1 betrachtet haben, das jedoch diesmal durch die Erwägung der Möglichkeit fehlerhafter Erinnerung ersonnen wurde. Auch wird eine Berufung auf die dritte-Person-mäßigen, neurologischen Belege an sich nicht dazu dienen, solch skeptische Bedenken zu verwerfen, da eine solche Berufung selbst die Verlässlichkeit von jemandes Erinnerung voraussetzen würde (das heißt, sie würde voraussetzen, dass man sich korrekt daran erinnert, was die Neurologen einem erzählt haben oder was man in Lehrbüchern über die Verbindungen zwischen neuronalen Strukturen und der Erinnerung gelesen hat). Also erfordern sogar die Belege aus der Neurochirurgie zuerst, dass man in der Lage ist zu zeigen, dass man den subjektiven Belegen seiner Sinne vertrauen kann, und zwar durch Argumente (der Art, die auch in Kapitel 1 betrachtet wurde), die selbst gänzlich von der erste-Person-mäßigen Sichtweise aus verteidigt werden können.

Es scheint, dass wir aus diesen Gründen auch die Annahme verwerfen sollten, dass Qualia überhaupt theoretische Entitäten sind. Insofern sie weit davon entfernt sind Postulate einer Theorie zu sein, sind sie vielmehr unter den Daten zu finden, auf die sich all das empirische Theoretisieren und Postulieren berufen muss. Dennett würde einwenden, dass die Berufung auf solche erste-Person-mäßigen, subjektiven Daten inkompatibel ist mit der in der wissenschaftlichen Methode erforderlichen Objektivität. Er vertritt dementsprechend die Ansicht, dass nur Belege, die durch die dritte-Person-mäßige, objektive Sichtweise erhältlich sind, die Basis einer wissenschaftlich seriösen Theorie des Geistes sein sollten. In Anbetracht einer solchen Auflage scheint der Materialismus, und tatsächlich auch der Eliminativismus, automatisch, ja sogar trivialer Weise zu folgen. Aber auf dieser Auflage zu beharren scheint aus demselben Grund einfach allen wichtigen Fragen auszuweichen. Es hieße auch eine Position einzunehmen, die prima facie nicht plausibel ist, besonders wenn man die indirekt-realistische Ansicht, die in Kapitel 1 betrachtet wurde, akzeptiert. Jedenfalls scheint Dennetts Behauptung, dass wissenschaftliche Objektivität die Berufung auf ausschließlich dritte-Person-mäßige Belege erfordert, ein Irrtum zu sein. Sie wäre einem Denker wie Carnap, dessen Wertschätzung der Wissenschaft als der Prüfstein objektiver Erkenntnis legendär (tatsächlich legendär exzessiv) war, der aber dennoch die Rücksicht auf die erste-Person-Sichtweise (oder wie er sie nannte: *autopsychologische* Sichtweise) als mit solcher Objektivität völlig vereinbar einschätzte, sicher überraschend vorgekommen. Was die wissenschaftliche Objektivität erfordert ist nicht die Ablehnung des erste-Person-mäßigen, subjektiven Standpunkts, sondern vielmehr die Mittel, um inter-subjektiv über das kommunizieren zu können, was man durch diese Sichtweise erfassen kann. In Anbetracht der relationalen Struktur erste-Person-mäßiger Phänomene wie sie Qualia darzustellen scheinen – eine Struktur, deren Verdeutlichung, wie wir im letzten Kapitel gesehen haben, Carnap große Anstrengungen gewidmet hat – scheinen solche Mittel zur Verfügung zu stehen: wir können darüber kommunizieren, was wir über Qualia wissen, und zwar in Form ihrer relationalen Struktur zu einander. Dennetts Position beruht auf dem Unvermögen einzusehen, dass der Umstand, dass Qualia wesentliche subjektiv sind, mit dem Umstand, dass sie relational oder nicht unbezogen sind, völlig vereinbar und daher kommunizierbar ist. Diese Kommunizierbarkeit gewährleistet, dass Behauptungen über Qualia erkenntnistheoretisch objektiv sind, das heißt, dass sie prinzipiell von allen kompetenten Beobachtern erfasst und ausgewertet werden können, obwohl sie Behauptungen über Phänomene sind, die wohl nicht metaphysisch objektiv sind, das heißt, dass sie über Entitäten sind, die nur von einem wahrnehmenden Subjekt erfasst werden. Es ist nur erstere Art von Objektivität, die die Wissenschaft einfordert. Sie erfordert nicht letztere – und kann sie plausibler Weise auch nicht erfordern, wenn das erste-Person-mäßige Gebiet der Qualia das ist, was wir besser kennen als alles andere.

Wenn Qualia nicht als unwirklich verworfen werden können, wie kann dann eine intentionalistische Theorie des Bewusstseins damit umgehen? Die einfachste Antwort ist der *Repräsentationalismus*, die Ansicht, dass Qualia nichts anderes als repräsentationale Eigenschaften bewusster Erfahrungen sind. Die Röte Ihrer Wahrnehmung zum Beispiel, wenn Sie einen Apfel sehen, ist nur eine Repräsentation der objektiven Röte des Apfels selbst, der physikalischen Eigenschaft der Hautoberfläche des Apfels, dank der sie gewisse Wellenlängen des Lichts absorbiert und andere reflektiert. Nach dieser Ansicht ist nicht mehr dran an der Röte als das: ihr intentionaler oder repräsentationaler Gehalt ist all der Gehalt, den sie hat, und es gibt kein bezeichnend qualitatives Element darüber und oberhalb davon. Das Problem der Qualia reduziert sich also auf das Problem der Intentionalität; es stellt keine separate Herausforderung für den Materialismus dar.

Was ist mit körperlichen Empfindungen, die keinen solchen repräsentationalen Inhalt zu haben scheinen? Um auf das Beispiel mit dem Zahnschmerz zurückzukommen, dessen nörgelnde Beschaffenheit nichts zu repräsentieren scheint; es scheint nicht mehr als das zu sein, was Philosophen manchmal ein „rohes Gefühl" nennen, eine reine Empfindung ohne irgendeine Intentionalität oder Bedeutung (obwohl jemandes Gedanken zu dem Schmerz wiederum natürlich schon Intentionalität und Bedeutung hätten). Aber der Repräsentationalist hielte dem entgegen, dass es ich dabei um keine echten Gegenbeispiele handele. Von den Qualia, die mit Zahnschmerzen in Verbindung gebracht werden, kann plausibler Weise angenommen werden, dass sie etwas repräsentieren, nämlich den Schaden am Zahn, der die Zahnschmerzen verursacht. Aus demselben Grund kann man von Schmerzen im Allgemeinen annehmen, dass sie Schäden an Körperteilen, in denen sie verspürt werden, repräsentieren, und bei anderen körperlichen Empfindungen kann man davon ausgehen, dass sie andere Zustände des Körpers repräsentieren.

Sogar wenn wir all das akzeptieren, so ist da immer noch das Problem der Erklärung dessen, warum repräsentationale Zustände wie etwa das Sehen eines Apfels oder das Fühlen von Schmerz mit dem Bewusstsein in Verbindung stehen, während andere repräsentationale Zustände (zum Beispiel Ihre Überzeugung, dass 2 +2 = 4, die sie auch dann haben, wenn Sie sich dessen nicht bewusst sind) unbewusst sind.

Wenn die bewusste Wahrnehmung nur bedeutet, dass man in einem Zustand ist, der einen repräsentationalen Gehalt hat, sind dann nicht alle Zustände mit repräsentationalem Gehalt bewusst? Aber sie sind nicht alle bewusst; also müssen es einige Extraelemente zusätzlich zu ihrem repräsentationalem Inhalt sein, die gewisse Zustände mit repräsentationalem Inhalt bewusst machen, und der Repräsentationalismus kann daher nicht die ganze Geschichte hinsichtlich des Bewusstseins sein.

An dieser Stelle würden einige Philosophen sich auf eine *Theorie* des Bewusstseins *höherer Ordnung* berufen. Die Idee dahinter ist, dass das, was irgendeinen bestimmten geistigen Zustand zu einem bewussten Zustand macht, der Umstand ist, dass es das Objekt eines geistigen Zustands höherer Ordnung ist, der es repräsentiert. Einige Versionen dieser Theorie halten solche Zustände höherer Ordnung für Gedanken, während andere sie mehr für den Wahrnehmungen ähnlich halten: in der ersten Version kann man, genau wie man einen Gedanken über irgendein Objekt der äußeren Welt haben kann, auch einen Gedanken *über einen Gedanken* oder irgendeine andere Art von geistigem Zustand haben; in der zweiten kann man, genau wie man eine Wahrnehmung eines Objekts der äußeren Welt haben kann, auch eine „innere" Wahrnehmung *der Wahrnehmung selbst* haben.

Das Gesamtbild des Bewusstseins, das aus diesen Theorien ersteht, ist dieses: was einer bestimmten bewussten Erfahrung den bestimmten qualitativen Charakter gibt, den sie hat – das heißt, was dafür verantwortlich ist, dass es mit bestimmten Qualia in Verbindung steht – ist der einzigartige repräsentationale Inhalt, der von diesen Qualia verkörpert wird. Einige Theoretiker würden dem auch noch hinzufügen, dass die strukturellen Relationen, auf die oben hingewiesen wurde und die im vorigen Kapitel diskutiert wurden, durch die jedes Quale [Anm.: Ez. von Qualia] eindeutig in Form seiner Ähnlichkeiten und Unähnlichkeiten zu anderen Qualia identifiziert werden kann, spielt ebenfalls eine Rolle bei der Bestimmung des genauen Charakters einer bewussten Erfahrung. Aber der repräsentationale Inhalt und/oder strukturelle Relationen zwischen Qualia, auch wenn sie erklären können, warum eine Erfahrung vielmehr diesen statt jenen qualitativen Charakter hat, erklären dennoch nicht, warum sie überhaupt irgendeinen solchen Charakter hat. Um dies zu erklären, bedarf es der Stützung auf eine Darstellung durch höhere Ordnung: ein Zustand ist bewusst, wenn es einen anderen Zustand höherer Ordnung gibt, der ihn repräsentiert. Die Anwesenheit eines solchen Zustands höherer Ordnung gewährleistet daher, dass der besondere geistige Zustand, der durch diesen repräsentiert wird, als bewusste Erfahrung zählt; und dass die Elemente dieser bewussten Erfahrung diesen besonderen repräsentationalen Inhalt und/oder strukturelle Relationen haben, gewährleistet, dass es sich um eine bewusste Erfahrung mehr dieser als jener Art handelt.

Es gibt viel, das für diese Herangehensweise (oder Kombination von Herangehensweisen) spricht, aber diese scheint, so wie sie dasteht, unzureichend zu sein. Repräsentationalisten und Vertreter einer Theorie der höheren Ordnung (und Vertreter einer Theorie der strukturellen Relationen wie Clark und was das angeht auch Hardin) sehen ihre Erklärungen als Variationen des Funktionalismus: repräsentationale Zustände und Zustände höherer Ordnung werden von ihnen so interpretiert, dass sie vollständig in Form von Kausalbeziehungen analysiert werden können, in denen sie mit der Stimulation der Sinnesorgane, anderen inneren Zuständen und dem Verhalten stehen. Aber dann erscheinen ihre Darstellungen so anfällig für antimaterialistische Argumente des vorigen Kapitels wie jede andere Version des Funktionalismus. Ein Zombie-Duplikat von Ihnen zum Beispiel würde nicht nur einen inneren Zustand haben, der durch Licht verursacht wird, das von einen Apfel reflektiert wird und das auf Ihre Retinae trifft, von wo Signale in die Sehzentren des Gehirns gesendet werden und so weiter, sondern es würde auch einen weiteren, inneren Zustand („höherer Ordnung“) haben, der von dem ersten inneren Zustand verursacht wird, und alle diese Zustände zusammen würden Verhalten wie das Absondern von Speichel oder das Aussprechen von „Schau, ein Apfel!“ hervorrufen; trotzdem würde so einem Zombie nichtsdestoweniger subjektive, bewusste Erfahrung des Apfels fehlen. Der Begriff eines mentalen Zustandes höherer Ordnung, auf funktionalistische Weise verstanden, scheint also einer materialistischen Erklärung des Bewusstseins wenig hinzuzufügen.

Wenn der Repräsentationalist und der Vertreter einer Theorie höherer Ordnung neues Licht auf die Probleme des Bewusstseins und der Qualia werfen sollen, dann, so scheint es, müssen sie irgendwie über den Standardfunktionalismus hinaus gehen, in den sie für gewöhnlich eingebettet sind. Um eine Möglichkeit zu erkennen, durch die dies erfüllt werden könnte, bedarf es eines Umschweifes.

Die Russellsche Identitätstheorie und der neutrale Monismus

In diesem Buch haben wir uns bisher auf den Dualismus und den Materialismus als die Hauptalternativen allgemeiner metaphysischer Herangehensweisen in der Philosophie des Geistes konzentriert. Das heißt, wir haben die Ansichten in Betracht gezogen, dass alles letztlich materiell (Materialismus) ist, und dass Materie und Geist gleichermaßen ultimativ sind (Dualismus). Diesen Alternativen wird von Philosophen des Geistes gegenwärtig die meiste Aufmerksamkeit geschenkt, aber sie sind nicht die einzigen Alternativen, die in der Geschichte des Themenbereichs vorgebracht wurden. Eine dritte Ansicht, bekannt als *Idealismus*, besagt, dass alles letztlich geistig ist – zum Beispiel besagt die Version, die mit George Berkeley (1685-1753) in Verbindung gebracht wird, dass vermeintlich physische Objekte wie Tische und Stühle in Wirklichkeit nur insofern existieren, als dass ein Geist wahrnimmt, dass sie existieren. Aber obwohl der Idealismus im Lauf der Geschichte der Philosophie einige berühmte Verfechter hatte, wird er von den meisten Gegenwartsphilosophen doch nicht (mit einigen wichtigen Ausnahmen) allgemein als ernstzunehmende Option angesehen. Es gibt zwei weitere, vielversprechendere Alternativen, die wir erkunden werden, eine in diesem Kapitel und die andere in Kapitel 8. Die erste besagt, dass weder Geist noch Materie metaphysisch ultimativ sind: was ultimativ ist, ist vielmehr eine einzelne Art von Stoff, die neutral zwischen ihnen und grundlegender als jede von ihnen ist. Das ist, kurz zusammengefasst, die metaphysische Theorie, die als *Neutraler Monismus* bekannt ist.

Der wichtigste Vertreter dieser Ansicht im zwanzigsten Jahrhundert war Bertrand Russell. Seine Formulierung dieser Ansicht bildete sich im Laufe seiner langen Karriere auf bedeutsame Weise heraus; worauf wir uns konzentrieren wollen, ist die endgültige und etablierte Version. Russell beginnt damit, die Implikationen des indirekten Realismus, dem er zustimmte und den wir in Kapitel 1 diskutiert haben, zu verdeutlichen. Wenn wir uns in der Wahrnehmung nicht der äußeren physischen Objekte selbst direkt bewusst sind, sondern vielmehr nur der Repräsentationen dieser Objekte, dann haben wir nach Russells Ansicht keinen Grund anzunehmen, dass diese Objekte wirklich die Eigenschaften haben, mit denen sie sich uns durch die Wahrnehmung präsentieren. Wir haben zum Beispiel keinen Grund anzunehmen, dass die Röte und Süße der Äpfel, die wir wahrnehmen, wirklich in den Äpfeln selbst liegt, im Gegensatz dazu, dass sie bloß ein Artefakt unserer

Wahrnehmungsmaschinerie sind – genau wie das Rot, dass Sie auf der Wand vor Ihnen sehen während Sie eine Brille mit roten Linsen tragen, soweit Sie wissen nicht wirklich auf der Wand selbst ist, sondern nur ein Artefakt Ihrer Brille ist. Wie wir vorher schon angemerkt haben, scheint uns die Physik Grund zu der Überzeugung zu liefern, dass das Rot und die Süße *nicht* in den Äpfeln liegen: denn wie jedes andere physische Objekt ist ein Apfel in Wirklichkeit nichts anderes als eine Ansammlung von farblosen, geruchlosen, geschmacklosen Teilchen. Wie die physische Welt wirklich „an sich" ist, abseits unserer Wahrnehmungsrepräsentationen von ihr, ist etwas, das uns die Wahrnehmung nicht sagen kann.

Das, was uns sagt, wie die physische Welt wirklich ist, ist die Wissenschaft. Aber die Wissenschaft, argumentiert Russell, erzählt uns nicht annähernd so viel wie wir oft annehmen, dass sie es tut. Was zum Beispiel *sind* diese farblosen, geruchlosen, geschmacklosen Teilchen, von denen die Physik spricht – Moleküle, Atome, Quarks, Gluonen und so weiter? Die Physik definiert diese Entitäten gänzlich in Form ihrer Kausalbeziehungen untereinander: ein Molekül ist das, was auch immer diese und jene kausale Rolle auf mikroskopischer Ebene spielt, ein Atom ist unter anderem das, was die Rolle eines Bestandteiles eines Moleküls spielt, und so weiter. Aber was genau es ist, das zufällig diese Rollen spielt, ist etwas, das uns die Physik nicht sagt. Wir wissen von der Wissenschaft nur, dass die materielle Welt eine Ansammlung grundlegender Entitäten ist, die eine gewisse kausale Struktur haben, eine Struktur, die von den physikalischen Wissenschaften in mathematisch präzisem Detail beschrieben werden; aber was es ist, das diese kausale Struktur konkretisiert, die wesentliche Natur der besonderen Entitäten, die diese Kausalbeziehungen zueinander haben, indem sie jeden Platz in dem riesigen kausalen Netzwerk, das von der Wissenschaft beschrieben wird, ausfüllen, ist etwas, das wir nicht wissen. (Das ist eine Ansicht zum Wesen wissenschaftlicher Erkenntnis, die als *struktureller Realismus* bekannt ist: realistisch, weil er besagt, dass es wirklich eine physische Welt gibt, die außerhalb unseres Geistes existiert, strukturell weil er besagt, dass alles, was wir über diese Welt wissen, vielmehr deren Struktur ist, als deren wesentliche Natur.)

Unsere Kenntnis der Außenwelt stellt sich als höchst abstrakt heraus; dies schließt unsere Kenntnis über das Gehirn, das als Objekt neurowissenschaftlicher Forschung betrachtet wird, als ein äußeres physisches Ding unter anderen mit ein. Das Gehirn ist in Wirklichkeit nicht dieses gräuliche, matschige Ding, das wir in der Wahrnehmung antreffen: das ist nur eine subjektive Wahrnehmungsrepräsentation des Gehirns. Das Gehirn ist vielmehr eine komplexe Kausalstruktur neuronaler Ereignisse, wobei diese neuronalen Ereignisse vielmehr in Form ihrer charakteristischen Ursachen und Wirkungen definiert werden, als in Form der Qualitäten, die sich uns bei der visuellen oder taktilen Untersuchung des Gehirns darstellen. Die innere Natur dessen, was spezifischer Weise diese Ursache- und Wirkungsbeziehungen hat, ist etwas, das wir nicht wissen – oder zumindest etwas, das wir weder durch Wahrnehmung noch durch neurowissenschaftliche Studien wissen.

Aber sind Wahrnehmung und wissenschaftliche Untersuchung (ob nun Neurowissenschaft, Physik, Chemie oder was auch immer) die einzigen möglichen Quellen der Kenntnis über die Natur des Gehirns? Russell behauptet, dass es eine weitere Möglichkeit gibt: Introspektion. Durch Introspektion oder durch das Hineinschauen in sich selbst wird sich der Geist seiner eigenen Inhalte – Gedanken, Erfahrungen und die damit in Verbindung stehenden Qualia – direkt bewusst. Wie Materialisten argumentiert haben, gibt es, zumindest allgemein, Korrelationen zwischen verschiedenen geistigen Ereignissen einerseits und Gehirnereignissen andererseits. Vielleicht sind wir uns durch die Introspektion dieser geistigen Ereignisse und insbesondere unserer Qualia genau der inneren Natur der Entitäten, die die kausalen Rollen spielen, die von der Neurowissenschaft festgelegt werden, direkt bewusst. Vielleicht *sind einfach* neuronale Ereignisse die Gedanken, Qualia und so weiter, die wir in der Introspektion antreffen. Indem wir uns unmittelbar des Geschmackes eines Apfels oder des Empfindens von Schmerz bewusst sind, sind wir uns vielleicht Ereignisse direkt bewusst, die im Gehirn stattfinden, so wie es wirklich „an sich" ist.

Das ist offensichtlich eine Geist-Gehirn-Identitätstheorie. Aber es ist nicht die *materialistische* Art von Identitätstheorie, die in Kapitel 3 diskutiert wurde. Der Materialismus im Allgemeinen scheint es als gesichert anzusehen, dass wir genau wissen, was die wesentliche Natur der physischen Welt ist und scheint auch anzunehmen – besonders im Fall des Funktionalismus – dass wir nicht wissen (oder zumindest, dass das vorphilosophische und vorwissenschaftliche Alltagsverständnis nicht weiß), was die wesentliche Natur des geistigen Gebietes ist: der Funktionalist behauptet, dass geistige Zustände und Prozesse gänzlich in Form ihrer Ursachen und Wirkungen definiert werden sollen. Russells Ansicht ist, dass die Dinge sich genau umgekehrt verhalten. Tatsächlich ist es die geistige Welt, von der wir am meisten in direkter und vertrauter Weise wissen, und es ist die physische Welt, die wir nur in Form ihrer kausalen Struktur erfassen. Indem er Geist und Gehirn miteinander identifiziert, reduziert Russell nicht, so wie es der materialistische Vertreter einer Identitätstheorie macht, den Geist auf das Gehirn; wenn überhaupt, dann ist es genau andersherum. Das Gehirn stellt sich als der Geist heraus; genauer gesagt stellen sich die neuronalen Ereignisse und Prozesse, die von der Neurowissenschaft nur abstrakt in kausaler Form definiert sind, als nichts anderes als die geistigen Ereignisse und Prozesse – Gedanken, Erfahrungen und ähnliches – heraus. Das graue, matschige Ding, von dem Sie Bilder in Lehrbüchern gesehen haben oder auf das ein Neurowissenschaftler blickt, wenn er einen chirurgischen Eingriff vornimmt, ist nicht das, was das Gehirn wirklich seinem Wesen nach ist. Wenn Sie wissen wollen, was es wirklich ist, müssen Sie sich nur auf die Qualia konzentrieren, die Sie jetzt gerade erfahren. Das Weiß und Schwarz des Papiers und der Tinte des Buches, das Sie gerade lesen, die Farben auf dem Umschlag, der Geruch und die Wärme des Kaffees in der Tasse neben Ihnen, das Gefühl Ihres Rückens am Stuhl: dies sind die wahren Eigenschaften Ihres Gehirns. Durch die Introspektion dieser Qualia sind Sie sich nichts anderem als dem inneren Wesen Ihres eigenen Gehirns direkt bewusst. Oder, wie Russell es paradoxer Weise formuliert hat: „Ich sollte sagen, dass das, was der Physiologe sieht, wenn er auf ein Gehirn blickt, Teil seines eigenen Gehirns ist, und nicht Teil des Gehirns, das er untersucht."

Wenn sich das seltsam anhört, dann soll es das auch. Aber es macht sehr viel Sinn, wenn man den indirekten Realismus mit der Geist-Gehirn-Identitätsthese kombiniert. Denn was Russell meint, ist, dass der Physiologe sich des Gehirns (des Patienten), das er untersucht, nicht direkt bewusst ist, obwohl er sich dessen natürlich *indirekt* bewusst ist; wovon er direktes Bewusstsein hat, ist eine Konstellation von Qualia – das Grau, die Matschigkeit, etc. – die, in Anbetracht der Identitätstheorie, mit den Eigenschaften seines eigenen Gehirns identisch sind, und die letztlich eine entfernte Auswirkung des Lichts sind, das vom Gehirn des Patienten reflektiert wird, das auf die Retinae des Physiologen gelangt, was eine Reihe von Aktivitätsmustern erzeugt, die letztlich in einer visuellen Wahrnehmung gipfeln. Dennoch zählt die Theorie definitiv als eine Wiederholung des Alltagsverständnisses. Was für unsere Zwecke noch wichtiger ist, sie zählt als eine Zurückweisung des Materialismus, denn sie gibt sowohl epistemologisch als auch metaphysisch dem subjektiven, erste-Person-mäßigen Gebiet der Qualia Vorzug vor der objektiven, dritte-Person-mäßigen, äußeren physischen Welt. Trotzdem scheint sie auch als eine Zurückweisung des Dualismus zu gelten, in so weit als sie das Gehirn mit dem Geist identifiziert und die beiden nicht als verschiedene Substanzen sieht.

Tatsächlich mag es auf den ersten Blick so erscheinen, als führte sie anstatt dessen zu einer Art von Idealismus: denn wenn die Qualia die unbezogenen Qualitäten des Gehirns sind, und das Gehirn – soweit wir von der Wissenschaft wissen – aus genau derselben Art von Stoff gemacht ist wie auch alles andere im physischen Universum, würde das nicht nach sich ziehen, dass alles andere in diesem Universum ebenfalls Qualia als unbezogene Qualitäten aufweist? Wären Qualia nicht das, was letztlich Tische, Stühle, Felsen, Bäume und jedes andere Objekt der Alltagserfahrung ausmacht? Wenn das so ist, dann scheint dies in gewissem Sinne zu bedeuten, dass *alles physische in Wirklichkeit geistig ist*, was genau das ist, was der Idealismus behauptet. Aber Russell und einige andere Philosophen, die seiner Position zugestimmt und diese weiterentwickelt haben, so wie etwa Michael Lockwood, haben sich gegen diesen Schluss gewehrt. Sie haben vorgeschlagen, dass das, was Philosophen der Gegenwart Qualia nennen (das war nicht Russells eigene Ausdrucksweise) – Röte, das nagende Gefühl von Schmerz, ein beißender Geruch – mögen tatsächlich die unbezogenen Eigenschaften jedes physischen Dings sein; aber sie haben auch vorgeschlagen, dass diese Eigenschaften im Gegensatz zur Standardansicht in der Tat au wesentliche Weise überhaupt keine geistigen Eigenschaften sind. Röte und all das andere müssen nicht notwendigerweise im Geist eines wahrnehmenden Subjekts existieren: sie können existieren, ohne von irgendeinem Geist empfunden zu werden, und sie existieren auf diese Weise, wenn sie in die Beschaffenheit eines vom Gehirn verschiedenen physischen Objekts geraten. Die Russellsche Ansicht wird daher – zumindest von Russell selbst und Russellianern wie Lockwood – als eine Version des neutralen Monismus interpretiert: Qualia bestehen aus der einzigen, letzten Art von Stoff, aus dem alles in der Welt zusammengesetzt ist (daher „Monismus“), aber ihrem Wesen nach sind sie weder geistig noch nicht-geistig (daher „neutral“); sie zählen nur dann als geistig, wenn sie in der Art von Kausalstruktur organisiert werden, wie sie die Neurowissenschaft beschreibt (das heißt als Gehirn), und zählen als nicht-geistig, wenn sie in anderen Arten von Kausalstrukturen organisiert werden (Felsen, Bäume, Tische, Stühle, Galaxien). Weil sie Qualia mit Eigenschaften des Gehirns identifiziert, ist diese Beschreibung auch eine Art von Identitätstheorie – manchmal als die *Russellsche Identitätstheorie* bezeichnet, um sie von materialistischen Identitätstheorien der Art, wie sie in Kapitel 3 beschrieben wurden, zu unterscheiden.

Einer der Vorteile dieser Theorie, wie auch immer man sie nennen möchte, ist, dass sie immun zu sein scheint gegen die Arten von Einwänden, die, wie wir gesehen haben, materialistische Theorien plagen. Als Antwort auf das Zombie-Argument zum Beispiel kann der Russellianer die Ansicht vertreten, dass man zeigen kann, dass Zombies nicht wirklich vorstellbar sind, wenn man dabei Gebrauch von einer Auffassung macht, die vom indirekten Realismus (und vom Strukturellen Realismus, den Russell mit dem Indirekten Realismus verbindet) geprägt ist. Zombies scheinen nur dann vorstellbar, wenn wir uns vorstellen, dass sie „mit uns physisch identisch sind", wir uns auch vorstellen, dass ihre Gehirne die grauen, matschigen Dinger sind, die wir in der Wahrnehmung antreffen. Aber natürlich bedeutet die Vorstellung dieser Art von Ding in Wirklichkeit nur, sich eine Wahrnehmungsrepräsentation eines Gehirns vorzustellen; die Vorstellung des Gehirns so, wie es wirklich dem Wesen nach ist, schließt nicht mehr ein, als das die Vorstellung einer sprachlichen Repräsentation, etwa des Wortes „Gehirn", tut. Anzumerken, dass man sich von einem grauen, matschigen Ding vorstellen kann, dass es getrennt von Qualia existiert, untergräbt in keinem höheren Maß eine Geist-Gehirn-Identitätstheorie wie die tatsächliche Möglichkeit der Vorstellung, dass das Symbol „H_2O" in der Abwesenheit von Wasser existiert, die Behauptung untergräbt, dass Wasser = H_2O. Sich wirklich vorzustellen, wie das Gehirn „an sich" ist, würde, nach Russellscher Ansicht, erfordern sich vorzustellen, dass es aus Qualia zusammengesetzt ist. Aber sich das vorzustellen heißt laut Definition, sich nicht einen Zombie vorzustellen, da ein Zombie ja eine Kreatur sein soll, der Qualia fehlen. In diesem Fall jedoch erweisen sich Zombies nach alledem als *nicht* vorstellbar.

Probleme des Russellianismus

Oder vielleicht doch? Eine Reihe von Philosophen halten die Russellsche Position – die in der Philosophie des Geistes lange vernachlässigt wurde, die aber in den letzten Jahren so etwas wie ein Comeback erlebt – für einen großen Fortschritt gegenüber den Standardalternativen. Sie wird aber wohl so, wie sie dasteht, nicht ausreichen. Erstens ist die Behauptung, dass Qualia unabhängig von irgendeinem wahrnehmenden, bewussten Subjekt existieren können, höchst konterintuitiv, ja tatsächlich höchst unglaubwürdig. Der wahre Begriff der Qualia wird letztlich eingeführt als der Begriff der Eigenschaften unmittelbarer bewusster Erfahrung. Es ist also fraglich, ob wir von dem Begriff der Qualia die Präsenz eines bewussten Subjekts, eines Geistes, dem sie präsentiert werden, kohärent abstrahieren können.

Einige Philosophen, die mit der Russellschen Herangehensweise sympathisieren, so wie David Chalmers, erkennen an, dass Qualia ein bewusstes Subjekt für ihre Existenz erfordern – und akzeptieren damit den Idealismus (oder *Panpsychismus*, wie diese ihn oft bevorzugt nennen, um ihn von der Art von Idealismus zu unterscheiden, die mit Berkeley in Verbindung gebracht wird) zu welchem sie dies verpflichtet. Sie vertreten nicht die Ansicht, dass solche Qualia wie unsere – Schmerzen, Kribbeln, Farbempfindungen, Gerüche und so weiter – das physische Universum außerhalb unseres Geistes ausmachen, da unsere Qualia in Anbetracht der Komplexität unseres Gehirns zweifelsohne komplexer sind. Auf der Ebene von Molekülen, Atomen und subatomaren Teilchen gibt es anstatt dessen, was als *Proto*-Qualia bezeichnet werden könnte und was die relevanten kausalen Rollen spielt, Eigenschaften, die einfacher als unsere Qualia und nur vage analog zu diesen sind. Mit diesen Proto-Qualia und somit mit den Molekülen, Atomen und subatomaren Teilchen müssten Proto-Subjekte – einfache, winzige Geisteinheiten (oder Proto-Geister), die extrem einfache Erfahrungen (oder Proto-Erfahrungen) haben – in Verbindung stehen. Nur wenn diese Proto-Qualia in hochkomplexen Strukturen wie unserem Nervensystem organisiert werden, können sie irgendwie einen komplexen Geist wie unseren eigenen hervorbringen.

Der erste, unbarmherzige Einwand gegen all dies ist, dass es schlicht und ergreifend verrückt ist, und Chalmers′ Kritiker haben es bisher nicht gescheut, diesen vorzubringen. Für die meisten Philosophen ist es Grund genug, eine Theorie wegen Implikationen, die so bizarr sind wie die, dass grundlegende physikalische Teilchen je mit einem Geist (Proto- oder sonst wie) in Verbindung stehen und die Qualia (Proto- oder sonst wie) wahrnehmen, zu verwerfen. Ein technischerer Einwand ist, dass es schwer einzusehen ist, wie Proto-Qualia sich in so einer Weise verbinden könnten, dass sie sich zu der Art von bewusster Wahrnehmung „aufsummieren“, mit der wir im Alltagsleben vertraut sind – eine Wahrnehmung, die eher eine einzelne bewusste Wahrnehmung zu sein scheint als eine, die zusammengesetzt ist aus Milliarden winziger Proto-Wahrnehmungen, und die eher einem einzelnen bewussten Subjekt präsent ist als einer Ansammlung von Milliarden winziger Protosubjekte. Eine bewusste Wahrnehmung hat sozusagen einen einzigartigen Charakter, den sie nicht hätte, wenn sie ein Aggregat einfacherer Elemente wäre.

Wir werden später zu der Frage der Einheit des Bewusstseins zurückkehren – eine Frage, die keineswegs eine Herausforderung für den Panpsychismus alleine darstellt. Deren potentiell panpsychistische Implikationen sind jedenfalls nicht das einzige Problem der Russellschen Theorie. Denn es scheint, dass die Theorie das Zombie-Argument tatsächlich nicht in der Weise vermeidet, wie einige ihrer Verteidiger anscheinend glauben, dass sie es tut. Erinnern wir uns, dass das, was essentiell ist für ein Molekül, Atom oder subatomares Teilchen *als* Molekül, Atom oder subatomares Teilchen ist nach der Russellschen Ansicht, dass sie eine gewisse ursächliche Rolle spielen, die Rolle, die ihnen die theoretische Physik zuweist. Der Russellianer glaubt, dass Qualia oder Proto-Qualia das sind, was diese Rolle spielt. Aber könnte etwas anderes stattdessen diese Rolle gespielt haben? Es scheint keinen Grund zu geben, nicht so zu denken. Eine Analogie könnte helfen: was wesentlich ist für den konkreten Philosophieprofessor Feser *als* einer, der Philosophieprofessor ist, ist, dass er in der Lage ist, bestimmte Klassen zu unterrichten, Studenten in ihren Untersuchungen zu leiten, und so weiter. Könnte jemand anderer als Feser diese Funktionen genauso gut erfüllen? So sehr er auch wünschte, dass es anders wäre, so ist es doch wahr, dass es jemand anderer könnte. Es gibt nichts an Feser *als* Feser das notwendig ist, um die Rolle des Philosophieprofessorseins zu spielen: eine Menge von nicht-Fesers können die Rolle genauso gut spielen und tun dies auch. In ähnlicher Weise scheint es nichts an einem Quale oder Proto-Quale *als* Quale oder Proto-Quale zu geben, das notwendig ist, um die Funktionen eines grundlegenden physikalischen Teilchens zu erfüllen. Etwas anderes als ein Proto-Quale, etwas, das absolut frei ist von allem, das sogar unbestimmt analog ist zu einem qualitativen Charakter, könnte die Rolle genauso gut spielen.

Dies scheint nach sich zu ziehen, dass es wirklich perfekt möglich ist, dass es eine Kreatur gibt, die physischen Partikel für physischen Partikel identisch ist mit Ihnen, die völlig frei ist von Proto-Qualia und daher von Qualia – eine Kreatur, die etwas anderes hat als Proto-Qualia, das die relevanten Kausalrollen spielt. Aber dann wäre eine solche Kreatur ein Zombie, in diesem Fall wären Zombies wirklich vorstellbar, sogar nach der Russellschen Ansicht. Und wenn dem so ist, dann zieht sogar die Russellsche Ansicht eine Art von Dualismus nach sich: denn es zieht nach sich, dass Qualia eine Art von Ding sind, und die grundlegenden physischen Komponenten des Universums *als* physische (das heißt *als* die, welche die kausalen Eigenschaften haben, die von den physikalischen Wissenschaften beschrieben werden), die sowohl mit als auch ohne Qualia existieren können, sind andere. Obwohl sich Russell und Lockwood selbst als Vertreter der Identitätstheorie einer Art verstehen, tut dies Chalmers tatsächlich nicht, und er präsentiert explizit seine eigene panpsychistische Marke des Russellianismus als eine Version des Eigenschaftsdualismus.

Würde für einen Russellschen Eigenschaftsdualismus, so wie für andere Formen des Eigenschaftsdualismus, der Epiphänomenalismus eine Bedrohung darstellen? Auf den ersten Blick mag das nicht so scheinen: wenn Qualia oder Proto-Qualia das sind, was die kausalen Rollen spielt, die die Physik mit Molekülen, Atomen, subatomaren Teilchen, etc. in Verbindung bringt, dann könnten sie tatsächlich als die erscheinen, die offensichtlich ursächlichen Einfluss auf die physische Welt haben. Aber der Schein trügt. In Anbetracht dessen, dass etwas anderes als Proto-Qualia genauso gut dieselben Rollen spielen könnte, gibt es nichts an ihrem deutlich geistigen, qualitativen Charakter, das relevant dafür ist, dass sie sie spielen. Feser ist Ehemann und Vater, sein Ehemann- und Vatersein ist komplett irrelevant dafür, dass er die Rolle eines Professors spielt: jemand, der weder Ehemann noch Vater ist, könnte diese Rolle in genau derselben Weise spielen. Fesers Ehemann- und Vatersein ist, so könnten wir sagen, epiphänomenal relativ zu seinen Auswirkungen auf die Welt *als* Philosophieprofessor. Ganz ähnlich ist der qualitative Charakter eines Proto-Quale – proto-rötlich zu sein, oder proto-scharf – ist komplett irrelevant dafür, dass es die Rolle eines subatomaren Teilchens spielt: etwas, dem die Proto-Rötlichkeit oder die Proto-Schärfe fehlt, könnte die Rolle in genau derselben Weise gespielt haben, sodass diese proto-qualitativen Eigenschaften epiphänomenal sind. Die Russellsche Ansicht führt also nicht nur zum Eigenschaftsdualismus, sondern sie scheint auch zum Epiphänomenalismus zu führen – mit all den Problemen, die dieser, wie wir gesehen haben, nach sich zieht.

Ein konsistenterer Russellianismus

Trotz dieser Probleme kann sich Russells Theorie dennoch als ein Fortschritt gegenüber den gewöhnlichen Alternativen erweisen. Der Grund dafür liegt nicht in der metaphysischen Komponente der Theorie – dass Qualia für die unbezogenen Eigenschaften der materiellen Welt gehalten werden, samt all der Verrücktheit, zu der dies zu führen scheint – sondern vielmehr in ihrer Epistemologie, ihrer Darstellung der Natur des Wahrnehmungswissens. Russells zentrale Erkenntnis war wohl zu sehen, dass der Indirekte Realismus dramatische Implikationen für das Leib-Seele-Problem hat; aber es mag eine Erkenntnis gewesen sein, die weder er noch seine Nachfolger ernst genug genommen haben oder der sie weit genug nachgegangen sind.

Russells eigene Verteidigung des Indirekten Realismus betonte das kausale Element in der Wahrnehmung, die Weise, in der all unsere Erfahrungen der Außenwelt durch Kausalketten vermittelt werden. Die Lücke, die von diesen Verkettungen repräsentiert wird – zum Beispiel durch die Myriaden neuronaler Aktivitätsmuster, retinale Zellaktivität und der Strom von Photonen, die zwischen die Oberfläche eines Apfels und Ihrer Wahrnehmung davon kommen – zieht dieser Ansicht entsprechend nach sich, dass Sie niemals auf die äußeren Objekte an sich stoßen, sondern im besten Fall nur auf deren geistige Repräsentationen. Russell nahm dennoch an, dass Sie durch Introspektion tatsächlich auf diese Repräsentationen selbst stoßen. Aber tun Sie das?

Nach Russells Ansicht sind diese Wahrnehmungsrepräsentationen wie alle anderen geistigen Zustände identisch mit gewissen Gehirnprozessen, die am Ende einer langen Kausalkette stehen, die mit der Oberfläche eines externen Objekts beginnt. Aber dann muss die Introspektion dieser Wahrnehmungen von den kausalen Abläufen des Gehirns so abhängig sein, wie es die Wahrnehmung ist. Wenn Ihre Wahrnehmung externer Objekte von Kausalketten vermittelt wird, dann ist das sicherlich auch Ihre Introspektion dieser Wahrnehmungen, da Ereignisse im Gehirn der Wahrnehmung dienen, ausgelöst durch Impulse der Sinnesorgane, die wiederum weiter Ereignisse im Gehirn auslösen, die der Introspektion dienen. Genau wie bei der Wahrnehmung scheint Sie daher die Introspektion nur mit einer Repräsentation – einer introspektiven Repräsentation – zu versorgen, nämlich von dem, dessen Sie sich durch sie bewusst werden. Sie gibt Ihnen sozusagen eine Repräsentation *Ihrer*

Wahrnehmungsrepräsentationen selbst; sie macht Sie nicht mit der intrinsischen Natur dieser Repräsentationen bekannt. Und wenn wir uns trotzdem geistige Ereignisse höherer Ordnung vorstellen, die auf die Introspektion selbst gerichtet sind – Instanzen der Meta-Introspektion, wenn Sie so wollen – dann müssen diese ebenfalls, im Russellschen Modell, als solche erachtet werden, die dennoch weitere Kausalketten und daher dennoch Repräsentationen höherer Ebene einschließen (das heißt Repräsentationen von Repräsentationen von Repräsentationen).

Wenn das stimmt, dann gibt es Grund zu der Annahme, dass wir, entgegen Russell, nicht mehr Erkenntnis der inneren Welt des Gehirns, wie es „an sich" ist, haben, als wir Erkenntnis von der physischen Außenwelt haben, wie sie an *sich* ist. Jede solche Erkenntnis wäre durch Repräsentationen vermittelt. Eine Konsequenz daraus scheint zu sein, dass die Russellsche Antwort auf das Zombie-Argumentletztlich gerettet werden kann. Zombies sind wirklich unvorstellbar, da ich mir durch die Vorstellung von Wahrnehmungserfahrungen und Qualia *so wie ich sie in der Introspektion antreffe*, die getrennt von der abstrakten Kausalstruktur des Gehirns (oder wovon auch immer) existieren, ich mir diese Erfahrungen und Qualia nicht so vorstelle, wie sie an sich sind, sondern nur *introspektive Repräsentationen* von ihnen. So wie mit Russells ursprünglichem Angebot können wir schließen, dass die Vorstellung dieser Art von Ding, die getrennt vom Gehirn existiert, nicht mehr Konsequenzen hat, als die Tatsache, dass es vorstellbar ist, dass das Symbol „H_2O" existiert, ohne dass es Wasser gibt. Dies scheint auch die Russellsche Ansicht eher in den Status einer Version des neutralen Monismus zurückzuführen als in eine des Eigenschaftsdualismus. Es gibt zumindest dort, wo die Frage der Beziehung zwischen Bewusstsein und dem Gehirn betrachtet wird, nur eine Art von Stoff, aber dieser ist wesentlicher Weise weder geistig noch materiell. Wir zählen ihn als materiell, wenn er uns via Wahrnehmung präsentiert wird, und als geistig, wenn er uns via Introspektion präsentiert wird: also scheint das Gehirn „materiell", wenn man es während eines chirurgischen Eingriffs untersucht, aber „geistig", wenn man „nach innen schaut" auf Gedanken, Erfahrungen und Gefühle; aber man ist sich in beiden Fällen genau desselben Objekts bewusst. Der Unterschied zwischen materiellen Prozessen und Qualia ist ein Unterschied nur hinsichtlich dessen, wie wir die Dinge repräsentieren, nicht ein Unterschied in den Dingen selbst, wie sie unabhängig von uns existieren. Es ist sozusagen ein epistemologischer Unterschied, kein metaphysischer.

Bewusstsein, Intentionalität und Subjektivität

Wenn der Russellsche Weg in der vorgeschlagenen Weise modifiziert wird, dann haben wir eine Position, die in vielerlei Hinsicht an die repräsentationalistischen Theorien und an die höherer Ordnung, die wir vorher betrachtet haben, erinnert: die Eigenschaften, derer wir uns introspektiv als Qualia bewusst werden, sind bloß Eigenschaften von repräsentationalen Wahrnehmungszuständen und Eigenschaften dieser Zustände, und zwar nicht auf unbezogene Weise, sondern doch nur so, wie sie von repräsentationalen Zuständen höherer Ordnung und Eigenschaften solcher Zustände repräsentiert werden. Ungleich anderen Versionen dieser Theorien ist dies keine materialistisch-funktionalistische Darstellung, da sie nicht versucht, Qualia auf Eigenschaften objektiver, dritte-Person-mäßiger, materieller Phänomene zu reduzieren, und sie ist deshalb nicht den üblichen Einwänden gegen Materialismus und Funktionalismus unterworfen.

Natürlich bleibt uns dennoch nicht erspart, Repräsentation oder Intentionalität selbst zu erklären. Aber wenn das Problem der Qualia tatsächlich auf das Problem der Intentionalität reduziert werden kann, so ist das keine Spitzenleistung. Und die anderen gewöhnlichen Einwände gegen die intentionalistische Version erscheinen beantwortbar. Mit der Frage, wie der Intentionalismus mit den intentionalen Zuständen umgehen kann, die nicht bewusst sind – etwa solche wie jemandes Überzeugung, dass 2 + 2 = 4, welcher man sich in der Regel nicht bewusst ist – wird am besten umgegangen, indem man die Annahme ablehnt, dass es überhaupt solche Zustände gibt. Wie John Searle argumentiert hat, gibt es streng genommen keine solchen Zustände, die gleichzeitig völlig unbewusst und buchstäblich intentional sind; vielmehr ist das, was existiert, die nicht-intentionalen, unbewussten Prozesse – sagen wir neuronale Verschaltungsmuster –, die aufgrund des früheren Erlernens existieren (zum Beispiel jemandes Studium der grundlegenden Arithmetik) und die eine Tendenz haben, unter den richtigen Umständen (zum Beispiel wenn man sein Scheckheft bilanziert) gewisse Zustände zu verursachen, die sowohl intentional als auch bewusst sind, so wie etwa die bewusste Überzeugung, dass 2 +2 = 4. Searles Gründe dafür, dieses *Verbindungsprinzip* (die fragliche Verbindung ist eine inhärente Verbindung zwischen Intentionalität und Bewusstsein) zu empfehlen, können nur vollständig verstanden werden, nachdem wir die Probleme, die die Intentionalität umgeben, genauer untersucht haben; aber das Prinzip zeigt, dass der Einwand der sogenannten unbewussten intentionalen Zustände kaum fatal ist.

Der Intentionalismus ist auch aus anderen Gründen als aus denen, die wir schon betrachtet haben, einleuchtend. Wie Tim Crane argumentiert hat, umfassen die wesentlichen Eigenschaften eines intentionalen Zustands *Gerichtetheit* auf ein Objekt und das, was er (Searle folgend) *Ansichtsform* [Anm.: orig. *aspectual shape*], nennt, oder dass das Objekt sich in einer gewissen Ansicht oder auf eine bestimmte Weise zeigt: das Nachdenken über den 43. Präsidenten der Vereinigten Staaten schließt ein, dass Ihr Geist auf einen bestimmten Mann gerichtet ist und dass Sie ihn *als* den Präsidenten erachten (und nicht als den früheren Gouverneur von Texas oder den Sohn eines vorhergehenden Präsidenten). Aber bewusste Zustände, die durch Qualia charakterisiert sind, scheinen genau diese Eigenschaften einzuschließen. Zahnschmerzen zu haben etwa heißt für Ihren Geist auf einen bestimmten Teil des Körpers – Ihren Zahn – gerichtet zu sein, und das in einem gewissen Aspekt – als schmerzend. Darüber hinaus ist bei beiden, intentionalen und bewussten Zuständen, Subjektivität wesentlich. Die Gerichtetheit eines intentionalen geistigen Zustands ist immer die Gerichtetheit des Geistes eines Subjekts auf ein Objekt des Denkens, und die Ansichtsform ist immer die Weise, in der sich dieses Objekt diesem Subjekt präsentiert; in ähnlicher Weise umfassen qualitative Bewusstseinszustände immer Dinge, die einem Subjekt auf eine Bestimmte Weise erscheinen oder vorkommen, während die Qualia, die dieses Erscheinen oder Vorkommen (so wie die bestimmte Form des rötlichen Farbkleckses, den Sie sehen, wenn Sie auf eine Tomate schauen) festlegen, immer die Perspektive oder den Blickwinkel eines bestimmten Subjekts (das sich, sagen wir, auf der linken Seite der Tomate befindet) widerspiegelt.

Die zentrale Stellung der Intentionalität für das Bewusstsein und der Subjektivität für beide wird durch eine Betrachtung der *Einheit des Bewusstseins* klarer ersichtlich. Betrachten Sie die Erfahrung, die Sie jetzt gerade machen: Sie sehen und fühlen ein Buch und dass Ihre Hände es halten, vielleichte gegen den Hintergrund eines Tisches, und Sie hören das Rascheln der Seiten, wenn Sie sie umblättern. Von der modernen Neurowissenschaft wissen wir, dass diskrete Prozesse im Gehirn jeden Aspekt der physischen Welt, die Sie wahrnehmen, registrieren – die Farben, Umrisse und Geräusche, die Bewegung der Buchseiten, das Gefühl ihrer Textur und so weiter korrelieren jeweils mit verschiedenen neuronalen Ereignissen. Dennoch ist die Erfahrung, die sie machen, weder ein unzusammenhängendes Durcheinander verschiedener und unverbundener Eigenschaften (Seiten, Tinte, Bewegung, Farben, etc.), noch ist sie eine Ansammlung verschiedener und unverbundener Erfahrungen von verschiedenen und unverbundenen Eigenschaften; es ist eine *einzelne, vereinigte* Erfahrung eines Buches, der Hände, die es halten und eines Tisches. Die Erfahrung hat eine zusammenhängende Bedeutung oder einen zusammenhängenden Sinn, und Bedeutung oder Sinn *für ein einzelnes Subjekt* der Wahrnehmung. Sie sind sich nicht nur des Umrisses, der Textur, der Farben usw. als separate Elemente bewusst, sondern Sie sind sich ihrer als ein Buch bewusst; und es sind vielmehr Sie, die/der sich ihrer bewusst ist, als Myriaden neuronaler Ereignisse, die sich irgendwie jedes einzeln eines bestimmten Aspekts des Buches „bewusst" sind. In dieser Einheit der bewussten Wahrnehmung sehen wir wiederum wie sehr Bewusstsein an Intentionalität geknüpft ist und wie sehr beide, Bewusstsein und Intentionalität, an das Vorhandensein eines Subjekts geknüpft sind.

Die durch die Überlegungen, die in diesem und den vorigen Kapiteln angeführt sind, vorgeschlagene Gesamtansicht ist folgende. Bei Wahrnehmungserfahrungen repräsentiert das bewusste Subjekt die Welt, die außerhalb seines Geistes ist, und in der Introspektion dieser Wahrnehmungserfahrungen repräsentiert das Subjekt diese Erfahrungen selbst. Im ersten Fall ist sich das Subjekt nur indirekt der äußeren Welt bewusst; im zweiten ist es sich der Wahrnehmungserfahrungen nur indirekt bewusst. In beiden Fällen ist sich das Subjekt einer Repräsentation direkt bewusst: im ersten einer Repräsentation erster Ordnung (der Außenwelt), im zweiten einer Repräsentation zweiter Ordnung (der Repräsentation zweiten Grades). Im zweiten wird die Repräsentation erster Ordnung als, auf verschiedene Weisen, mehr oder weniger ähnlich zu anderen Repräsentationen repräsentiert – das heißt, sie wird so repräsentiert, dass sie gewisse Qualia aufweist, wobei Qualia anhand ihrer Ähnlichkeitsrelationen zueinander analysiert werden. Insofern bewusste Erfahrungen, ob sie nun solche der Wahrnehmung erster Ordnung oder introspektive einer höheren Ordnung sind, letztlich repräsentativ sind, ist Bewusstsein im Grunde eine Manifestation der Intentionalität; insofern als Intentionalität im allgemeinen und qualitative Ähnlichkeitsurteile im Besonderen die Anwesenheit eines Subjekts erfordern, und insofern als die Indirektheit der Wahrnehmung und der Introspektion das Primat der erste-Person-Ansicht nach sich ziehen, erscheint die Verbindung Bewusstsein-Intentionalität als wesentlich und nicht reduzierbar subjektiv.

Trotz der Fortschritte in unserem Verständnis des Bewusstseins, die durch die Theorien, die wir in diesem Kapitel untersucht haben, möglich gemacht wurden, scheinen wir metaphysisch doch sehr in derselben Lage zurückgeblieben zu sein, in der wir uns am Ende des vorigen Kapitels befunden haben: mit der Subjektivität im Kern des geistigen liegend, und fortdauernd als das Haupthindernis auf dem Weg zu einer materialistischen Erklärung bewusster Erfahrung. Es gibt, wie wir gesehen haben, eine Weise, in der qualitative Bewusstseinszustände mit Zuständen des Gehirns identifiziert werden könnten: die Wahrnehmung eines Gehirnzustands und die Introspektion eines Geisteszustands können als zwei verschiedene Wege der Repräsentation desselben Dings gesehen werden. Dennoch, da die charakteristisch „materiellen" und „geistigen" Aspekte dieses Dings, was auch immer es ist, sich als nicht in dem Ding an sich, sondern nur in den Repräsentationen, die das Subjekt davon hat, als existent herausstellen, wäre die Weise, in der das geistige und das physische miteinander identifiziert werden können, eine neutral monistische Weise, und nicht eine materialistische. Darüber hinaus muss der metaphysische Status des Subjekts, das die Repräsentationen dieser Bewusstseinszustände/Gehirnzustände durchführt, erst noch bestimmt werden; insbesondere mehrt nichts von dem, was in diesem Kapitel gesagt wurde, die Plausibilität des Vorschlags, dass dieses repräsentierende Subjekt seinem Wesen nach materiell sei.

Das Problem der Verbindung

Diese Angelegenheiten wurden noch nicht schlüssig zugunsten des Dualisten entschieden. Denn, wenn es wahr ist, dass das Problem des Bewusstseins nicht vom Problem der Intentionalität getrennt werden kann, dann kann die Frage, ob der Materialismus Subjektivität erklären kann, nicht endgültig beantwortet werden, bis uns überlegen, ob er Intentionalität erklären kann.

Solch eine Erklärung anzubieten wird schwierig werden, wie durch das, was vorher über die Einheit des Bewusstseins gesagt wurde, ersichtlich wird. Wir haben festgestellt, dass, obwohl die verschiedenen Aspekte der Szene, die Sie erleben, separat durch unterschiedliche Prozesse im Gehirn kodiert werden, Ihre Erfahrung dennoch einheitlich ist: es ist eine Erfahrung des Buches, der Hände und des Tisches zusammen, und des Buches, der Hände und des Tisches vielmehr als Buch, Hände und Tisch als denn eine bedeutungslose Abfolge von Farben, Umrissen, Texturen und Geräuschen. Aber wie ist das genau möglich? Wie schaffen es diskrete Gehirnprozesse eine sinnvolle, einheitliche Erfahrung zu ergeben?

Dies ist unter Neurowissenschaftlern, Kognitionsforschern und Philosophen des Geistes als *Problem der Verbindung* bekannt; und während es oft so diskutiert wird, als ob es bloß eine zeitweilige Lücke in unserer wissenschaftlichen Erkenntnis widerspiegeln würde, hat William Hasker argumentiert (indem er Hinweisen gefolgt ist, die er in den Schriften von Descartes, Leibniz und Kant gefunden hat), dass es höchstwahrscheinlich prinzipiell unmöglich ist, dass es eine materialistische, neurowissenschaftliche Lösung dafür gibt. Sogar wenn jeder einzelne der Gehirnprozesse, die verschiedene Aspekte der wahrgenommenen Objekte kodieren, irgendwie individuell bewusst wäre (in einer Weise, die an Chalmers Panpsychismus erinnert) – dieser Gehirnprozess bewusst dieser Form, jener Prozess bewusst jener Farbe, ein weiterer Prozess bewusst eines gewissen Geräusches – würde dies nicht die Existenz einer einheitlichen Erfahrung seitens des bewussten Subjekts von dem Buch, der Hände und des Tisches als Ganzes erklären. Hasker merkt an, dass, wenn jeder Student in einer Klasse die Antwort auf zumindest eine Frage einer Prüfung kennt, so folgt daraus nicht, dass es jemanden gibt, der alle Antworten auf einmal kennt. Ihr individuelles Bewusstsein der Antworten ergibt kein einzelnes, einheitliches, kollektives Bewusstsein von allem in der Prüfung. In ähnlicher Weise ergeben unterschiedliche neuronale Prozesse, die mit verschiedenen Aspekten eines Objekts oder einer Szene korrelieren, für sich genommen, sogar wenn sie individuell bewusst sind, kein Bewusstsein des Objekts oder der Szene als Ganzes. (Und die Dinge sind nur umso mysteriöser, wenn wir bedenken, dass diese Prozesse nicht individuell bewusst sind.) Auch wird das Postulieren der Existenz einiger neuronaler Abtastmechanismen entlang der Reihe der Zustände höherer Ordnung, die wir in diesem Kapitel diskutiert haben, das die Information in jeden unterschiedlichen neuronalen Prozess integriert, das Problem nicht lösen. Denn dann müsste all die relevante Information in diesem Mechanismus zusammengesammelt werden, was selbst wiederum aus weiteren unterschiedlichen neuronalen Prozessen, die unterschiedliche Aspekte des Sichtfeldes codieren, zusammengestellt wäre, und das Problem der Verbindung würde auf höherer Ebene wiederauftauchen.

Die Folge scheint zu sein, dass das, was auch immer es ist, das letzten Endes die Information, die entweder in der Wahrnehmungserfahrung oder im introspektiven Bewusstsein höherer Ordnung präsentiert wird, verbindet, nicht aus Teilen zusammengestellt werden kann, die individuell mit verschiedenen Aspekten der Information korrelieren. Dies scheint Descartes´ Argument der Unteilbarkeit glaubwürdiger zu machen, dem entsprechend der Geist eine einfache und daher immaterielle Substanz ist. Und es deutet darauf hin, dass das Liefern einer materialistischen Erklärung von Intentionalität – was letztlich eine Erklärung des Subjekts sein muss, dessen Geist auf ein Objekt gerichtet ist, wenn er in einem intentionalen Zustand ist – tatsächlich viel verlangt ist. Dennoch haben viele Materialisten, wie wir in den nächsten beiden Kapiteln sehen werden, zu beweisen versucht, dass ihre Ansicht dieser Herausforderung gewachsen ist.

6. Denken

Indem er auf die Formulierung „Ich denke, also bin ich." gestoßen ist, glaubte Descartes nicht nur, dass er seine Existenz, sondern auch sein Wesen begründet hätte: er ist wesentlich ein Ding, das denkt. Denken ist sozusagen das Wesen des Geistes. Es gibt zwei Aspekte des Denkens, die von besonderem philosophischen Interesse sind: dessen Repräsentation von Dingen jenseits seiner selbst, was seine Intentionalität ausmacht; und seine Bewegung von einer Repräsentation zu einer anderen in Übereinstimmung mit den Gesetzen der Logik, was seine Rationalität ist. Aber, wie im vorigen Kapitel angedeutet, verwenden gegenwärtige Philosophen des Geistes üblicherweise die Probleme der Qualia und des Bewusstseins, um an die materialistischen Konzeptionen des Geistes, bei denen Intentionalität und Rationalität leichter auf naturalistische Weise erklärt werden können, die schwierigsten Herausforderungen zu stellen. In dieser Ansicht liegt eine gewisse Ironie, insofern nämlich sie als Auswirkung davon Sinneseindrücke und Empfindungen – Fähigkeiten, die wir mit anderen (offensichtlich materiellen) Tieren zu teilen scheinen – als mysteriöser auffasst als das Denken, das wir (wohl eher) nicht mit ihnen teilen. Man könnte glauben, dass es natürlicher wäre, wenn es sich genau andersherum verhielte; tatsächlich haben die meisten Philosophen der Vergangenheit die Dinge andersherum gesehen. Der Vorschlag, dass das, was wir mit den Tieren teilen, wissenschaftlich rätselhaft ist, während das, was uns einzigartig an uns erscheint, bloß eine, relativ unproblematische materielle Fähigkeit unter anderen ist, wäre Platon und Aristoteles, Augustinus und Thomas von Aquin, Descartes, Leibniz und Kant seltsam, ja sogar pervers vorgekommen.

Wir haben im vorigen Kapitel auch gesehen, dass es im Denken der Gegenwart auch eine Strömung gibt, die Qualia und Bewusstsein für letztlich erklärbar durch Ausdrücke der Intentionalität hält, und es wurde vorgeschlagen, dass starke Argumente für diese Ansicht vorgebracht werden könnten. Aber insofern dieselbe Strömung die Aufgabe des Erklärens der Intentionalität selbst auf materialistische Weise für wenig mehr als eine vergleichsweise triviale Aufwischaktion hält, ist sie wohl irregeleitet. Wie wir sehen werden, vertritt eine Reihe von Gegenwartsphilosophen die Ansicht, dass die ältere philosophische Tradition korrekt war und dass es beachtliche Schwierigkeiten bei der Ausführung einer naturalistischen Erklärung des Denkens gibt. In diesem und dem nächsten Kapitel werden wir aktuelle Versuche einer solchen Erklärung untersuchen. Dieses Kapitel wird sich auf Versuche, Rationalität im Besonderen zu erklären, konzentrieren; und wir werden sehen, dass, genau wie bei unseren Untersuchungen der Qualia und des Bewusstseins, die Untersuchung der Rationalität uns unerbittlich zur Intentionalität führt. Kapitel 7 wird dann schließlich dieses allgegenwärtigste der geistigen Phänomene behandeln.

Gründe und Ursachen

Nehmen wir an, Sie werden Zeuge wie Ethel unter Schmerzen aufschreit, nachdem sie sich in ihren Zeh gestochen hat und wie sie dann ihren Schuh entfernt, um ihren Fuß zu untersuchen. Wenn sie gefragt würden, das erste Ereignis zu erklären, dann würden sie wahrscheinlich etwas von der Art sagen, dass der Schaden an ihrem Körper in dem Aufschrei resultierte; wenn sie gefragt würden, das zweite zu erklären, dann würden Sie sagen, dass sie das Ausmaß des Schadens bestimmen wollte und dass sie dachte, dass das Entfernen des Schuhs der beste Weg sei, um dies zu erreichen. Im ersten Fall würden sie die *Ursachen ihres* Verhaltens genau festlegen; im zweiten würden sie die *Gründe* dafür angeben. In beiden Fällen geben Sie eine Erklärung für menschliches Verhalten, aber die Art der Erklärung ist in jedem der beiden sehr unterschiedlich. Im ersten beziehen Sie sich auf grobe physikalische Kräfte – eine Auswirkung auf Haut und Muskelgewebe, zusammen mit der Stimulierung von Nervenenden – während Sie sich in der zweiten auf das beziehen, was eine Person in Anbetracht ihrer Überzeugungen und Wünsche für einen rationalen Handlungsverlauf hält.

Die Unterscheidung zwischen Gründen für und Ursachen von Verhalten ist entscheidend und sie wirft auf eindringliche Weise die Frage auf, wie menschliche Wesen in die natürliche Welt passen. Die Rolle von Ursachen scheint unproblematisch zu sein. Der menschliche Körper ist immerhin ein materielles System neben anderen, und er wird, genau wie diese, von den kausalen Regelmäßigkeiten, die in den

Gesetzen der Physik verehrt werden, beherrscht. Es ist also nicht überraschend, dass vieles des menschlichen Verhaltens auf kausale Weise erklärbar sein sollte. Aber was ist mit Verhalten, das mehr als dies zu umfassen scheint? Was ist mit Verhalten, das aus einer Entscheidung nach einem Abwägen darüber resultiert, welcher Handlungsverlauf der Beste wäre? Um solches Verhalten zu verstehen, scheint es nicht ausreichend in der Art gewöhnlicher, kausaler Faktoren zu sprechen – die Stimulation von Nervenenden, das Absondern von Chemikalien, das Feuern von Neuronen und ähnliches. Gründe für die vorgenommene Handlung sind ebenso relevant, und scheinen eben andere Arten von Dingen als kausale Faktoren zu sein. Zu sagen, dass neuronale Prozesse verursachen, dass die Muskeln in meinen Fingern sich bewegen während ich diese Sätze tippe ist wahr genug; aber mein Bestreben diese Sätze zu schreiben, meine Überzeugung, dass die Verwendung eines Schreibprogrammes der effizienteste Weg ist, dies zu tun, und meine daraus folgende Entscheidung mit dem Tippen anzufangen, sind klarerweise genauso wichtig und scheinen nicht auf die Arten von Kausalprozessen reduziert werden zu können, auf die sie anspielen. Dass A *die Ursache von* B ist, ist eine Art von Relation; dass A *ein Grund für* B ist, ist eine andere. Die erste betrifft das unpersönliche Gebiet der bedeutungslosen materiellen Kräfte; die letztere betrifft die persönliche Sphäre rationaler Überlegung. Es ist ein schlichter Fall des Vergleichens von Äpfeln mit Orangen.

Das Problem ist, dass das Liefern einer materialistischen oder naturalistischen Erklärung irgendeines Phänomens irgendwie zu erfordern scheint, dass es in das kausale Netzwerk, das von der physikalischen Wissenschaft beschrieben wird, eingepasst wird. Wenn das materialistische Weltbild korrekt ist, dann kann es keine wahre Erklärung menschlichen Verhaltens geben, die nicht letztlich auf eine kausale Erklärung hinausläuft. Aber sind die Gründe, die jemand für eine Handlung hat, wirklich auf der Ebene der Ursachen für diese Handlung, ungeachtet des Anscheins, analysierbar? Viele Philosophen haben so gedacht. Sie würden argumentieren, dass, da die Handlung meines Tippens dieser Sätze das Ergebnis des Grundes der Handlung, der von meinen Überzeugungen und Bestrebungen gebildet wird, ist, es eine klare Bedeutung gibt, in der es von diesem Handlungsgrund verursacht wurde. Gründe sind dieser Ansicht nach nur Arten von Ursachen. Aber andere Philosophen haben Ludwig Wittgenstein (1889-1951) folgend argumentiert, dass es in vielen Fällen einfach eine konzeptionelle Verwechslung ist, Gründe als Ursachen von Handlungen zu erachten. Das Lächeln, mit dem ich Sie begrüße, ist dieser Ansicht entsprechend nicht durch die Fröhlichkeit verursacht, die ich bei Ihrer Rückkehr von einer langen Reise empfinde, sogar dann nicht, wenn die Fröhlichkeit der Grund für mein Lächeln war; vielmehr stellt das Lächeln die Fröhlichkeit teilweise dar. Das Verhalten und die Fröhlichkeit sind nicht zwei sauber voneinander unterscheidbare Elemente, die wie Ereignisse, die in der Physik beschrieben werden, durch ein Kausalgesetz miteinander verbunden sind. Die Verbindung zwischen ihnen ist immanent, konzeptionell.

Worauf wir uns dennoch konzentrieren wollen, ist nicht die Frage, ob dieser oder jener isolierte Grund für eine Handlung plausibler weise als eine Ursache für die Handlung erachtet werden könnte, sondern anstatt dessen die größere Frage, ob das enorme Netzwerk der Überzeugungen, Wünsche, Gedanken und anderen propositionalen Haltungen als Ganzes, das den Geist weitgehend ausmacht, auf plausible Weise in Bezug auf das Netzwerk der Kausalprozesse, die das Gehirn darstellen, erklärt werden kann. In Kapitel 3 haben wir angemerkt, dass die Elemente des ersten Netzwerks durch logische Verbindungen zusammenhängen, wohingegen die Elemente des letzteren ursächlich zusammenhängen. Wenn eine Reihe neuronaler Prozesse eine weitere hervorbringt, so ist das höchstens ein Beispiel einer kontingenten kausalen Regelmäßigkeit. Aber wenn der Gedanke, dass *alle Menschen sterblich sind* und *Sokrates ein Mensch ist*, den Gedanken hervorbringt, dass *Sokrates sterblich ist*, dann ist das ein Fall von logischer Ableitung, bei der der zweite Gedanke mit Notwendigkeit folgt. Wie kann also die letztere Art von Phänomen mit Bezug auf die erstere der Möglichkeit nach erklärt werden? Wie kann die gänzlich kontingente Neigung gewisser neuronaler Prozesse, gewisse andere auszulösen, unsere Fähigkeit, in Einklang mit den ganz und gar unflexiblen Gesetzen der Logik zu denken, erklären?

Die Computations-/Repräsentations-Theorie des Denkens

Die Antwort liegt nach Ansicht vieler gegenwärtiger Philosophen des Geistes im digitalen Computer. In Kapitel 3 haben wir gesehen, dass ein Weg auf die allgemeine funktionalistische Idee, dass geistige Zustände in Form ihrer charakteristischen Ursachen und Auswirkungen definierbar sind, näher einzugehen ist, jene Ursachen und Auswirkungen als den Input, Output und die Übergangszustände eines Computerprogramms zu betrachten. Der Geist ist nach dieser Ansicht buchstäblich ein komplexes Stück Computersoftware, das in die Hardware des Gehirns fest eingebaut ist. Die moderne Theorie der Berechnung verdankt dem Mathematiker Alan Turing (1912-1954) viel, dessen Konzept einer *Universellen Turingmaschine* – einer abstrakten Beschreibung eines mechanischen Gerätes, das fähig ist, jeden Algorithmus auszuführen – das Modell für den modernen Computer war. Die betreffende Ansicht wird daher manchmal als *Turingmaschinenfunktionalismus* bezeichnet.

Das Schöne an einem Algorithmus ist, dass er eine Möglichkeit bietet, eine höchst komplexe Aufgabe auszuführen – inklusive solcher Aufgaben wie schwierige mathematische Berechnungen durchzuführen, oder das Begründen über eine lange Kette von Argumenten hin zu einer Konklusion – in einer Reihe von einfachen Schritten. Die Schritte können tatsächlich so einfach sein, dass wir oft davon sprechen, dass sie „mechanisch" ausgeführt werden. Und was ein Computer tut ist im Prinzip das nachzuahmen, auf diese mechanische Weise, was wir tun, wenn wir einem Algorithmus folgen. Ihr Taschenrechner oder Computer führt eine Anzahl elementarer Operationen aus, die in nichts mehr als dem Senden von elektrischen Signalen realisiert sind, die insgesamt etwas aussagekräftiges ergeben: die Anzeige von „4", das auf das Eingeben von „2", „+", „2" und „=" folgt, oder die Generierung von Text, die auf das Drücken von Tasten auf der Tastatur folgt. Da die elementaren Operationen so extrem simpel sind, ist es möglich eine Maschine zu konstruieren, die fähig ist sie mit einem sehr hohen Grad an Verlässlichkeit durchzuführen. Und das bedeutet, dass es möglich ist, ein rein materielles System zu konstruieren, dessen Operationen den Gesetzen der Logik exakt gleichen. Bei einem passend programmierten Computer kann man sich immer darauf verlassen, dass er „4" als Folge der Eingabe von „2", „+", „2" und „=" anzeigt, und dass er immer „Sokrates ist sterblich." als Folge der Eingabe von „Alle Menschen sind sterblich." und „Sokrates ist ein Mensch." generiert.

Wenn ein künstlicher Apparat dies tun kann, warum nicht ein Gehirn? Warum können wir nicht annehmen, dass neuronale Prozesse genauso fähig sind Algorithmen durchzuführen wie Computer? Freilich, vielleicht ist das genau das, was menschliches Denken, inklusive des abstraktesten und gründlichsten mathematischen und logischen Überlegens, wirklich ist: die Ausführung einer Menge von Algorithmen, die ein Programm bilden. Und wenn es so wäre, dann wäre der Weg frei die Sphäre der Handlungsgründe, und der Überlegung im Allgemeinen, in die Sphäre der physikalischen Verursachung einzupassen. Genau wie das Ausführen eines Computerprogramms letztlich auf das Netzwerk von Ursachen und Auswirkungen reduzierbar ist, das in einem Stück Computerhardware verwirklicht ist, so wäre auch das Ausführen des Programms, das der menschliche Geist ist, reduzierbar auf das Netzwerk neuronaler Aktivitätsmuster, die das Gehirn darstellen. Die Fähigkeit des Gehirns, als ein rein materielles System betrachtet, das von denselben Gesetzen der Physik beherrscht wird, die auch alles andere im Universum beherrschen, Denkmuster zu generieren, die mit den Gesetzen der Logik korrespondieren, wäre dem Prinzip nach nicht mysteriöser als die Fähigkeit eines Rechners verlässlich in Übereinstimmung mit den Gesetzen der Arithmetik zu funktionieren.

In einem Computer gibt es identifizierbare Symbole – Ziffern wie „2“ und „4“, und die Zeichen „+“ und „=“ und so weiter – die mit den Zahlen und Funktionen einer mathematischen Berechnung korrelieren. Gibt es im Fall des Computers irgendetwas analoges, das das Gehirn ist? Viele Philosophen haben argumentiert, dass es das gibt, und zwar in Form von *Sätzen*. Ihrer Ansicht nach ist ein bestimmter geistiger Zustand, so wie die Überzeugung, dass Sokrates ein Mensch ist, als eine Relation zwischen der Person, die die Überzeugung hat, und einem Satz, der die Bedeutung hat, dass Sokrates ein Mensch ist, zu verstehen. Doch wo ist dieser Satz? Sicherlich kann er nicht im Gehirn selbst sein – es gibt nichts im Gehirn, das wie der Satz „Sokrates ist ein Mensch.“ aussieht. Und in welcher Sprache ist dieser Satz geschrieben? Sicherlich nicht in Deutsch, da viele Menschen, die nicht Deutsch sprechen, die Überzeugung haben, dass Sokrates ein Mensch ist.

Allerdings ist es ein Fehler anzunehmen, dass ein Satz, der die Bedeutung hat, dass Sokrates ein Mensch ist, so wie der Satz „Sokrates ist ein Mensch.“ auszusehen hat. Denn schließlich könnte der Satz „Sokrates ist ein Mensch.“ handgeschrieben sein, anstatt auf Papier gedruckt zu sein, und trotz des Unterschieds in der Erscheinung derselbe Satz bleiben. Darüber hinaus könnte der Satz gesprochen sein und nur als Schallwellen existieren, statt als Tintenkleckse auf Papier; spräche man ihn in ein Tonbandgerät, dann würde er als Muster auf einem Tonband existieren. Warum also könnte er nicht als ein neuronales Aktivitätsmuster im Gehirn existieren? Warum sollte es nicht buchstäblich „Sätze im Kopf“ geben, wie manche Theoretiker sich ausgedrückt haben?

Wenn es solche Sätze gibt, dann wären sie tatsächlich plausibler Weise keine Sätze auf Deutsch – oder Englisch, Spanisch, Chinesisch oder in einer anderen natürlichen Sprache. Aber sie könnten gut Sätze einer anderen, universellen Sprache sein – einer „Sprache des Denkens“, die allen menschlichen Wesen gemeinsam ist, eine, in der wir alle unbewusst denken, und deren Sätze sich in unserem bewussten Denken, Sprechen und Schreiben als (gleichsam) Übersetzungen ins Deutsche, Englische, Spanische, Chinesische und in all die anderen manifestieren. Philosophen, die die Ansicht vertreten, dass es eine solche Sprache des Denkens gibt, bezeichnen diese oft als *Mentalesisch* [Anm.: engl. *Mentalese*]; und da die Gesamttheorie, von der die Hypothese vom Mentalischen ein Teil ist, eine ist, die das Denken für Berechnung hält, analog zu der Berechnung, die moderne digitale Computer durchführen, wobei diese Berechnung Übergänge zwischen Zuständen einschließt, die auf Satzrepräsentationen in einer Sprache des Denkens abzielen, wird die Theorie oft als die *Computations-/Repräsentationstheorie des Denkens* oder *CRTT* [Anm.: von engl. computational/representational theory of thought] (in den Worten von Jerry Fodor, dem bekanntesten Verfechter der Theorie) bezeichnet. Ihre Verteidiger behaupten, dass sie zeigt, was auch immer man sonst von dieser Theorie hält, dass es im Prinzip kein Problem ist, unsere Befähigung zu rationalem Denken rein materialistisch zu erklären.

Das Argument der Vernunft

Aber es gibt eine Reihe ernster Einwände gegen diesen Vorschlag. Betrachten wir zuerst die Folgerungen daraus, dass man geistige Zustände für Zustände eines Computerprogramms hält, deren kausale Wirkkraft sich gänzlich von ihrer Umsetzung in elektrochemische Prozesse im Gehirn herleitet. Wenn Sie „2“, „+“, „2“ und „=“ auf der Tastatur eines elektronischen Rechners tippen, dann werden verschiedene elektrische Signale durch das Gerät gesendet, die letztlich bewirken, dass das Symbol „4“ auf dem Anzeigeschirm erscheint. Aber dass dieses Symbol für uns die Zahl 4 bezeichnet, und dass die anderen Symbole die Zahl 2, die Funktion der Addition und die Relation des Gleichseins bezeichnen, spielt überhaupt keine Rolle in dem Kausalprozess. Wenn wir beschlössen die Bedeutungen dieser Symbole zu ändern – zum Beispiel indem wir die Abfolge „2+2=“ verwenden, um damit „Bitte zeig die Nachricht an, dass es regnet." zu meinen und das Symbol „4", um damit „Es regnet." zu meinen – so hätte dies keine Auswirkung darauf, wie das Gerät arbeitet. Auch hätte es keinerlei Auswirkung, wenn wir alle die Bedeutungen der Symbole vergäßen und dazu übergingen, Taschenrechner bloß als Spielzeuge anzusehen, die verschiedene Formen anzeigen, wenn immer jemand ihre Tasten drückt. Die Bedeutungen der Symbole sind, kurz gesagt, komplett irrelevant für ihre kausale Wirkkraft, da sie dieselben kausalen Eigenschaften hätten, welche Bedeutung auch immer sie haben mögen, ja selbst wenn sie keine Bedeutung haben.

Wenn dies für die Symbole wahr ist, die ein Taschenrechner verarbeitet, dann wäre das auch die Symbole wahr, die vom Gehirn „verarbeitet" werden – und zwar wäre es wahr für die Inhalte unserer Gedanken, wie sie von der CRTT charakterisiert werden. Wenn Ihr Gedanke „Sokrates ist ein Mensch." identisch ist mit einem neuronalen Prozess, der einen Satz in Mentalesisch verwirklicht, der die Bedeutung oder den Inhalt hat, dass Sokrates ein Mensch ist, dann spielt diese Bedeutung *per se* absolut keine Rolle in der Verursachung irgendwelcher Ereignisse, die der neuronale Prozess, und damit der Gedanke, verursacht. Die ursächlichen Eigenschaften des neuronalen Prozesses/Gedankens wären genau die, die sie sind, auch wenn er stattdessen die Bedeutung „Es regnet." hätte, oder sogar, wenn er überhaupt keine Bedeutung hätte. Und das hat zur Folge, dass die Tatsache, dass Ihr Gedanke den Inhalt „Sokrates ist ein Mensch." hat, absolut gar keine Rolle dabei spielt Sie zu veranlassen, den Satz „Sokrates ist ein Mensch." zu sagen oder zu schreiben. Sie hätten denselben Satz geschrieben oder geäußert, sogar wenn es in Ihrem Gedanken um den Regen gegangen wäre oder wenn er überhaupt keine Bedeutung gehabt hätte. Die elektrochemischen Eigenschaften der neuronalen Prozesse, die den Gedanken durchführen, sind das einzige, was für seine kausale Wirkkraft zählt, genau wie die elektronischen Eigenschaften der Symbole auf in einem Rechner das einzige sind, was für ihre kausale Wirkkraft zählt.

Was dies zu bedeuten scheint, ist, dass bezeichnend geistige Eigenschaften in der materialistischen CRTT sich als nicht weniger epiphänomenal herausstellen als sie dies im Eigenschaftsdualismus tun. Auch ist die CRTT nicht die einzige materialistische Theorie, die diese Konsequenz hat; tatsächlich scheint jede Theorie, die davon ausgeht, dass geistige Zustände ihre wie auch immer geartete kausale Wirkkraft nur wegen ihrer Identität mit oder Supervenienz zu physischen Zuständen haben, dazu bestimmt zu sein, dasselbe Resultat zu haben: am

Ende erledigen die physischen Eigenschaften solcher Zustände all die kausale Arbeit, wobei die geistigen Eigenschaften ein irrelevantes, epiphänomenales Extra sind. Der Epiphänomenalismus scheint deshalb materialistische Theorien nicht weniger zu bedrohen, als dies dualistische tun – in diesem Fall löst sich der Anspruch materialistischer Theorien, besser in der Lage zu sein als dualistische die Kausalbeziehungen zwischen Geist und Körper zu erklären, auf.

Das Problem scheint jedoch auf die CRTT besonders zuzutreffen, in Anbetracht ihres Anspruchs eine materialistische Erklärung unserer Fähigkeit zu rationalem Denken anzubieten. Wenn der Inhalt oder die Bedeutung von Gedanken nach der CRTT keinen ursächlichen Einfluss auf das Verhalten hat, dann hat es auch keinen ursächlichen Einfluss auf andere Gedanken. Dass Ihre Gedanken den Inhalt haben, dass *Sokrates ein Mensch ist* und dass *alle Menschen sterblich sind*, kann keinerlei Einfluss auf das Erzeugen des Gedankens, dass *Sokrates sterblich ist*, haben, da dieser letzte Gedanke durch die anderen verursacht wäre, sogar wenn diese anderen stattdessen den Inhalt, dass *Fido ein Hund ist* und dass *alle Fische Flossen haben*, hätten, oder sogar wenn sie überhaupt keinen Inhalt oder Bedeutung hätten. Die elektrochemischen Eigenschaften der neuronalen Prozesse, mit denen die Gedanken assoziiert werden, sind gänzlich ausreichend alle die Effekte herbeizuführen, die sie herbeiführen. Die Bedeutung oder der Inhalt der Gedanken ist irrelevant.

Dass dieses Resultat so kontraintuitiv ist, wie es ist, ist schlimm genug, aber das Problem reicht noch tiefer. Allein kraft ihrer Bedeutung oder ihres Inhalts können Gedanken als rationale Rechtfertigung für andere Gedanken dienen: Ihre Gedanken, dass *Sokrates ein Mensch ist* und dass *alle Menschen sterblich sind*, sind eine rationale Rechtfertigung für die Überzeugung, dass *Sokrates sterblich ist*, nur weil sie die Bedeutung haben, die sie haben, und sie würden nicht als rationale Rechtfertigung für den letztgenannten Gedanken dienen, wenn sie stattdessen bedeuteten, dass *Fido ein Hund ist*, etc. Doch wenn die Bedeutung oder der Inhalt eines bestimmten Gedankens absolut keine Rolle bei dem Zustandekommen eines anderen Gedankens spielt, dann scheint daraus zu folgen, dass er keine rationale Rechtfertigung für irgendeinen anderen Gedanken liefern kann. Sie würden exakt die gleichen Überzeugungen haben, die Sie jetzt haben, was auch immer der Inhalt der weiteren Gedanken sein mag, auf die Sie sich für deren Rechtfertigung beziehen. In diesem Fall scheinen Ihre Überzeugungen aber überhaupt keine Rechtfertigung zu haben. Dies kann aber sicher nicht richtig sein – sicherlich haben Sie zumindest für viele Ihrer Überzeugungen eine Rechtfertigung. Dennoch kann die CRTT dies, wie es scheint, nicht erklären – was ironisch genug ist, in Anbetracht dessen, dass ihr eigentlicher Sinn und Zweck war unsere Fähigkeit zu rationalem Denken zu erklären. Schlimmer noch, Vertreter der CRTT glauben offensichtlich, dass sie eine rationale Rechtfertigung für ihren eigenen Glauben an die CRTT haben; aber wenn die Theorie korrekt ist, dann scheint es, dass sie die nicht haben können! Die Theorie scheint sich selbst zu untergraben.

Der Verteidiger der CRTT könnte sich auf die Evolution als Garanten für die Verlässlichkeit unserer Denkprozesse berufen: stellt nicht die natürliche Selektion sicher, dass unserer Gehirne auf eine solche Weise verdrahtet sind, dass die Gedanken, die wir generieren, zum größten Teil wahr sind? Wären wir nicht vor langer Zeit ausgestorben, wenn die Dinge anders wären? Eine rasche Antwort darauf wäre einzuwenden, dass man damit der Frage ausweicht: da man annimmt, dass wir rational darin gerechtfertigt sein können, erst einmal der Darwinschen Evolutionsgeschichte (oder irgendetwas anderem) zu glauben, was genau der strittige Punkt ist. Eine weitere Antwort wäre anzumerken, dass das, was natürliche Selektion tendenziell maximiert, die Fähigkeit eines Organismus ist, zu überleben und sich zu reproduzieren, und es gibt keinen Grund anzunehmen, dass ein wahres System von Überzeugungen wirklich das ist, was dem Überleben am förderlichsten ist: vielleicht ist unsere Umwelt dergestalt, dass wir deshalb so gut überleben und uns reproduzieren konnten, nur weil wir ein größtenteils *falsches* System von Überzeugungen entwickelt haben, eine Art ausgeklügelte Fantasiewelt, die uns von gewissen Wahrheiten schützt, deren Kenntnis auf unsere Zerstörung abzielen würde (vielleicht weil sie für uns zu grauenvoll wären, um sie zu ertragen). Aber es scheint ein noch größeres Problem zu geben. Die allgemeine Wahrheit oder Falschheit eines Systems von Überzeugungen kann nur dann von der natürlichen Selektion beeinflusst werden, wenn dieses System von Überzeugungen *kraft seiner Wahrheit oder Falschheit* irgendeinen ursächlichen Einfluss auf das Verhalten hat – das heißt, wenn die Wahrheit oder Falschheit *per se* Verhalten verursacht, das entweder anpassungsfähig oder schlecht angepasst ist, und das deshalb darauf abzielt, entweder auserlesen oder aussortiert zu werden. Aber die Wahrheit oder Falschheit einer Überzeugung ist an den bestimmten Inhalt, den sie hat, gebunden, und wie bereits eingewendet wurde, scheint es in der CRTT (oder vielleicht in jeder materialistischen Erklärung des Denkens) keine Möglichkeit für den Inhalt oder die Bedeutung eines Gedankens zu geben, irgendeinen ursächlichen Einfluss auf das Verhalten zu haben. Die rein neurophysiologischen Eigenschaften, die entsprechend der CRTT das Denken inkarnieren, sind die einzigen, die irgendeine kausale Relevanz haben können. Es gibt also keine Möglichkeit für die Wahrheit oder Falschheit einer Überzeugung, irgendeinen Effekt auf das Verhalten auszuüben, und daher kann sich die natürliche Selektion auf keine Weise die allgemeine Wahrheit oder Falschheit eines Systems von Überzeugungen auswirken. Aber in diesem Fall kann, sofern die CRTT (oder irgendeine rein materialistische Erklärung des Denkens) wahr ist, Evolution die Verlässlichkeit unserer Denkprozesse nicht erklären.

Die Art von Argument, die in diesem Abschnitt beschrieben wird, wird manchmal *das Argument der Vernunft* genannt, und Versionen davon wurden von C.S. Lewis (1898-1963), Karl Popper (1902-1994) und erst unlängst von Alvin Plantinga und William Hasker präsentiert. Insofern als es von der Behauptung abhängt, dass materialistische Theorien den Epiphänomenalismus nicht mehr vermeiden können als der Eigenschaftsdualismus dies kann – das heißt von der Behauptung, dass Materialisten das nicht lösen können, was Philosophen des Geistes heute als das „Problem der mentalen Verursachung" bezeichnen – beruht es auf einer Prämisse, die strittig ist. Aber es zeigt zumindest, dass die Behauptung, dass unsere Fähigkeit zu rationalem Denken leicht auf naturalistische Weise erklärbar sei, weit davon entfernt ist, erwiesen zu sein.

Das Argument des chinesischen Zimmers

Viele glauben, dass dieser Schluss durch eine wichtige Menge von Argumenten unterstützt wird, die mit John Searle in Verbindung gebracht werden – vielleicht der allererste Kritiker der Ansicht, dass der menschliche Geist als eine Art Software und das Gehirn als eine Art Hardware gedacht werden sollte. Das erste und berühmteste dieser Argumente schließt ein Gedankenexperiment mit ein, das als das „chinesische Zimmer" bekannt wurde und das auf die Behauptung gerichtet ist, dass das Ausführen der richtigen Art von Programm – ob in einem Computer, einem hochentwickelten Roboter oder einem menschlichen Wesen – ausreichend sei für echte Intelligenz. Searle fordert uns auf, uns ein Szenario vorzustellen, in dem er in einem Zimmer mit einer Sammlung chinesischer Schriftzeichen und einem Regelwerk, das auf Englisch geschrieben ist und das ihm sagt, welche Kombination von Schriftzeichen zusammengestellt werden müssen, um auf Fragen zu antworten, die auf Chinesisch geschrieben sind und ihm durch einen Schlitz in der Tür zugesteckt werden, eingesperrt ist. Searle spricht kein Wort Chinesisch, und das Regelwerk sagt ihm nichts über die Bedeutung der Schriftzeichen, die er kombiniert – alles was es ihm im Grunde sagt ist, dass wenn man ihm eine Reihe von Schriftzeichen gibt, die wie *dieses* aussehen (wobei *dieses* sich auf irgendeine spezifische Reihe von Umrissen auf der Seite bezieht), dann sollte er mit einer Reihe von Schriftzeichen antworten, die wie *jene* aussehen (wobei *jene* sich auf irgendeine andere Reihe von Umrissen bezieht). Es ist möglich, dass Searle bei der Kombination der Umrisse so gut werden könnte, dass ein chinesischer Muttersprachler, der ihm die Fragen durch den Schlitz zusteckt und der sich nicht darüber im Klaren ist, was da vor sich geht, annehmen würde, dass Searle wirklich Chinesisch spricht.

Turing schlug bekanntermaßen vor, dass es eine Möglichkeit wäre herauszufinden, ob man von einer passend programmierten Maschine wirklich sagen kann, dass sie denkt, wenn man sie in eine Situation bringt, in der ein Mensch eine Konversation sowohl mit der Maschine als auch mit einem anderen Menschen führt, und versucht zu bestimmen, welcher Teilnehmer der Konversation die Maschine ist und welcher der andere Mensch. Wenn nach einer ausreichenden Zeitspanne der Gesprächspartner nicht feststellen konnte, wer welcher ist – wenn sozusagen die Leistung der Maschine ununterscheidbar ist von der des Menschen – dann, so schlug Turing vor, könnte die Maschine als eine erachtet werden, die echte Intelligenz aufweist. Die angemessene Weise auf Intelligenz zu testen, ist dieser Ansicht nach zu schauen, ob sich etwas intelligent *verhält*, und die Maschine das absolviert, was als der „Turing Test" bekannt geworden ist.

Searle in diesem chinesischen Zimmer weist ein Verhalten auf, das ununterscheidbar ist von dem eines chinesischen Muttersprachlers, und er hat damit den Turing Test für das Verstehen des Chinesischen bestanden. Darüber hinaus hat er ihn bestanden, indem er getan hat, was ein Computerprogramm tut, nämlich das Handhaben von Symbolen im Einklang mit einer algorithmischen Prozedur, für die nur die physikalischen Eigenschaften der Symbole (in diesem Fall deren Umrisse), und nicht deren Bedeutungen relevant sind: im Grunde „durchläuft er das Programm" für Kompetenz in der chinesischen Sprache. Und trotz alledem versteht er immer noch kein Wort Chinesisch und er hat keine Ahnung, was die Antwort, die er hinausgibt, bedeutet. (Vielleicht hört er gelegentlich Geschrei auf der anderen Seite der Tür und fragt sich, ob zu ihm gerade etwas Beleidigendes „gesagt" wird, oder er hört Gelächter und fragt sich, ob ihm gerade ein Witz erzählt wird oder ob er gerade einen *faux pas* begangen hat!) Aber dann folgt daraus, wie Searle schließt, dass das Durchlaufen eines Programms, egal auf welchem Komplexitätslevel, nicht für Verständnis oder Intelligenz ausreichen kann; denn wenn es ausreichen würde, dann hätte er, einfach vermöge des „Durchlaufens" des Programms, die Sprache verstanden. Menschliche Intelligenz ist also nicht einfach das, was die CRTT sagt, was sie ist: es ist nicht die Durchführung einer Art von Computersoftware.

Searle zieht die mögliche Antwort auf dieses Argument, dass sogar wenn *er* Chinesisch nicht versteht, so folgt daraus nicht, dass kein Verständnis des Chinesischen vorhanden ist. Letztlich ist es nicht bloß ein Teil eines Computers, sogar der Hauptprozessor, der ein Programm laufen lässt, sondern der Computer als Ganzes; und Searle ist, im Gedankenexperiment, Teil eines größeren Systems, das auch das Regelwerk, Schriftzeichen und den Türschlitz umfasst. Es ist dieses gesamte System, welches streng genommen das Chinesische-Sprache-Programm zum Laufen bringt. Vielleicht versteht also das System *als Ganzes genommen* chinesisch, sogar wenn ein Teil davon (Searle) es nicht tut. Diese „Systemantwort" (als die sie bekannt ist) mag bizarr klingen: wie kann man von einem Zimmer, selbst einem so exzentrischen wie dem chinesischen Zimmer, sagen, dass es Chinesisch „versteht", oder etwas anderes, was das betrifft? Aber wenn man gewillt ist, den Vorschlag, dass Intelligenz aus dem Durchlaufen eines Programms besteht, erst einmal ernst zu nehmen, dann muss man einige ungewöhnliche Konsequenzen schlucken, wenn man die große Vielfalt von Systemen bedenkt, die im Prinzip ein Programm ausführen könnten. Searle argumentiert, dass das Zimmer nicht wirklich wesentlich für das Gedankenexperiment ist. Wir könnten uns stattdessen vorstellen, dass er sich die Schriftzeichen und das Regelwerk einprägt und auf Fragen, die ihm gestellt werden, antwortet, indem er sich daran erinnert, welche Schriftzeichen als Antwort auf alle die Schriftzeichen, die man ihm zeigt, hervorzubringen sind. Vielleicht prägt er sich den Klang jedes Schriftzeichens genau so ein wie dessen Form und kann nun, dem Regelwerk folgend, auf alles das, was zu ihm gesagt wird, verbal antworten, indem er die passende Abfolge von (was sich für ihn so anhört wie) Geräuschen äußert. In diesem Szenarium *ist gerade* Searle selbst das gesamte System – dennoch versteht er immer noch kein Wort Chinesisch.

Manche haben eingewendet, dass er in diesem Szenario – in dem, wie wir annehmen können, dass Searle direkt mit anderen Sprechern und der Außenwelt interagiert – unvermeidlich die Bedeutungen der chinesischen Wörter, die er äußert, aufnehmen würde. Wenn eine bestimmte Abfolge von Geräuschen eher nur dann geäußert wird, wenn es regnet, dann muss er fähig sein abzuleiten, dass sie „es regnet" bedeutet; wenn eine andere Abfolge eher dann geäußert wird, wenn Cheeseburger in der Nähe sind, dann könnte er schließen, dass sie „Cheeseburger" bedeutet und so weiter. Ob eine solche kausale Interaktion mit der Welt ausreicht, um eine Auffassung von Bedeutungen zu generieren, ist etwas, das wir im nächsten Kapitel untersuchen werden. Aber wie Searle anmerkt, sogar wenn eine solche Erklärung korrekt ist, so lässt die eben dargestellte Antwort auf das Argument doch seinen Hauptpunkt zu, nämlich, dass das Durchlaufen eines Programms an sich nicht für Verständnis ausreicht.

Es gibt eine Möglichkeit zu argumentieren, dass in Searles abgeändertem Szenarium echtes Verständnis des Chinesischen, nach all dem, was Searle gezeigt hat, existieren würde, sogar wenn kausale Interaktion mit der Welt fehlt. Betrachten wir die Tatsache, dass Computer oft mehrere Programme gleichzeitig am Laufen haben; zum Beispiel könnten Sie gerade im Internet surfen und deshalb würde Ihr Webbrowser laufen, während Sie auch ein Videospiel spielen und ein Schriftstück mit Ihrer Textverarbeitungssoftware tippen. Und obwohl doch dieselbe Maschine alle drei Programme am Laufen hat, so hat doch keines der Programme notwendigerweise irgendeinen Einfluss auf irgendein anderes. Ihre Textverarbeitung hat keinen Effekt auf Ihren Punktestand im Spiel und Ihr Punktestand hat keine Auswirkung darauf, welche Internetseite sie besuchen. Sie könnten sagen, dass keines der Programme „weiß", was die anderen gerade tun. Aber vielleicht passiert etwas Ähnliches mit Searle: sein bewusstes Verstehen des Englischen könnte identisch sein mit seinem Durchlaufen eines bestimmten Programms (des Programmes für Englischkompetenz), während zur selben Zeit, vermöge seines Befolgens der Regeln in dem Regelwerk und der Durchführung des Programms für das Verstehen des Chinesischen, es einen zweiten Bewusstseinsstrom gibt, der bewusst über das Sprechen und das Verstehen des Chinesischen im Klaren *ist*, auch wenn es das englischsprechende Programm nicht ist. Da es sich um verschiedene Programme handelt, hat keines der beiden irgendeinen Zugang zu dem, was mit dem anderen vorgeht, eben nicht mehr als Ihre Textverarbeitung „weiß“, was Ihr Webbrowser gerade macht; aber das bedeutet nicht, dass nicht jedes im Klaren darüber ist, was gerade in ihm selbst vorgeht. Das Ergebnis wäre so etwas wie eine Dissoziative Identitätsstörung: da er beide, das Englisch und das Chinesisch sprechende Programm am Laufen hat, hat sich mehr als ein Geist in Searles Körper niedergelassen, obwohl sich Searle nur der Gedanken des ersten bewusst ist. Wenn dies möglich ist, dann wäre die Tatsache, dass Searles Englisch sprechender Bewusstseinsstrom sich nicht im Klaren darüber ist, dass er Chinesisch versteht, nichtsdestoweniger konsistent damit, dass es einen in ihm einen Bewusstseinsstrom gibt, der es versteht, und solange diese Möglichkeit nicht ausgeschlossen ist, ist das Computerbild des Geistes nicht widerlegt.

Andere Verteidiger der CRTT haben vorgebracht, dass die Antworten auf Searles Argument nur das Versagen aufgezeigt haben, an ihr Hauptproblem zu gelangen, welches ist, dass sie tatsächlich auf einen Strohmann gerichtet ist. Besonders Fodor hat argumentiert, dass es ein Fehler ist, die Computations-/Repräsentations-Herangehensweise an den Geist zunächst als eine Theorie des *Verstehens* anzusehen. Vertreter dieser Herangehensweise halten nicht daran fest – oder müssen zumindest nicht daran festhalten und sollten nicht daran festhalten – dass sie eine Erklärung für *Bedeutung* oder *Intentionalität* liefert: sie hat nichts darüber zu sagen, wie Symbole, chinesische oder andere, dazu kommen, irgendeinen Inhalt zu haben, oder darüber, wie wir dazu kommen, diesen Inhalt zu verstehen. Vielmehr ist sie bloß eine Theorie der *Rationalität*, über unsere Fähigkeit im Einklang mit den Gesetzen der Logik von einem Gedanken zu einem anderen überzugehen; und woran sie festhält, wie wir gesehen haben, ist, dass wir in der Lage sind dies zu tun, weil unsere Gedankenprozesse Computerprozesse sind, die in der Hardware des Gehirns durchgeführt werden. Nichts in Searles Argument untergräbt diese Behauptung: er betreibt, da er das chinesische Sprachprogramm „am Laufen hat“, wirklich rationales Denken, auch wenn er unfähig ist die Inhalte der Gedanken, die er hat, zu verstehen. Natürlich zeigt dies nicht, wie die CRTT um den anderen Einwand, den wir uns angesehen haben – das Argument der Vernunft –, herumkommt, aber es scheint zu zeigen, dass das Argument des chinesischen

Zimmers keine zwingenden, weiteren, unabhängigen Gründe für die Ablehnung der CRTT bieten kann.

Die Geist-Abhängigkeit der Computation

Das Argument des chinesischen Zimmers scheint im besten Fall nicht überzeugend. Aber Searle hat andere Pfeile in seinem Köcher. Die Behauptung des Computationalismus ist, dass der menschliche Geist mit einem Computerprogramm identisch ist, einem Stück Software, das im Gehirn ausgeführt wird. Das Gehirn ist dieser Ansicht nach sozusagen buchstäblich eine Art Computer. Aber aufgrund wovon genau zählt etwas überhaupt als ein Computer? Betrachten Sie den Computer, der auf ihrem Schreibtisch steht. Sie benutzen ihn, um im Internet zu surfen und zur Textverarbeitung, und ein Teil dessen, was dies einschließt, ist das Generieren von Text und Bildern auf dem Computerbildschirm als Antwort auf den Input, der auf der Tastatur eingegeben wird. Wie wir vorher angemerkt haben, sind die Wörter und Bilder, die auf dem Bildschirm erscheinen, von sich aus nur bedeutungslose Muster, Formen und Farben: *wir* sind es, die ihnen all die Bedeutung geben, die sie haben; dieselben Bilder könnten im Prinzip zufällig entstanden sein, ohne dass sie mit irgendeiner Bedeutung in Verbindung gebracht würden. Aber Searle argumentiert, dass dies genauso wahr ist für die elektrischen Impulse, die durch das Tippen der Tasten erzeugt werden, und für jeden anderen elektrischen Impuls oder mechanischen Vorgang, der in der Maschine im Verlauf ihrer Durchführung der Funktionen, die in ihrer Programmierung eingebettet sind, vorkommt. All diese sind an sich nur bedeutungslose, physikalische Ereignisse, und sie erhalten ihre Bedeutung als Schritte in der Ausführung eines Programms nur deshalb, weil wir annehmen, dass sie eine solche Bedeutung haben.

Aber das Computersein Ihres Computers überhaupt besteht nur aus seiner Ausführung verschiedener Programme; und sein Ausführen solcher Programme besteht nur aus unserer Annahme, dass er das tut, aus unserem Gebrauch, den wir davon machen, um darauf die Programme laufen zu lassen. An sich ist die Maschine nicht mehr als ein Stück Plastik, Stahl, Silizium und Kabeln, durch die elektrischer Strom fließt. Sie zählt als ein Computer, so meint Searle, nur *relativ zu uns und unseren Interessen*. Tatsächlich ist sie streng genommen nicht einmal dann ein Computer; wir sind es, die buchstäblich in der Art eines Computers berechnen, wenn wir „Computer“ benutzen. Aus dem gleichen Grund sind es *wir*, die wirklich rechnen, wenn wir „Rechner“ benutzen: der Rechner selbst ist nur ein mechanisches Gerät, und der elektrische Strom, der es durchläuft, die Bilder, die auf seinem Bildschirm angezeigt werden und die Beschriftungen auf seinen Tasten sind an sich ohne Bedeutung. Wir geben diesen Dingen Bedeutung und wir erledigen das Rechnen, wobei das Gerät bloße eine äußerliche Hilfe ist, das sich im Grad der Komplexität weitgehend von einem Abakus oder einem Bleistift und Papier unterscheidet, das aber (in relevanter Weise) nicht von ihnen in ihrer Art verschieden ist.

Aus diesem Grund könnte im Prinzip alles als Computer verwendet werden; alles, was zählt, ist, dass das System, das derart verwendet wird, eine Struktur hat, die komplex genug ist, damit wir in der Lage sind seine Zustände als Programmschritte zu interpretieren. Um ein Beispiel Searles zu verwenden, so ist die atomare Struktur der Wand seiner Untersuchung komplex genug, damit dort eine Konfiguration von Ereignissen innerhalb dieser auf Mikroebene stattfinden kann, die als das Ausführen eines Textverarbeitungsprogramms interpretiert werden kann; in gewissem Sinne „läuft“ auf seiner Wand somit WordPerfect. Natürlich haben wir keinen Zugang zu diesem System von Ereignissen auf Mikroebene, sodass wir niemals tatsächlich einen praktikablen Weg finden könnten, um einen Teil der Menge von Ereignissen zu isolieren und ihn als den „Input“ zu kennzeichnen, oder um einen anderen Teil zu isolieren und ihn als den „Output“ zu kennzeichnen und so weiter. Aber all das bedeutet, dass wir keine praktische Verwendung für die Wand als eine potentielle Textverarbeitung haben. Relativ zu unseren Interessen zählt sie nicht als eine solche, aber dem Prinzip nach könnte sie es (und vielleicht gibt es Geschöpfe, die in der Lage sind, davon Gebrauch zu machen). Und die Dinge, die als Textverarbeitung und ähnliches zählen, tun dies nur, weil wir es nützlich finden, dass sie als solche zu erachten.

Computation, so schließt Searle, ist ein beobachterabhängiges Phänomen. Es gibt nichts Wesentliches in der Natur von irgendeinem Ding in der materiellen Welt, das es zu einem Computer macht, oder das es wahr macht, dass es ein Programm ausführt. Es ist alles eine Frage der Interpretation: unserer Interpretation. Wenn wir entscheiden, etwas als einen Computer zu erachten, dann ist es einer, wenn nicht, dann ist es keiner. Es ist nicht mehr daran als das. Die komplizierteste Maschine, die bei IBM vom Fließband rollt wird nicht als Computer zählen, wenn wir überhaupt keine Verwendung dafür haben; im Gegensatz dazu zählt sogar die Füllfeder, die auf dem Schreibtisch vor Ihnen steht, in dem trivialen Sinn als ein Computer, als dass wir sie als etwas interpretieren können, das das folgende „Programm" „ausführt": „Bleib dort liegen und bewege dich nicht".

Das Problem, das Searle für die Computerkonzeption des Geistes formulieren will, sollte nun offensichtlich sein. Wenn Computation beobachterabhängig ist, dann bedeutet das, dass seine Existenz die Existenz von Beobachtern voraussetzt, und daher die Existenz von Geist; also kann man sich darauf offenbar nicht beziehen, um Beobachter oder den Geist selbst zu erklären. Das hieße den Wagen vor das Pferd zu spannen. Das wäre wie der Versuch, jemandes Erscheinung durch Bezugnahme auf ein Gemälde von diesem jemand zu „erklären": „Schau, das Gemälde sieht so aus; das muss also der Grund sein, warum sie/er auch so aussieht." Offensichtlich sind in diesem Fall die Dinge wirklich genau andersherum: das Aussehen des Gemäldes wie es ist muss durch die Erscheinung der Person, von der es ein Gemälde ist, erklärt werden. Aus dem gleichen Grund ist es die Computation, die mit Bezug auf den menschlichen Geist erklärt werden muss, nicht der menschliche Geist mit Bezug auf Computation. Das Gehirn ist seinem Wesen nach kein digitaler Computer, weil nichts ein solcher ist. Die Fähigkeit des Geistes im Einklang mit den Gesetzen der Logik zu denken kann also nicht mit Bezug darauf erklärt werden, dass im Gehirn eine bestimmte Art von Programm läuft. Die Computations-/Repräsentationstheorie des Denkens erscheint daher inkohärent.

Eine andere Möglichkeit, diesen Punkt einzusehen, ist sich in Erinnerung zu rufen, dass die computationalistische Erklärung geistige Prozesse als eine Menge von Algorithmen betrachtet. Einen Algorithmus zu durchlaufen heißt einer Menge von eindeutigen Regeln zu folgen. Wie Hubert Dreyfus, ein weiterer einflussreicher Kritiker des Computationalismus, aufgezeigt hat, liegt ein offenkundiges Problem der Ansicht, dass der Geist zur Gänze durch das Befolgen irgendeiner Grundmenge algorithmischer Regeln erklärt werden kann, darin, dass eine jede Menge von Regeln einer Vielzahl von Interpretationen offensteht. Es ist möglich, die Interpretation einer gegebenen Menge von Regeln durch die Bezugnahme auf eine Menge von Regeln höherer Ordnung zu fixieren, aber das verlagert das Problem nur um einen Schritt, da diese Regeln höherer Ordnung selbst für verschiedene Interpretationen anfällig sein werden. Eine weitere Möglichkeit, Searles Argument zu verstehen, ist also wie folgt: die Tatsache, dass ein Computer einer Grundmenge algorithmischer Regeln folgt, kann sein Verhalten nicht völlig erklären, weil der Umstand, dass die Menge der Regeln (und damit sein Verhalten) eher auf *diese* Weise als auf *jene* verstanden werden muss, irgendeine Interpretation dieser Grundregeln erfordert; und da es per Definition keine weitere Grundmenge gibt, auf die man sich beziehen könnte, um die Interpretation zu fixieren, müssen wir uns auf etwas außerhalb des Computers beziehen – auf einen Geist, der die Regeln interpretiert. In diesem Fall können wir den Geist selbst nicht durch das Befolgen algorithmischer Regeln erklären, da der Umstand, dass solchen Regeln eher diese Interpretation als jene gegeben wird, die Existenz eines Geistes voraussetzt. Tatsächlich setzt der Umstand, dass wir sie überhaupt wirklich als Regeln erachten, streng genommen voraus, dass es einen Geist gibt, der sie als Regeln interpretiert; ansonsten wäre alles, was vorhanden ist, Verhaltensregelmäßigkeiten, die so beschrieben werden können, *als ob* sie dazu führten, dass Regeln befolgt werden.

Manche haben versucht Searles Argument zu begegnen, indem sie anmerkten, dass streng genommen von einem Ding, sofern es als Computer zu erachten ist, mehr erforderlich ist, als bloß, dass wir irgendeine isolierte Menge seiner Zustände als Kalkulation in der Art eines Computers interpretieren können. Es ist beispielsweise für ein System, um als Ausführung der Kalkulation „1+2=3“ zu gelten, nicht genug, dass es Zustände hat, die „1“ und „2“ entsprechen, die von einem Zustand gefolgt werden, der „3“ entspricht. Denn was es wirklich braucht, damit es als Addition gilt, ist, dass es auch wahr sein muss, wenn wir für die ersten beiden Zustände „3“ und „4“ genommen hätten und dann der dritte Zustand „7“ wäre – und so weiter für kontrafaktische Inputs und Outputs. Aber dies scheint Searles grundlegenden Punkt nicht zu untergraben. Alles, was es zeigt, ist, dass ein System nur dann als ein Computer oder Rechner für uns nützlich sein wird, wenn es komplex genug ist, um all die möglichen Berechnungen, die wir damit eventuell durchführen wollen, widerzuspiegeln, und nicht bloß irgendeinen begrenzten Bereich. Aber es zeigt überhaupt nicht, dass Computation nicht beobachterabhängig ist. Wir können kein Messer aus irgendetwas Beliebigem machen – Stahl und Plastik könnten wir verwenden, aber Rasiercreme und Butter nicht – aber dies untergräbt nicht den Punkt, dass etwas nur relativ zu unseren Interessen als Messer gilt. Nicht alles kann wirkungsvoll dazu verwendet werden, um ein Wort oder einen

Satz auszudrücken – Tintenflecken und Geräusche schon, aber Zigarettenrauchfahnen und Wassertropfen sind zu formlos und instabil – aber das beeinträchtigt nicht den Punkt, dass ein gegebenes physikalisches Objekt nur dann als Wort oder Satz zählt, wenn wir es als Wort oder Satz verwenden. In ähnlicher Weise muss eine Maschine ein gewisses Komplexitätslevel haben, wenn sie für uns als Textverarbeitung oder Rechner nützlich sein soll, aber das ändert nicht die Tatsache, dass es ein geistabhängiges Phänomen ist, ob sie letztlich eine Textverarbeitung oder ein Rechner ist.

Diese letzten Beispiele, deuten an, dass, falls Searle recht hat, sein Argument nicht nur auf den „computationalen" Teil der CRTT zutrifft, sondern auch auf den „repräsentationalen" Teil davon. Die CRTT vertritt, wie wir gesehen haben, die Ansicht, dass wir in einer „Sprache des Denkens" denken, wobei diese Sprache in „Sätzen" realisiert ist, die irgendwie in der neuronalen Verkabelung des Gehirns inkarniert ist. Aber wie wir gesehen haben, haben physikalische Formen, Geräuschmuster, elektrische Impulse und so weiter an sich keine Bedeutung. Und der Punkt ist nicht bloß, dass das Wort „Katze" sich außerhalb unseres Dafürhaltens, dass es sich auf Katzen bezieht, nicht auf Katzen bezieht; es gilt zunächst nicht einmal als ein Wort, worauf auch immer wir glauben, dass es sich bezieht, bis wir es als ein solches erachten. Aber dasselbe gilt auch für Sätze. Nichts ist von sich aus ein Satz; der Status von etwas als ein Satz ist zur Gänze relativ zu unserer Verwendung als solchen. An sich ist ein Satz bloß eine Kette von Zeichen auf Papier, eine Serie von Geräuschen oder was auch immer. Und das scheint nicht weniger auf neuronale Schaltmuster zuzutreffen: als eine Menge physikalischer Phänomene unter anderen, scheinen sie keine Bedeutung oder keinen Status als Sätze an sich zu haben, nicht mehr als dies Tintenflecken oder Schallwellen haben. Aber in diesem Fall kann es nicht buchstäblich Sätze in unseren Köpfen geben, bis wir nicht irgendwelche neuronalen Prozesse, die dort ablaufen, als Instanzen gewisser Sätze interpretieren – etwas, das ziemlich offensichtlich nur extrem selten, wenn überhaupt, passiert. Mehr noch, wenn auch Sätze beobachterrelativ sind, dann kann man sich nicht auf sie in einer Erklärung des Geistes und seiner Gedanken beziehen. Wenn man die grundsätzliche Zugkraft an Searles Position akzeptiert, dann erscheint der „repräsentationale" Aspekt der CRTT genauso inkohärent wie der „computationale" Aspekt.

Denken und Bewusstsein

Schließlich gibt es wohl ein Problem mit der Behauptung der Hypothese einer „Sprache des Denkens“, dass die Gedanken, die diese Sprache als ihr Medium haben, niemals ins Bewusstsein gebracht werden – einer Behauptung, die die Theorie machen muss, da man einsieht, dass wir uns niemals bewusst sind, in irgendeiner solchen Sprache zu denken, sondern nur in natürlichen Sprachen (Englisch, Deutsch, Französisch, Chinesisch, etc.), die wir zum Sprechen verwenden. Searle argumentiert, dass es prinzipiell keine Entität geben kann, die buchstäblich beides, ein Gedanke und völlig unbewusst, sein kann. Das ist das „Verbindungsprinzip“, auf das im vorigen Kapitel angespielt wurde, nach dem es eine inhärente Verbindung zwischen dem Gedanke-sein und dem bewusst-sein eines Dings gibt. Wenn dieses Prinzip wahr ist, so scheint daraus zu folgen, dass es nun noch einen Grund gibt, die Hypothese einer Sprache des Denkens und die CRTT, von der sie einen Teil darstellt, als inkohärent zu erachten.

Searles Argument für dieses Prinzip beleuchtet die tiefgehenden Verbindungen stärker, die, wie wir im vorigen Kapitel behauptet haben, zwischen Bewusstsein, Subjektivität und Intentionalität zu bestehen scheinen. Auf das Wesentliche beschränkt, sieht es so aus: unbewusste geistige Zustände, so wie jemandes unbewusste Überzeugung, dass Wasser Durst stillt, weisen Intentionalität auf: in diesem Fall *repräsentiert* die Überzeugung, ist die Überzeugung *gerichtet auf* oder *handelt von* der Tatsache, dass Wasser durstlöschend ist. Aber wie alle intentionalen Zustände haben solche unbewussten Zustände eine „Erscheinungsform“, in der sie alles das repräsentieren, was immer sie eher in irgendwelchen besonderen Erscheinungsformen repräsentieren als in anderen. Im vorliegenden Fall repräsentiert die Überzeugung die zur Debatte stehende Tatsache als die Tatsache, dass *Wasser* ein Durstlöscher ist, und nicht notwendigerweise als die Tatsache, dass *H_2O* ein Durstlöscher ist (da die Person, die die Überzeugung hat, vielleicht nichts von H_2O weiß, und daher nicht weiß, dass Wasser = H_2O). Aber die Erscheinungsform ist nichts, das prinzipiell in ausschließlich objektiver, dritte-Person-mäßiger neurophysiologischer oder in das Verhalten betreffender Weise analysiert werden kann. Wenn wir beobachten, dass jemand zu einem Wasserhahn geht und ihn aufdreht, so ist nichts an diesem Verhalten, das an sich schlüssig belegt, dass die Person eher

Wasser als H_2O sucht, da das Verhalten umgekehrt dasselbe sein mag. Sogar wenn man sie fragen würde, was von den beiden Dingen sie sucht, wäre das nicht ausreichend, da zu sagen „Ich suche Wasser und nicht H_2O." Ihnen an sich nicht sagen würde ob das, was die Person mit den Klängen „Wasser" und „H_2O" meint, dasselbe ist wie das, was Sie mit diesen Klängen meinen. (Und zu fragen, was die Person meint, wirft nur genau dasselbe Problem auf einer anderen Ebene auf: was meint die Person mit diesen anderen Klängen, die erzeugt werden, um zu erklären, was mit den Ersten gemeint ist?)

Das Fazit, so schließt Searle, ist, dass nur von der erste-Person-Perspektive der subjektiven Erfahrung der Person aus, die die Überzeugung hat, die Bedeutung der Wörter der Person endgültig festgelegt werden kann. Es ist wichtig festzuhalten, dass Searles Behauptung nicht bloß die ist, dass wir von der externen, objektiven Warte aus nicht mit Sicherheit wissen können, was die Bedeutung der Wörter ist, sondern vielmehr, dass *es überhaupt keine Bewandtnis hätte*, was diese Wörter bedeuten, wenn der einzige Beleg, der existierte, der externe, dritte-Person-mäßige Beleg alleine wäre. Hier bezieht sich Searle auf eine berühmte Reihe von Argumenten, die von dem Philosophen W.V.O. Quine (1908-2000) für das, was Quine die *Unbestimmtheit der Übersetzung* genannt hat, geliefert wurden. Quine vertrat den Standpunkt, dass ein Anthropologe, der feststellt, dass ein Angehöriger eines bisher unbekannten Stammes konstant den Ausdruck „Gavagai" in der Anwesenheit eines Hasen benutzt, diesen Ausdruck natürlich so interpretieren könnte, dass er „Hase" bedeutet, und damit weitermacht, den Rest der Sprache des Sprechers dem entsprechend zu übersetzen. Aber es ist auch möglich, wenn man nur nach dem Verhalten des Sprechers geht, dass der Ausdruck stattdessen als „ nicht abgetrennter Hasenteil" oder „zeitliches Stadium eines Hasen" übersetzt wird – vorausgesetzt, dass die Sprache des Sprechers ungleich unserer eigenen ein spezielles Interesse an Körperteilen, die mit dem Körper verbunden bleiben, oder an Objekten der Alltagserfahrung, die als bloße zeitliche Zustände einer größeren, vierdimensionalen Raum-Zeit-Struktur (das ist die gesamte Geschichte des Hasen von der Empfängnis bis zum Tod) betrachtet werden, widerspiegelt – und dass der Rest der Sprache des Sprechers im Lichte dieser ungewöhnlichen Annahmen übersetzt werden kann. Es gibt nichts *im Verhalten des Sprechers alleine*, das ein Übersetzungssystem gegenüber dem anderen begünstigen könnte, wie Quine argumentiert, vorausgesetzt, dass jedes Übersetzungssystem gründlich genug ist, um all das Verhalten des Sprechers erklären zu können. Quine, der eine Art Behaviorist war – er vertrat die Ansicht, dass am Geist nichts über oder oberhalb von Verhaltensmustern ist – nahm dies, um zu der verblüffenden Konsequenz zu gelangen, dass es keine Bewandtnis damit hat, was irgendjemand von uns meint, wenn wir irgendeinen Ausdruck äußern: ob wir entscheiden, dass andere oder sogar wir selbst „Hase" oder „zeitlicher Abschnitt im Leben des Hasen" meinen, wenn wir über Hasen sprechen, ist eine gänzlich pragmatische Angelegenheit, eine Frage dessen, welche Übersetzung wir nützlicher finden. Keine der Interpretationen ist objektiv näher an der Wahrheit als die andere, da es keine objektive Wahrheit in dieser Sache gibt. Searle weist diese Ansicht ganz und gar zurück: es gibt, wie er insistiert, klarerweise mehr am Geist als Verhalten – es gibt auch subjektive, erste-Person-Sicht des bewussten Subjekts – und von dieser Warte aus gesehen weiß eine Person tatsächlich, dass es, sagen wir, „Hase" ist, was sie meint, und nicht „zeitlicher Abschnitt eines Hasen". Aber Searle stimmt mit Quine überein, dass wenn dritte-Person-mäßige, auf das Verhalten bezogene (und neurophysiologische) Belege alles wären, auf das wir uns beziehen könnten, dann gäbe es keine solche Bewandtnis. Die dritte-Person-mäßigen, äußeren Belege sind für sich einfach nicht genug, um die Bedeutung zu bestimmen – oder um insbesondere die Erscheinungsform zu bestimmen.

Wenn objektive, dritte-Person-mäßige Fakten nicht genug sind, um die Erscheinungsform zu bestimmen, dann reichen sie auch nicht aus, um den Inhalt eines intentionalen geistigen Zustands, wie eine Überzeugung, dass Wasser Durst stillt, zu bestimmen. Aber wenn eine Person einen solchen geistigen Zustand *unbewusst* hat, dann sind solche objektiven, dritte-Person-mäßigen Fakten – Fakten über neuronale Verbindungen im Gehirn, über Verhaltensdispositionen und ähnlichem – all die relevanten Fakten, die es gibt. Wenn also er oder sie genau genommen sich nicht bewusst darüber im Klaren ist, dass er oder sie glaubt, dass Wasser Durst löscht, dann hat er oder sie nach Searles Ansicht diese Überzeugung. Aber offensichtlich gibt es einen Sinn, in dem man diese Überzeugung hat, auch wenn man sich ihrer nicht bewusst ist, oder etwa nicht? Den gibt es, wie Searle zustimmt, aber worauf dies hinausläuft, ist wirklich nur das: wenn jemand diese Überzeugung nicht bewusst hegt, dann ist, was sie oder er hat, eine Menge neuronaler Verbindungen, die die Neigung haben unter gewissen Umständen die bewusste Überzeugung zu produzieren, dass Wasser Durst löscht. Bis die

Person sich dessen bewusst ist, hat sie oder er dennoch nicht im eigentlichen Sinn einen Geisteszustand, der den Inhalt hat, dass Wasser Durst löscht; die Person konnte ihn nicht haben, in Anbetracht der wesentlichen Verbindung zwischen der bewussten, subjektiven, erste-Person-Sichtweise und der Erscheinungsform, die alle Geisteszustände, inklusive der Intentionalität, aufweisen.

Wenn es eine solche wesentliche Verbindung gibt, dann kann es nicht einfach Zustände geben, die im eigentlichen Sinn zugleich geistig sind und Intentionalität aufweisen, und die dennoch prinzipiell unbewusst sind. Das heißt, es kann keine Zustände der Art, wie sie die „Denksprachen"-Hypothese postuliert, geben: Überzeugungen, Wünsche, und so weiter, die auf Mentalesisch formuliert sind. Nach Searles Ansicht haben wir, wenn wir uns solcher Gedanken niemals bewusst sind, diese überhaupt nie wirklich.

Der Verfechter der CRTT könnte darauf antworten, indem er vorschlägt, dass vielleicht das, was wir mit „Hase" meinen, und das, was wir mit irgendetwas anderem meinen, was das betrifft, in Wirklichkeit von der erste-Person-Sichtweise aus nicht so eindeutig ist, wie Searle meint. Vielleicht weiß man es nicht wirklich genau, auch via Introspektion nicht, was man meint, wenn man „Hase" oder irgendeinen anderen Ausdruck verwendet. Und wenn nicht, dann gäbe es keinen Grund Searles Vorschlag, dass eine Bezugnahme auf die subjektive, erste-Person-Perspektive des Bewusstseins notwendig ist, um die eindeutige Bedeutung unserer Gedanken und Ausdrücke zu erklären, zu akzeptieren, da sie dann zunächst einfach keine eindeutige Bedeutung hätten.

Das scheint, gelinde gesagt, ein eher extremer und kontraintuitiver Weg zu sein, um Searles Schlussfolgerung zu vermeiden – diese scheint nach sich zu ziehen, dass es keine Bewandtnis damit hat, ob man „Hase" oder „zeitliches Stadium eines Hasen" meint – und es führt uns jetzt doch noch zu der Frage, ob der Materialismus das erklären kann, was die offensichtlichen Fakten über Bedeutung und Intentionalität zu sein scheinen. Die Argumente, die im vorigen Kapitel betrachtet wurden, haben uns zu dem Schluss gebracht, dass das letztlich die Kernfrage ist, der sich der Materialist stellen muss. Die Argumente dieses Kapitels haben diesen Schluss untermauert: das Argument der Vernunft hat zur Folge, dass die materialistischen Standardversuche, die menschliche Rationalität zu erklären, darin scheitern, die Auswirkung zu erklären, die intentionale Geisteszustände *als* intentionale auf die physische Welt haben; und Searles verschiedene Argumente zeigen, dass die Kategorien, auf die sich diese materialistischen Theorien beziehen – Computation, Repräsentation, Sprache und ihre Elemente (zum Beispiel Sätze) – Intentionalität und die Sichtweise des Subjekts *voraussetzen*, und daher nicht die Basis für eine Theorie bilden können, die die rationalen, intentionalen Prozesse des Subjekts *erklärt*. Das letzte seiner Argumente hat auch den Vorschlag im vorigen Kapitel untermauert, dass es eine wesentliche Verbindung zwischen Bewusstsein, Intentionalität und Subjektivität gibt und dass man nicht eines erklären kann, ohne damit auch das andere zu erklären. Wir werden uns ansehen, ob dieses Argument letztlich verteidigt werden kann, wenn wir uns im nächsten Kapitel auf die Intentionalität selbst konzentrieren.

7. Intentionalität

Der Begriff „Intentionalität“ leitet sich vom lateinischen *intendere* ab, was „zeigen (auf)“ oder „zielen (auf)“ bedeutet – daher die Verwendung des Begriffes, um die Fähigkeit eines Geisteszustandes anzuzeigen, auf etwas „hinzudeuten“ oder von etwas handeln oder etwas zu bedeuten, stehen für etwas oder etwas repräsentieren, das jenseits dessen selbst steht. (Es ist wichtig festzuhalten, dass *Intentionen,* z.B. Ihre Intention dieses Kapitel zu lesen, nur eine Manifestation von Intentionalität sind; Ihre Überzeugung, dass Sie ein Buch lesen, Ihr Wunsch es zu lesen, Ihre Wahrnehmung des Buches, und so weiter, stellen ebenso sehr wie Ihre Intention Intentionalität dar.) Das Konzept war für mittelalterliche Philosophen von großer Bedeutung, aber Franz Brentano (1838-1917) ist der Denker, der am meisten dafür verantwortlich ist, dass es in der gegenwärtigen philosophischen Diskussion ins Zentrum gerückt wurde. Brentano ist auch dafür bekannt, dass er Intentionalität als das „Merkmal des Mentalen“ erachtete – die eine wesentliche Eigenschaft aller mentaler Phänomene – und dafür, dass er die Ansicht vertreten hat, dass ihr Innehaben von Intentionalität mentale Phänomene letztlich nicht reduzierbar auf und nicht erklärbar durch physikalische Phänomene macht. Die vorigen beiden Kapitel geben uns Grund zu glauben, dass er recht hatte, die erste Behauptung aufzustellen. Das vorliegende Kapitel wird untersuchen, ob er auch recht hatte, die zweite aufzustellen.

In Kapitel 1 und 2 haben wir einige Gründe dafür untersucht, Intentionalität für mysteriös und vielleicht ungeeignet für eine materielle Erklärung zu halten. Die intuitive Idee war wie folgt: wenn wir Beispiele materieller Entitäten betrachten, die Intentionalität aufweisen – Wörter, Sätze, Bilder – dann sehen wir, dass sie ihren intentionalen Inhalt nicht an sich haben, sondern nur relativ zu menschlichen Interessen; an sich ist ein Wort, ein Satz oder ein Bild nur eine bedeutungslose Ansammlung von Tintenmarkierungen und hat jede Bedeutung, die sie hat, nur weil wir sie verwenden, um eine Bedeutung zu vermitteln. Wie Searle es ausgedrückt hat, ist die Intentionalität, die hier präsent ist, eher eine „abgeleitete Intentionalität“ als eine „intrinsische Intentionalität“. (Searle unterscheidet auch noch eine dritte Kategorie: „als-ob Intentionalität“, die etwas aufweist, wenn es sich so verhält, *als ob* es Intentionalität hätte, obwohl es sie in Wirklichkeit nicht hat, zum Beispiel die Art, wie sich Wasser in einem Fluss bewegt, so als ob es zum Ozean gelangen wollte, wo es doch in Wirklichkeit überhaupt nichts „will“.) Das Abgeleitetsein ihrer Intentionalität scheint eine notwendige Eigenschaft der Entitäten zu sein, die zur Debatte stehen: da es seinem Wesen nach nur eine Ansammlung bedeutungsloser Tintenpartikel ist, kann beispielsweise ein geschriebenes Wort keine intrinsische Intentionalität haben. Aber was auf dieses Beispiel zutrifft, scheint auf materielle Entitäten im Allgemeinen zuzutreffen. Schallwellen, die vom Kehlkopf abgegeben werden, elektrischer Strom, der durch einen Computer fließt, und ähnliches, haben alle ihre gesamte Intentionalität, die sie haben, nur in einer abgeleiteten Art. Mehr noch, Gehirnprozesse scheinen, zusammengesetzt aus bedeutungslosen chemischen Komponenten wie sie sind, grundsätzlich genauso frei von intrinsischer Intentionalität zu sein wie Schallwellen oder Tintenmarkierungen. Jede Intentionalität, die sie haben, müsste auch von irgendetwas anderem abgeleitet sein. Aber wenn allem Physikalischen intrinsische Intentionalität fehlt, dann müsste all das, was intrinsische Intentionalität hat, somit *nicht*-physikalisch sein. Da der Geist die Quelle der Intentionalität physikalischer Entitäten wie Sätze und Bilder ist und seine Intentionalität nicht von irgendetwas anderem erhält (es gibt niemanden, der unseren Geist dazu „benutzt“, um Bedeutung zu vermitteln), scheint daraus zu folgen, dass der Geist intrinsische Intentionalität hat und daher nicht-physikalisch ist.

In Kapitel 5 haben wir den Vorschlag untersucht, dass der Einwand dagegen, qualitative Bewusstseinszustände mit Gehirnzuständen zu identifizieren, überwunden werden kann, indem man in modifizierter, Russellscher, „neutral monistischer“ Weise argumentiert, dass weder Wahrnehmung noch Introspektion uns die innewohnende Natur ihrer Objekte enthüllt: die Weise, in der das Gehirn uns in der Wahrnehmung erscheint, und die Weise, in der uns Bewusstseinszustände in der Introspektion erscheinen sind nicht notwendigerweise die Arten, die diese Dinge ihrem Wesen nach tatsächlich sind. Wahrnehmung und Introspektion liefern uns nur *Repräsentationen* des Gehirns beziehungsweise von Qualia tragenden, bewussten Erfahrungen, und nicht die wahre Natur dieser Dinge wie sie „an sich" sind. Wenn es so scheint, dass Gehirnzustände und Bewusstseinszustände nicht identisch sein können, dann mag das vielleicht nur einen Unterschied in der Weise, in der wir sie repräsentieren, widerspiegeln, und nicht einen objektiven Unterschied in den Dingen selbst; sie könnten, trotz alledem, eben doch in Wirklichkeit identisch sein.

Könnte man einen solchen Schritt als Antwort auf das Argument, das gerade dargestellt wurde, gegen das Identifizieren intentionaler Geisteszustände mit Gehirnprozessen, machen? Nein, und der Grund sollte offensichtlich sein. Die modifizierte, Russellsche, neutral monistische Strategie hängt von dem Festhalten daran ab, dass die Grauheit und die Schwammigkeit des Gehirns nicht wesentlich sind für das Gehirn und dass die Qualia, die mit bewussten Erfahrungen in Verbindung gebracht werden, nicht wesentlich sind für die Erfahrungen: die Grauheit, Schwammigkeit und die Qualia existieren alle nur relativ zu unseren Repräsentationen vom Gehirn und von bewussten Erfahrungen. Aber denselben Schritt kann man nicht in Hinblick auf die Intentionalität intentionaler Geisteszustände machen. Es würde keinen Sinn machen die Ansicht zu vertreten, dass die Intentionalität, die der Geist aufweist, nicht wesentlich im Geist selbst existiert, sondern nur relativ zu unseren Repräsentationen vom Geist; denn eine Repräsentation ist selbst eine Manifestation der Intentionalität. Wir könnten uns der Möglichkeit nach nicht selbst als Intentionalität aufweisend „repräsentieren", solange wir sie nicht wirklich aufweisen, sodass wir sie nie nur relativ zu einer Repräsentation haben. Dass wir überhaupt repräsentieren können zeigt, dass wir sie von vornherein haben.

Naturalistische Bedeutungstheorien

Das jedenfalls ist prima facie der Fall für die Ansicht, dass Intentionalität nicht auf materielle Weise erklärbar ist. Aber trotz dieser anscheinenden Schwierigkeit des Materialismus – vielleicht genau deswegen – ist der Versuch, eine materialistische oder „naturalistische" Erklärung für Intentionalität zu liefern, stets eine Hauptsorge gegenwärtiger Philosophen des Geistes gewesen. Einige von diesen haben vorgeschlagen, dass die Vielfalt der Erklärungen, die in den vergangenen Jahren entwickelt wurden, allein durch ihre Existenz Grund zu der Annahme liefern, dass eine materialistische Erklärung der Intentionalität letztlich zumindest prinzipiell möglich sein sollte. Wir müssen also diese Erklärungen untersuchen und sehen, ob sie die intuitiven Schwierigkeiten, denen solche Erklärungen zu begegnen scheinen, überwinden. Die Haupttheorien können in vier Kategorien eingeordnet werden:

1. Theorien der konzeptionellen Rolle

Diese Art von Theorie setzt voraus, dass die Bedeutung oder der intentionale Inhalt irgendeines besonderen Geisteszustandes (eine Überzeugung, ein Wunsch, oder was auch immer) sich von der Rolle ableitet, die er innerhalb eines Systems der Geisteszustände spielt, von dem alle, wie wir gesehen haben, logisch miteinander in der Art, die wir in Kapitel 3 und 6 kurz diskutiert haben, in Wechselbeziehung stehen, da ja das Aufweisen eines Geisteszustandes zu erfordern scheint, dass man damit eine Reihe weiterer aufweist. Die Idee ist, dass das, was die Überzeugung liefert, dass *Sokrates sterblich ist*, die genaue Bedeutung hat, dass es die Folge anderer Überzeugungen ist, die bedeuten, dass *alle Menschen sterblich sind* und dass *Sokrates ein Mensch ist*, was zusammen mit einer Überzeugung, die bedeutet, dass *alle Sterblichen letztlich sterben*, die Überzeugung zur Folge hat, die bedeutet, dass *Sokrates letztlich sterben wird*, und so weiter. Wenn wir bei Überzeugungen, Wünschen und ähnlichem an ein riesiges System logisch miteinander verbundener Elemente denken, so besagt die Theorie, dass jedes Element im System seine Bedeutung von genau dem Platz im System erhält, den es hat, durch genau die logischen und konzeptionellen Verhältnisse, in denen es zu den anderen Elementen steht. (Genauer noch sind es die Objekte der Überzeugungen, Wünsche und ähnlichem – Sätze auf Mentalesisch entsprechend der CRTT, oder, allgemeiner und wegen dieser nicht notwendigerweise der CRTT verpflichtet, „mentale Repräsentationen" irgendeiner anderen, nicht satzmäßigen Art – die Bedeutung oder intentionalen Inhalt tragen. Aber der Einfachheit halber können wir diese Qualifikation im Folgenden ignorieren.)

Es scheint ein ernstes Problem mit der Herangehensweise der konzeptionellen Rolle zu geben, nämlich, dass es sogar dann, wenn es garantiert ist, dass Geisteszustände die spezielle Bedeutung oder den Inhalt, die oder den sie haben, nur wegen ihrer Beziehungen zu anderen Geisteszuständen haben, es nicht erklären würde, wie Geisteszustände zunächst überhaupt irgendeine Bedeutung haben. Dass eine bestimmte Überzeugung entweder andere Überzeugungen nach sich zieht oder von diesen impliziert wird, setzt voraus, dass sie die eine oder andere Bedeutung hat: nichts, das völlig bedeutungslos ist, könnte irgendetwas implizieren (oder von irgendetwas impliziert werden). Schon das Aufweisen von logischen und konzeptionellen Beziehungen setzt die vorherige Existenz von Bedeutung voraus, sodass keine Bezugnahme auf logische und konzeptionelle Verbindungen Bedeutung (völlig) erklären kann. Mehr noch, wenn Überzeugung A ihren Inhalt von ihren Beziehungen zu den Überzeugungen B und C erhält, und diese ihren Inhalt von ihren Beziehungen zu den Überzeugungen D, E und F erhalten, so scheinen wir dazu bestimmt zu sein, entweder in einen Zirkel oder in einen infiniten Regress geführt zu werden. Egal wie, es wird keine endgültige Erklärung des intentionalen Inhalts zustande kommen. Solch eine Erklärung zu liefern erfordert daher unausweichlich eine Bezugnahme auf irgendetwas außerhalb des Netzwerks, etwas, das dem Ganzen Bedeutung verleihen kann.

John Searle, der so etwas ähnlichem wie der Bedeutungstheorie der konzeptionellen Rolle beipflichtet, erkennt an, dass logische und konzeptionelle Relationen zwischen Geisteszuständen nicht die ganze Geschichte sein können, sofern Zirkularität und infiniter Regress zu vermeiden sind. Er postuliert deshalb, dass das gesamte „Netzwerk" intentionaler Geisteszustände (Searle schreibt Netzwerk [Anm.: engl. „Network"] groß, um dessen Status als technischer Term zu signalisieren) auf dem beruht, was er einen „Hintergrund" [Anm.: engl. „Background"] nicht-intentionaler Kapazitäten nennt, um mit der Welt um uns zu interagieren. Wir haben zum Beispiel solche intentionalen Geisteszustände wie den Wunsch, ein Bier zu trinken und die Überzeugung, dass im Kühlschrank Bier ist, und diese Geisteszustände erhalten die spezielle Bedeutung, die sie haben, zum Teil über ihre Relationen zueinander und zu anderen Geisteszuständen im größeren Netzwerk. Aber letztlich funktionieren diese Geisteszustände und das Netzwerk als Ganzes nur vor dem Hintergrund von Kapazitäten, wie etwa der Kapazität, sich durch die Welt der physikalischen Objekte zu bewegen, sie aufzugreifen, sie zu manipulieren und so weiter. Diese Kapazität darf nicht mit der Überzeugung identifiziert werden, dass es eine reale Außenwelt physikalischer Objekte gibt; denn wenn sie eine solcher intentionaler Geisteszustand wäre, dann müsste sie ihre Bedeutung von anderen Geisteszuständen erhalten und könnte daher nicht als Teil des Hintergrunds dienen, der den Regress der Geisteszustände beendet. Die fragliche Kapazität ist vielmehr etwas Unbewusstes und ohne Intentionalität, mehr eine Art zu handeln, denn eine Art zu denken. Jemand mag so handeln, als hätte er die fragliche Überzeugung, und doch hat er sie nicht. Derweil diese Kapazität prinzipiell ein bewusster, intentionaler Geisteszustand werden könnte – man könnte zu der ausdrücklichen Überzeugung gelangen, dass *es eine reale Welt äußerer physikalischer Objekte gibt, die ich manipulieren kann und in der ich mich herumbewegen kann* – so würde das bedeuten, dass diese besondere Kapazität sich aus dem Hintergrund heraus und in das Netzwerk hinein bewegt hat, und nun auf irgendeiner anderen unbewussten, nicht-intentionalen Hintergrundkapazität oder Handlungsweise beruht. Es gibt, kurz gesagt, immer die eine oder andere Menge von Kapazitäten, die den Hintergrund enthält (sogar wenn es nicht immer dieselbe Menge für verschiedene Leute ist, oder sogar für dieselbe Person zu verschiedenen Zeitpunkten), und diese Kapazitäten dienen dem Netzwerk intentionaler Geisteszustände als Grundlage.

Es spricht viel für Searles Hypothese des Hintergrunds, aber es scheint, dass sie die Theorie der konzeptionellen Rolle nicht retten kann, da die Rede von einer „nicht-intentionalen Kapazität zum Handeln" zweideutig ist. Betrachten wir, dass, wenn man ohne bewusste Überzeugung handelt, dass *es eine Außenwelt physikalischer Objekte gibt*, aber bloß eine Kapazität mit der Welt der physikalischen Objekte zu interagieren offenbart, dann ist die Kapazität nicht nicht-intentional in derselben Weise, in der die Kapazität eines elektrischen Ventilators mit der Welt der physikalischen Objekte zu interagieren nicht-intentional ist. Man verhält sich, „als ob" man eine bewusste, intentionale Überzeugung von einer Welt von physikalischen Objekten hätte, aber natürlich hat man die nicht, weil man typischerweise nie den Eindruck hat, dass man entweder die Überzeugung hat oder bezweifelt, dass es eine solche Welt gibt: man interagiert einfach mit der Welt. Der Ventilator verhält sich auch „als ob" er die Überzeugung hätte, dass es eine Welt äußerer, physikalischer Objekte gäbe (die er beispielsweise abkühlen „will"); aber natürlich hat er diese Überzeugung (oder irgendwelchen Willen) in Wirklichkeit überhaupt nicht. Im Fall des Ventilators ist das nicht so, weil es dem Ventilator nicht in den Sinn gekommen ist, darüber nachzudenken, ob es eine solche Welt gibt, da der Ventilator solcher Gedanken nicht fähig ist; vielmehr ist es nicht so, weil der Ventilator streng genommen in Wirklichkeit überhaupt nicht „handelt" oder

„sich verhält", im Gegensatz zum bloßen Ausführen von Bewegungen. Und der Grund, warum wir ihn nicht als etwas ansehen, das handelt oder sich irgendwie verhält in demselben Sinn, wie wir das tun, ist genau deshalb, weil er keine Intentionalität aufweist – er ist ein sprachloses, bedeutungsloses, bewusstseinsloses Stück Stahl und Kabeln. Wir hingegen machen nicht bloß physische Bewegungen: das Winken Ihrer Hand, wenn Ihr Freund den Raum betritt, ist nicht bloß eine bedeutungslose Bewegung, sondern eine Handlung, die Handlung Ihren Freund zu grüßen. Wenn es bloß eine bedeutungslose Bewegung wäre – etwa das Resultat eines Krampfanfalls – dann würden wir sie überhaupt nicht als Handlung ansehen; in diesem Fall wäre es nicht etwas, das Sie tun, sondern vielmehr etwas, das Ihnen passiert. Der Ventilator jedoch ist nur in der Lage nichts als bedeutungslose Bewegungen auszuführen.

Damit etwas sich wirklich verhält oder handelt, wie wir das tun, muss es Intentionalität aufweisen – Handlung und Verhalten der Art, wie wir es aufweisen, sind selbst Manifestationen von Intentionalität, und setzen sie daher voraus. Aber in diesem Fall kann der Bezug auf eine „Fähigkeit zu handeln" nicht die endgültige Erklärung von Intentionalität liefern. Wir müssen wissen, warum unsere Fähigkeiten zu handeln sich von den bloßen Fähigkeiten sich zu bewegen, die ein Ventilator aufweist, unterscheiden. Einfach nur à la Searles Theorie des Hintergrunds anzumerken, dass unsere Fähigkeiten nicht-intentionale Handlungsweisen sind, kann nicht helfen, da der Umstand, dass sie echte Handlungsweisen sind, genau das ist, was erklärt werden muss. In der Tat können sie, da sie Handlungsweisen sind buchstäblich nicht-intentional sein, denn wenn sie es wären, dann wären sie nicht keine wirklicheren Handlungsweisen als die Fähigkeiten eines elektrischen Ventilators. Eine Fähigkeit zu handeln ist, der konzeptionellen Notwendigkeit halber, eine intentionale Fähigkeit.

Um Searle gegenüber fair zu sein, muss gesagt werden, dass es nicht klar ist, dass er beabsichtigt, seine Hypothese des Hintergrunds als komplette Erklärung von Intentionalität dienen zu lassen. Sein Ziel könnte einfach darin bestehen, einigen Implikationen der Tatsache, dass Geisteszustände logisch und konzeptionell zueinander in einem Netzwerk in Relation stehen, auszuweichen. Der Punkt ist dennoch, dass man sich auf seine Weise, die Zirkularität oder den Regress zu vermeiden, die jede Theorie der konzeptionellen Rolle bedrohen, nicht beziehen kann, um eine solche Theorie als komplette Bedeutungstheorie zu rechtfertigen – und dass sie sogar inkohärent sein könnte, wenn

Searle die Ansicht vertritt, dass die Fähigkeiten und Weisen zu handeln, die den Hintergrund bilden, buchstäblich frei von Intentionalität sind.

2. Kausaltheorien

Der richtige Weg, um aus dem Zirkel oder dem Regress der Geisteszustände auszubrechen, besteht nach Ansicht vieler Gegenwartsphilosophen darin, sich auf die *Kausalbeziehungen*, in denen jene Geisteszustände mit den Elementen der Außenwelt stehen, zu beziehen. Es sind nach dieser Ansicht nicht (oder nicht bloß) die Beziehungen, in denen diese Geisteszustände zueinander stehen und die ihnen ihren intentionalen Inhalt oder die Bedeutung geben, sondern (auch) die Tatsache, dass diese Geisteszustände dazu tendieren, von bestimmten Arten der Interaktion mit der Umwelt des Denkenden generiert zu werden. Ihre Überzeugung, dass die Katze auf der Matte liegt, hat den bestimmten Inhalt, den sie hat, nicht (bloß) wegen der logischen und konzeptionellen Relationen, in denen diese Überzeugung sich mit anderen Geisteszuständen befindet, sondern (auch) weil diese Überzeugung dazu tendiert, von der Anwesenheit einer Katze in Ihrer äußeren Umgebung verursacht zu werden.

Einige Theoretiker würden daran festhalten, dass Kausalbeziehungen alleine den intentionalen Inhalt von Geisteszuständen erklären, während andere erlauben würden, dass die konzeptionelle Rolle ebenfalls eine Rolle spielt. Letztere würden dementsprechend zwischen „weitem Inhalt" (der Aspekt des intentionalen Inhalts oder der Bedeutung eines Geisteszustandes, der oder die durch seine Kausalbeziehungen mit der Außenwelt bestimmt ist) und „schmalem Inhalt" (der Aspekt des intentionalen Inhalts oder der Bedeutung, der oder die durch die Beziehungen eines Geisteszustandes mit anderen Geisteszuständen bestimmt ist) unterscheiden. Theorien, die wie kausale Erklärungen dazu tendieren, den Vorrang des schmalen Inhalts zu betonen, werden „internalistisch" genannt (da bei ihnen logische und konzeptionelle Beziehungen zwischen Geisteszuständen, die für den Denkenden intern sind, im Vordergrund stehen). „Externalistische" Theorien wurden in den letzten Jahren zu den Favoriten der Philosophen des Geistes, die daran interessiert sind, eine naturalistische Erklärung der Intentionalität zu liefern.

Der Grund dafür ist nicht schwer zu ersehen. Wie schon vorher erwähnt, liefert die offensichtliche kausale Interaktion des Geistes mit der physikalischen Welt das stärkste Argument für die materialistische Behauptung, dass der Geist nur ein weiterer Teil dieser Welt sein muss; und dass der beste Weg den Geist auf materialistische Weise zu erklären der sei, ihn in seine Kausalbeziehungen zu zergliedern, ist die zentrale Behauptung des Funktionalismus, der zu der populärsten Version des Materialismus geworden ist. Für den Materialisten liegt damit natürlich der Verdacht nahe, dass eine kausale Herangehensweise an die Intentionalität im Besonderen wahrscheinlich erfolgreich sein wird, sofern irgendeine naturalistische Herangehensweise das ist. Darüber hinaus birgt die kausale Herangehensweise klarerweise einiges an intuitiver Plausibilität: sicher ist man dazu geneigt zu sagen, dass die Tatsache, dass ihre Überzeugung von der Katze auf der Matte durch die Anwesenheit der Katze auf eben dieser verursacht wurde, *irgendetwas* mit der Tatsache zu tun hat, dass sie den Inhalt hat, den sie hat.

So wie sie dasteht (und wie alle Kausaltheoretiker anerkennen), bedarf die Idee klarerweise einer Entwicklung. Denn Sie könnten die Überzeugung haben, dass die Katze auf der Matte ist, auch wenn diese Überzeugung *nicht* durch die Anwesenheit der Katze auf dieser verursacht wird, sondern anstatt dessen von irgendetwas anderem verursacht wird (wie etwa halluzinogene Drogen, die in Ihren Kaffee gegeben wurden), und dass die Anwesenheit der Katze dort eine Überzeugung verursachen könnte, die anders ist als die Überzeugung, dass die Katze auf der Matte ist (zum Beispiel könnte sie stattdessen wegen schlechter Beleuchtung die Überzeugung verursachen, dass der Hund auf der Zeitung ist). Bloße kausale Verbindung ist also nicht genug, um Bedeutung zu erklären. Zumindest scheint irgendeine Art *regelmäßiger Korrelation* zwischen einem Geisteszustand und einer besonderen Verursachung dieses Zustands ebenso entscheidend zu sein. Viele Philosophen sehen Modelle für eine solche Korrelation in der natürlichen Welt: Rauch steht in Beziehung mit Feuer, die Ringe eines Baumes mit seinem Alter und die Symptome einer Krankheit mit der Krankheit selbst. Diese Korrelationen sind so regelmäßig, dass wir in jedem einzelnen Fall typischerweise die Anwesenheit einer Auswirkung für ein verlässliches Anzeichen für die Anwesenheit der Ursache halten: das heißt, wir halten die Anwesenheit von Rauch für ein verlässliches Anzeichen dafür, dass Feuer zugegen ist, die Anwesenheit von dreiunddreißig Baumringen für ein verlässliches Anzeichen dafür, dass der Baum dreiunddreißig Jahre alt ist und die Anwesenheit von roten Punkten für einen verlässlichen Anzeiger der Masern. Tatsächlich benutzen wir hierbei die Sprache der

Bedeutung: wir sagen, dass Rauch Feuer *bedeutet* und so weiter. Solche regelmäßigen, verlässlich anzeigenden Korrelationen scheinen ein plausibles Modell für die Art von Kausalverbindungen zu sein, die die Bedeutung oder den intentionalen Inhalt von Geisteszuständen erklären könnten.

Ein wenig Nachdenken zeigt, dass auch diese Entwicklung der grundlegenden Idee einer kausalen Theorie der Bedeutung nicht das Ende der Geschichte sein kann, denn wie könnten selbst solch regelmäßige, kausale Korrelationen unsere Fähigkeit erklären, Gedanken über Dinge zu haben, zu denen wir keinerlei kausale Verbindungen zu haben scheinen – nicht-existente Objekte (Superman und der Weihnachtsmann), zukünftige Objekte und Ereignisse und so weiter? Wie kann sie darüber hinaus unsere Fähigkeit erklären, Fehler zu machen? In vielen Fällen „bedeutet" ein Geisteszustand etwas, mit dem er nicht auf herkömmliche Weise in einer kausalen Beziehung steht: wie wir gesehen haben, könnte man wegen schlechten Lichts etwas für einen Hund halten, was tatsächlich eine Katze ist. Philosophen nennen das das „Problem der Fehlinterpretation" der kausalen Theorien der Bedeutung. Ein verwandtes, dennoch unterschiedliches Problem ist das „Problem der Disjunktion": wenn (aufgrund stets schlechten Lichts in Ihrem Haus oder weil sie schlecht sehen) ein bestimmter Geisteszustand von Ihnen dazu neigt, regelmäßig nicht nur von Katzen sondern unter gewissen Umständen auch von Hunden verursacht zu werden, warum (sofern die kausale Theorie wahr ist) sollten wir diesen Geisteszustand als einen solchen erachten, der ausschließlich Katzen repräsentiert? Warum sollten wir ihn nicht als einen solchen erachten, der disjunktiv *Katzen ODER Hunde-unter-gewissen-Umständen* repräsentiert? Natürlich wird es viele Fälle geben, in denen er einzig Katzen repräsentiert – die betagte Person mit schwachem Augenlicht mag wirklich nur immer denken, dass eine Katze anwesend ist, sogar wenn es ein Hund ist – aber genau das ist das Problem: wie kann die kausale Theorie dies erklären, in Anbetracht dessen, dass die Theorie zur Folge zu haben scheint, dass jemandes Geisteszustände das repräsentieren, was sie regelmäßig verursacht?

Jerry Fodor, ein einflussreicher Vertreter der kausalen Theorie, schlug vor, dass die Lösung solcher Probleme in der Idee dessen liegt, was er *asymmetrische Abhängigkeit* nennt. Die Idee ist, dass wenn ein Geisteszustand, der typischerweise von Katzen verursacht wird, auch von Hunden-unter-gewissen-Umständen verursacht wird, dann die letztere Art der Kausalverbindung auf ersterer parasitiert. Das heißt, dass Hunde-unter-gewissen-Umständen den relevanten Geisteszustand nur verursachen werden, weil dieser Geisteszustand typischerweise schon von Katzen verursacht wird – die „Hunde-unter-gewissen-Umständen"-Kausalverbindung wird nur hergestellt, wenn die „Katzen"-Verbindung bereits besteht – während Katzen den relevanten Geisteszustand verursachen würden, ob nun Hunde-unter-gewissen-Umständen dies jemals taten oder nicht. Die Kausalverbindung zwischen dem Geisteszustand und Hunden-unter-gewissen-Umständen ist dagegen asymmetrisch abhängig von der Kausalverbindung zwischen demselben Geisteszustand und Katzen: die erstere Verbindung wird nur existieren, wenn die letztere dies tut, aber die letztere würde existieren, ob dies nun die erstere täte oder nicht. Die richtige Weise eine Kausaltheorie zu formulieren ist somit die, festzuhalten, dass es die Kausalverbindungen sind, die deshalb *nicht* asymmetrisch abhängig sind, die Anlass zu Bedeutung geben: im vorliegenden Fall repräsentiert der Geisteszustand einzig Katzen, weil die Kausalverbindung zwischen ihm und den Katzen nicht asymmetrisch abhängig von irgendwelchen anderen Kausalverbindungen ist.

Fodors Versuch ist nur einer, um das Problem, das der Kausaltheorie gegenübersteht, zu lösen, und alle solchen bisherigen Bemühungen stehen einer Batterie weiterer Einwände gegenüber. Das Resultat ist die Verbindung mit immer subtileren und komplexeren, technischen Befähigungen in der Kausalgeschichte, mit denen Kausaltheoretiker Bedeutung erklären wollen, um verschiedene Gegenbeispiele abzuwenden. Aber selbst wenn eine oder mehrere dieser verschiedenen technischen Schritte mit den spezifischen Gegenbeispielen, die zu behandeln sie entworfen wurden, erfolgreich umgehen kann, so scheint es, dass einige grundlegende Schwierigkeiten, denen jede mögliche Kausaltheorie begegnet, unbeantwortet blieben.

Das erste Problem ist, dass die Theorie anzunehmen scheint, dass es für einen Geisteszustand nicht möglich ist, wirklich irgendetwas anderes als das, was ihn typischerweise verursacht, zu repräsentieren. Aber wir haben bereits in Kapitel 1 starke Gründe dafür gesehen, zu glauben, dass diese Annahme falsch ist: Ihre Gedanken und Wahrnehmungen mögen Katzen repräsentieren, sogar wenn sie überhaupt nie von Katzen verursacht werden, sondern von einem kartesischen bösen Geist, oder von einem Supercomputer, der Ihr Gehirn stimuliert, wenn es in einem Bottich mit Nährstoffen liegt. Ein Kausaltheoretiker mag verneinen, dass dies wirklich möglich ist, aber wenn er das tut, dann kann er sich nicht auf die Kausaltheorie selbst als Grundlage für diese Verneinung beziehen, ohne dabei der Frage auszuweichen.

Ein Kausaltheoretiker, der willens ist, den schmalen Inhalt, der von dem Theoretiker der konzeptionellen Rolle bevorzugt wird, zusätzlich zum weiten Inhalt, der von der kausalen Theorie betont wird, gutzuheißen, könnte vielleicht antworten, dass die Möglichkeit dieser skeptischen Szenarios in der Weise ersterer Art von Inhalt erklärt werden kann: die logischen und konzeptionellen Verbindungen die jemandes Gedanken über Katzen mit anderen Geisteszuständen haben, könnten ausreichen, um sie sich wirklich über Katzen zu machen, trotz der Möglichkeit, dass sie von etwas anderem als Katzen verursacht werden (zum Beispiel von einem kartesischen bösen Geist). Es ist nicht klar, dass das funktionieren würde, um die kausale Theorie zu retten – denn wenn meine Gedanken Gedanken über Katzen wären, ungeachtet dessen, was sie verursacht, wie könnten dann Kausalbeziehungen irgendeine Rolle bei der Generierung von Bedeutung spielen? Aber in jedem Fall stünde die kausale Theorie immer noch einem Einwand offen, den wir bereits auf die Theorie der konzeptionellen Rolle angewandt haben. Wie jene Theorie scheint die kausale Theorie höchstens zu erklären, warum ein bestimmter Geisteszustand vielmehr speziell *dies* als *das* bedeutet; sie erklärt dadurch nicht, warum dieser überhaupt irgendeine Bedeutung hat. Es scheint, dass, nur wenn ein Geist mit all seiner Intentionalität bereits besteht, es Geisteszustände geben kann, die spezifische Bedeutungen tragen, die mit ihren spezifischen Ursachen in Verbindung stehen; und wenn dem so ist, dann kann eine Bezugnahme auf solche Ursachen für sich genommen Intentionalität nicht erklären.

Die Bezugnahme des Kausaltheoretikers auf angebliche Fälle von Bedeutung in der Natur untergräbt diesen Punkt in keiner Weise: sie unterstützt ihn. Wenn wir sagen „Rauch bedeutet Feuer“, dann meinen wir das nicht im wörtlichen Sinn. Rauch *bedeutet* in Wirklichkeit überhaupt nichts, zumindest nichts in der Weise, in der das *Wort* „Rauch“ Rauch bedeutet (in Anbetracht unserer linguistischen Praktiken). Rauch ist einfach Rauch – ein bedeutungsloses Arrangement von Teilchen. Weil Rauch typischerweise von Feuer verursacht wird, können wir ihn als ein Zeichen von Feuer interpretieren; aber in diesem Fall liegt die Bedeutung ganz in uns, nicht im Rauch. Dass er vom Feuer verursacht wird, erklärt, warum Rauch für uns Feuer „bedeutet“ – das heißt, warum er Feuer statt beispielsweise Wasser bedeutet. Aber dass er überhaupt irgendetwas „bedeutet“, hat nichts mit seiner Kausalverbindung zum Feuer und alles mit unseren Interpretationskräften und unserer Beweiswürdigung zu tun. Insofern die intuitive Plausibilität von kausalen Bedeutungstheorien auf der Bezugnahme auf solche Beispiele wie „Rauch bedeutet Feuer“ beruht, scheint sie damit auf wenig mehr als einem Wortspiel zu beruhen. Die Bedeutung von „bedeuten“ ist in diesem Fall einfach nicht dieselbe Bedeutung als die, nach der Ihr Gedanke über Feuer eben Feuer bedeutet. Letztere ist ein Fall von dem, was Searle *intrinsische* Intentionalität nennt, während letztere, wenn schon nicht ein Fall bloßer *als-ob* Intentionalität, im besten Fall *abgeleitete* Intentionalität ist.

Es gibt einen dritten und vielleicht sogar tiefergehenden Einwand gegen jede mögliche Kausaltheorie. Der Hauptpunkt leitet sich von einem Argument ab, das von Karl Popper im Zusammenhang einer Kritik kausaler Erklärungen der Sprache präsentiert wurde, aber es scheint genauso gut auf kausale Theorien der Intentionalität anwendbar zu sein. Jede Erklärung, die solche Theorien von den relevanten Kausalbeziehungen, die zwischen einem bestimmten Geisteszustand und einem bestimmten Objekt der Außenwelt bestehen, liefern könnten, erfordert, dass ein bestimmter Anfangspunkt der Kausalserie (nennen wir ihn A) als das Ding, das repräsentiert wird, und ein bestimmter Endpunkt (B) als der Geisteszustand, der die Repräsentation erledigt, ausgewählt wird. Nehmen Sie also an, dass A eine bestimmte Katze ist, auf die Sie blicken, und B ein bestimmter Geisteszustand ist, den der Kausaltheoretiker mit dem Geisteszustand der Wahrnehmung identifizieren möchte, der die Katze repräsentiert. Das Problem ist folgendes: in der physikalischen Außenwelt wie sie an sich ist, fernab menschlicher Zwecke und Interessen, scheint es nicht mehr als einen andauernden Kausalfluss zu geben, der eine unvorstellbar komplexe Abfolge von Ereignissen darstellt. Nichts in diesem Fluss ist objektiver Weise entweder der festgelegte Anfangspunkt einer bestimmten Abfolge von Ereignissen oder festgelegte Endpunkt. Wir sind es, die gewisse Ereignisse aussondern und sie als Anfänge und Enden zählen; ihr Status als Anfänge und Enden ist relativ zu gewissen Zwecken und Interessen unsererseits. Das gilt für A und B genauso wie für alles andere: es gibt keinen *objektiven* Grund, warum A die Katze sein sollte und nicht das Katzenfell oder ein bestimmtes Photon in dem Strom, der von der Katze zu unserer Netzhaut führt, und keinen *objektiven* Grund, warum B dieser bestimmte Gehirnzustand sein sollte und nicht der eine unmittelbar vor oder nach diesem in der kausalen Abfolge von Gehirnprozessen. Die „Tatsache" also, dass die Kausalkette, die angeblich unsere Wahrnehmungserfahrung der Katze erklärt, mit A beginnt und mit B endet, scheint eine *geistabhängige* Tatsache zu sein, bestimmt durch menschliche Zwecke und Interessen – das heißt, sie scheint Intentionalität vorauszusetzen. Aber dann würde die Charakterisierung aller solcher Kausalketten Intentionalität voraussetzen – in diesem Fall könnte keine Bezugnahme auf solche Kausalketten sie letztlich wirklich erklären.

3. Biologistische Theorien

Materialistische Philosophen des Geistes gegenüber den Schwierigkeiten, die wesentlich sind für die Ableitung von Bedeutung aus grober Verursachung, haben vorgeschlagen, dass ein plausiblerer Kandidat für eine rein physikalische Eigenschaft, die in der Lage ist, der Intentionalität als Grundlage zu dienen, im Begriff der biologischen Funktion gefunden werden könnte. Flossen erfüllen die Funktion, dem Organismus, der sie hat, zu erlauben, sich durch das Wasser zu bewegen. Flügel erfüllen die Funktion, geflügelten Lebewesen das Fliegen zu erlauben. Herzen erfüllen die Funktion, Blut zu pumpen. Diese Organe erfüllen diese Funktionen, weil die natürliche Selektion sie so gebildet hat, dass sie sie erfüllen. Könnte diese Art von Funktion der Sinnhaftigkeit von Geisteszuständen zu Grunde liegen? Es ist letztlich sicher die Funktion eines *Wunsches Wasser zu trinken*, ein Lebewesen, das den Wunsch hat, tatsächlich dazu zu bringen, Wasser zu trinken, was ein Lebewesen tun muss, um zu überleben und sich zu reproduzieren; das ist plausibler Weise der Grund dafür, warum die natürliche Selektion solche Wünsche in die Lebewesen gesetzt hat. Und vielleicht ist das alles was der Wunsch braucht, um die spezifische Bedeutung oder den intentionalen Inhalt zu haben, die oder den er hat: seine Repräsentation des Wassers ist nichts anderes als seine Erfüllung der *Funktion*, das Lebewesen dazu zu bringen, Wasser zu trinken. Bedeutung ist nach dieser Ansicht identisch mit der biologischen Funktion – folglich wird sie manchmal als *biosemantische* Theorie der Bedeutung genannt (eine Bezeichnung, die mit Ruth Millikan in Verbindung steht, die eine ihrer Hauptvertreter ist).

Ein Vorteil dieser Theorie ist, dass sie eine Möglichkeit zu liefern scheint, mit dem Problem der Fehlinterpretation umzugehen. Wenn die Bedeutung oder der intentionale Inhalt eines Geisteszustands sich von der biologischen Funktion, die er erfüllt, herleitet, dann wird er dieselbe Bedeutung selbst dann haben, wenn er bei einigen Gelegenheiten von etwas anderem verursacht wird als von dem, was ihn normalerweise verursacht. Es muss also kein Geheimnis sein, wie ein Geisteszustand sich auf etwas anderes als das, was ihn zufällig bei einer bestimmten Gelegenheit verursacht, beziehen kann, und somit das fehlinterpretiert, was ihn dann zufällig verursacht. Wenn zum Beispiel der Wunsch, Schlangen zu umgehen, die Bedeutung, die er hat, deshalb hat, weil er die Funktion erfüllt, das Lebewesen, das ihn hat, dazu zu veranlassen zu fliehen, wenn Schlangen zugegen sind, dann wird er diese Bedeutung selbst dann noch haben, wenn eine bestimmte Instanz davon nicht durch die Anwesenheit einer Schlange, sondern durch die Präsenz eines Seils oder eines Schlauchs, die infolge ungewöhnlicher Beleuchtung wie eine Schlange aussehen, verursacht wird.

Dennoch gibt es einige schwerwiegende Einwände gegen die biologistische Theorie. Ein offensichtlicher, erster Einwand ist, dass es im besten Fall zweifelhaft erscheint, dass sie so ausgeklügelte Geisteszustände wie beispielsweise jemandes Überzeugung, dass Wittgenstein ein wichtigerer Philosoph als Russell war, erklären könnte: sicherlich hat die natürliche Selektion niemals eine solche Überzeugung in jemandem so fest verdrahtet, da Überzeugungen hinsichtlich der relativen Wichtigkeit von Wittgenstein und Russell nicht nur niemandem in der Periode der Geschichte, in der die natürliche Selektion die menschliche Natur geformt hat, in den Sinn gekommen sein können, sondern sie hätten auch keiner augenscheinlichen biologischen Funktion gedient, selbst wenn sie irgendjemandem zu dieser Zeit in den Sinn gekommen wären.

Vertreter der Biosemantik halten dem entgegen, dass solch hochkomplexe Geisteszustände nichtsdestotrotz kraft ihrer Beziehung zu Geisteszuständen, die deutlicher funktional sind – wie dem Verlangen nach Wasser – eine sekundäre Funktionalität ableiten. Aber wie auch immer ein solcher Vorschlag entwickelt werden mag, es mag damit tiefergehende Probleme geben. Eines davon ist, dass die Theorie zur Folge zu haben scheint, dass nichts, dass nicht evolviert ist, der Möglichkeit nach Intentionalität aufweisen kann, da es als nicht-evolviertes keine Zustände hätte, die irgendeiner speziellen Funktion dienen. Aber dies scheint falsch zu sein: wir können uns sicherlich zumindest Fälle vorstellen, in denen Lebewesen anders als durch Evolution entstehen und dennoch Intentionalität aufweisen. Wenn ein sonderbarer Vorgang in einem Sumpf spontan aus Dreck Molekül für Molekül ein Duplikat von Ihnen bildet – „Sumpfmensch“ [Anm.: engl. „swampman“], wie Philosophen, die dieses Beispiel diskutiert haben, es liebevoll getauft haben – dann hätte dieses Duplikat sicherlich Gedanken, Erfahrungen und andere intentionale Geisteszustände, trotzdem es nicht durch die Evolution zustande gekommen ist.

Eine weitere Schwierigkeit ist, dass die biologistische Theorie unfähig zu sein scheint, mit dem Disjunktionsproblem zurechtzukommen: wenn zum Beispiel der Wunsch, Geparden aus dem Weg zu gehen, zufällig in unseren Vorfahren als ein Resultat ihrer Interaktionen sowohl mit Geparden als auch mit Tigern-unter-gewissen-Umständen (zum Beispiel in der Nacht, wenn Tiger von Geparden vielleicht schwer zu unterscheiden sind) fest verdrahtet wurde, dann scheint daraus zu folgen, dass die biologische Funktion dieses Wunsches ist, uns dazu zu bringen, sowohl Geparden als auch Tiger-unter-gewissen-Umständen aus dem Weg zu gehen – und demnach würde auch folgen, dass der Wunsch nicht ausschließlich *Geparden*, sondern vielmehr *Geparden ODER Tiger-unter-gewissen-Umständen* repräsentiert.

Als Antwort darauf hat Daniel Dennett vorgeschlagen, dass, wenn solche Beispiele andeuten, dass Bedeutung in einer biologistischen Theorie der Intentionalität unbestimmt sein muss, das dann nicht als Einwand gegen die Theorie fungiert, da eine solche Unbestimmtheit auf dem gesamten biologischen Gebiet weit verbreitet ist. Ein gewisses Organ mag sich ursprünglich zur Erfüllung einer Funktion evolviert haben und dann in einem späteren Stadium der Evolution einer anderen dienen: ein Lebewesen hat vielleicht Federn evolviert, weil sie der Funktion dienen, Geschlechtspartner anzuziehen; während seine Nachfahren, die in eine kältere Umwelt eingewandert sind, feststellten, dass die Federn dazu die Funktion haben, ihren Körper warm zu halten, eine Funktion, die die Federn beibehalten mögen, selbst wenn die Paarungsfunktion verschwindet. Welcher Funktion die Federn wirklich dienen, mag zu einem bestimmten Zeitpunkt in diesem langen evolutionären Prozess einfach unbestimmt sein. Aber warum kann in diesem Fall die Bedeutung eines Wunsches, Geparden aus dem Weg zu gehen, nicht auch unbestimmt sein (das heißt nicht klar hinsichtlich dessen, ob ausschließlich *Geparden* im Gegensatz zu *Geparden ODER Tigern-unter-gewissen-Umständen*)? Warum sollten wir annehmen, dass dies ein Problem der biologistischen Theorie und nicht bloß ein weiterer Fall der

Ambiguität ist, die in vielen biologischen Phänomenen offensichtlich ist?

Ein möglicher Einwand auf diese Antwort ist, dass sie darin scheitert zu erklären, wie die biologistische Theorie mit den Fällen von Geisteszuständen zurechtkommt, deren Bedeutung oder intentionaler Inhalt bestimmt und unzweideutig ist (der Fall der Ansicht, dass es tatsächlich solche Geisteszustände gibt, ist etwas, das wir kurz untersuchen werden). Ein weiterer Einwand ist, dass, sogar wenn alle unsere Geisteszustände in ihrer Bedeutung oder ihrem intentionalen Inhalt unbestimmt oder zweideutig wären, dies die Theorie nicht retten würde; denn selbst wenn erklären könnte, warum sie zweideutige Bedeutungen haben, so würde sie nicht erklären, warum sie überhaupt irgendeine Bedeutung haben. Während ein Herz der Funktion dient, Blut zu pumpen, so bedeutet oder repräsentiert das Herz dennoch nicht das Pumpen von Blut – da es nämlich überhaupt nichts bedeutet oder repräsentiert. Es ist bloß ein Muskel. Wörter, Sätze und Bilder bedeuten Dinge, aber Muskeln tun das sicher nicht, genauso wenig wie Gallensteine oder Nietnägel. Aber wenn es nicht ausreicht, es zum Zweck einer Funktion evolviert zu haben, um dem Herzen eine Bedeutung oder intentionalen Inhalt zu verleihen, warum sollte es dann ausreichen, um einer Überzeugung oder einem Wunsch Bedeutung oder intentionalen Inhalt zu verleihen? Müssten Geisteszustände, die Intentionalität aufweisen, nicht schon erst existieren, damit die natürliche Selektion einige davon als solche auslesen kann, die Überlebenswert haben? Wenn dem so ist, dann könnte sie selbst dann, wenn das Fungieren eines Geisteszustandes als bestimmte biologische Funktion die spezielle Bedeutung, die dieser hat (zweideutig oder anders), erklären könnte, nicht erklären, dass dieser überhaupt irgendeine Bedeutung hat. Der natürlichen Selektion angebliche Fähigkeit Bedeutung herauszubilden würde voraussetzen, dass es da Bedeutung gibt, die heraus geformt werden kann – ein Fall, in dem biologische Funktion unmöglich eine volle Erklärung von Bedeutung liefern kann.

Das ist natürlich eine Anwendung eines Einwandes auf die biologistische Theorie, den wir bereits betrachtet haben, als wir die Theorie der konzeptionellen Rolle und die kausale Theorie diskutiert haben – nämlich, dass das Verfahren des Mechanismus, auf den man sich bezieht, um Intentionalität zu erklären, selbst Intentionalität voraussetzt. Dass diese Kritik sich auf die biologistische Theorie ebenso anwenden lässt wie auf die kausale Theorie, wird sogar umso deutlicher, wenn man bedenkt, dass kein substanzieller Unterschied zwischen ihnen besteht. Denn, wie Searle argumentiert hat, das Problem mit Bezugnahmen auf biologische Funktionen in diesem Zusammenhang ist, dass die ganze Rede von der biologischen Funktion, wie überhaupt von einem darwinistischen Standpunkt aus, als nicht mehr als eine Umschreibung für die Rede von der Verursachung betrachtet werden muss. Zu sagen, dass das Herz von der Evolution ausgelesen wurde, um die Funktion des Blutpumpens zu erfüllen, heißt streng genommen, etwas falsches zu sagen; denn die Evolution „selektiert" in Wirklichkeit nicht buchstäblich irgendetwas, auch dient das Herz überhaupt nicht irgendeinem Zweck oder einer Funktion im wörtlichen Sinn, zumindest nicht nach einer darwinistischen Ansicht. Tatsächlich ist es *Sinn und Zweck der ganzen* darwinistischen Erklärung von Evolution durch natürliche Selektion, sich nicht mehr auf buchstäbliche Zwecke oder Funktionen in der Natur beziehen zu müssen – um die Erscheinung von Zweck und Funktion auf eine Weise zu erklären, die sich nur auf zwecklose, bedeutungslose Kausalbeziehungen bezieht. Das richtige über das Herz zu sagen ist, nach darwinistischer Ansicht, einfach nur das: es verursacht, dass das Blut fließt, und es selbst wurde durch eine Reihe von aufeinanderfolgenden genetischen Mutationen verursacht, die den Lebewesen, die sie aufweisen, erlauben, zu überleben und sich in größerer Zahl zu reproduzieren als jene, denen diese fehlen. Und das ist alles. Wenn die Rede von dem „Zweck" oder der „Funktion", für den oder die das Herz „selektiert" wurde, überhaupt irgendeine Anwendung hat, dann ist es nur die als eine Weise zu beschreiben, wie das, was in Wirklichkeit die zwecklosen, funktionslosen und bedeutungslosen Resultate von nichtdenkenden Kausalprozessen ist, als zweckgerichtet, funktional und bedeutungsvoll scheinen kann.

Die Rede von Zwecken und Funktionen scheint, wenn sie wörtlich genommen wird, Intentionalität vorauszusetzen; insbesondere scheint sie die Tätigkeit einer Intelligenz, die etwas für einen besonderen Zweck oder um eine bestimmte Funktion zu erfüllen entwirft, vorauszusetzen. Aber das Ziel der darwinistischen Evolutionstheorie ist es, biologische Phänomene in einer Weise zu erklären, die keinerlei Bezugnahme auf intelligentes Design involviert. Genau wie die moderne Physik, die, wie wir in früheren Kapiteln Grund hatten festzuhalten, dazu tendiert, Phänomene dadurch zu erklären, dass sie die subjektiven, qualitativen Erscheinungen der Dinge wegschält und sie in den Geist verschiebt, hat auch die darwinistische Revolution in der Biologie

Zweck und Funktion aus dem Gebiet der Biologie verdrängt und sie als geistabhängig und frei von objektiver Realität verstanden. Dies ist aus demselben Stück gemacht wie die generelle materielle Tendenz, echte wissenschaftliche Erklärung als etwas zu erachten, das erfordert, dass alles weggelöst wird, das nach der subjektiven, erste-Person-mäßigen und intentionalen Perspektive riecht. Es erscheint daher seltsam, dass materialistische Philosophen es als eine hoffnungsvolle Strategie erachten mögen, sich auf die biologische Funktion zu beziehen, um Intentionalität zu erklären. Searle argumentiert, dass ihnen dieser Schritt einfach nicht offensteht, in Anbetracht dessen, was eine darwinistische Erklärung des Gebiets der Biologie zur Folge hat – eine Erklärung, der Materialisten notwendigerweise tief verpflichtet sein müssen.

4. Instrumentalistische Theorien

Obwohl Dennett, wie angedeutet, mit biologistischen Theorien der Intentionalität sympathisiert, hat er doch auch eine unverwechselbare, eigene Herangehensweise entwickelt. Sie beginnt mit dem Vorschlag, dass das, was wir verstehen wollen, wenn wir Intentionalität erklären, das Verhalten gewisser komplexer physikalischer Systeme ist: menschliche Wesen und, vielleicht, andere Tiere. Wenn wir das Verhalten eines physikalischen Systems erklären, so Dennett, dann können wir ihm gegenüber eine von drei verschiedenen „Haltungen" einnehmen. Zu allererst können wir ihm gegenüber die einnehmen, die er die *physikalische Haltung* nennt, indem wir dessen Verhalten mit den Gesetzen der Physik und anderer Naturwissenschaften erklären. Dies ist die Haltung, die wir typischerweise gegenüber einfachen physikalischen Phänomenen einnehmen, ob im Alltagsleben oder in der Wissenschaft. Wenn wir versuchen, den Lauf einer Billardkugel oder die Folgen der Vermischung gewisser Chemikalien vorauszusagen, dann reicht es für gewöhnlich aus zu glauben, dass diese Phänomene von physikalischen Gesetzen beherrscht werden. Manchmal ist die physikalische Haltung dennoch nicht hilfreich. Wenn wir versuchen die Arbeitsweise eines Körperorgans – wie etwa des Herzens – oder einer Maschine – wie etwa eines Automobils – zu verstehen, dann werden wir nicht sehr weit kommen, indem wir diese Dinge bloß als physikalische Systeme behandeln, die von grundlegenden wissenschaftlichen Gesetzen beherrscht werden. Das Verhalten solcher Systeme überzeugend vorauszusagen und zu erklären wird möglich, indem wir ihnen gegenüber stattdessen die *Design-Haltung* einnehmen, welche einschließt, dass wir sie als solche betrachten, die einer gewissen Funktion dienen. Beim Herzen an eine Ansammlung von grundlegenden Teilchen, die von den Gesetzen der Physik beherrscht wird, zu denken, wird einem nicht helfen, Herzrhythmusstörungen zu diagnostizieren, aber stattdessen dabei an ein Organ zu denken, dessen Funktion es ist, Blut zu pumpen, wird helfen. Dennoch gibt es Fälle, in denen selbst die Design-Haltung nicht ausreicht, um es uns zu ermöglichen, dass wir das Verhalten eines Systems erklären und voraussagen können. Die Tatsache, dass ein Schachcomputer entworfen wurde, um die Funktion des Schachspielens zu erfüllen, wird uns nicht dabei helfen zu erahnen, was seine Strategie gegen Kasparow sein wird; dass wir glauben, dass eine Maus von der natürlichen Selektion dazu „entworfen" wurde, Fressfeinden aus dem Weg zu gehen, wird uns nicht sagen, welchen Weg sie nehmen wird, um einer nahenden Katze zu entrinnen. Hier, sagt Dennett, müssen wir die *intentionale Haltung* einnehmen, die einschließt, dass wir etwas als ein „intentionales System" betrachten – eine Entität, die Überzeugungen, Wünsche und andere Geisteszustände hat und die in der Lage ist auf deren Grundlage zu räsonieren – und dass wir sein Verhalten entsprechend voraussagen und erklären. Wir sagen, dass die Maus *glaubt, dass dort drüben ein Platz zum Verstecken ist* oder dass der Computer *beabsichtigt, die französische Verteidigung anzuwenden*, und sind dadurch in der Lage zu verstehen, was die Maus oder der Computer tun.

Welche dieser Haltungen wird korrekterweise in einer bestimmten Situation eingenommen? Das kommt darauf an. Wenn Sie versuchen zu bestimmen, nicht welche Züge der Computer machen wird, sondern wie viele Leute man brauchen wird, um ihn anzuheben und ihn den Raum hinüberzutragen, in dem die Partie stattfinden wird, dann wird die physikalische Haltung, und nicht die intentionale Haltung, die passendste sein; wenn Sie versuchen herauszufinden, wie man den Computer einschaltet, dann wird die Design-Haltung einzunehmen sein. In jedem Fall hängt die richtige Antwort nur zum Teil von objektiven Eigenschaften des Systems ab; sie hängt auch und letzten Endes effektiv von unseren Interessen ab. Hat ein Computer wirklich die Intentionalität, die wir ihm zuschreiben, wenn wir ihm gegenüber die intentionale Haltung einnehmen? Dennetts Antwort ist, dass, wenn er in seinem Verhalten komplex genug ist, sodass wir das Verhalten nicht zweckdienlich voraussagen und erklären können, ohne dabei die intentionale Haltung einzunehmen, dann hat er all die Intentionalität, die ein Gegenstand der Möglichkeit nach haben kann. Aber dass er sie hat, ist letztlich wieder eine Funktion davon, dass wir es nützlich finden ihn so zu behandeln, als hätte er sie. Und alle Intentionalität ist nach Ansicht Dennetts so, inklusive unserer eigenen: wir betrachten uns selbst als intentionale Systeme, weil dies der praktischste Weg ist, um mit uns selbst und miteinander umzugehen, um unser Verhalten zu erklären und vorauszusagen. Da ist nicht mehr dran als das.

In Anbetracht dessen, dass Dennett kein *Realist* hinsichtlich Intentionalität (das ist jemand, der sie für etwas hält, das unabhängig von unseren Zwecken und Interessen existiert), ja noch nicht einmal, wie es Vertreter der kausalen und der biologistischen Theorie dem Anschein nach sind, ein *Reduktionist* zu sein scheint, der Intentionalität auf etwas grundlegenderes (Kausalbeziehungen oder biologische Funktionen) reduzieren will, wird er stattdessen oft als *Instrumentalist* klassifiziert – als jemand, der die Rede von der Intentionalität unseres Geistes als ein nützliches Instrument oder Werkzeug für das Verständnis unseres Verhaltens hält, der aber nichts beschreibt, das objektiv existiert, unabhängig von unseren Zwecken und Interessen. So verstanden, scheint seine Sichtweise für einen offenbaren und scheinbar fatalen Einwand anfällig zu sein: denn unsere Haltung, die wir gegenüber etwas einnehmen, inklusive der intentionalen Haltung, ist selbst eine Manifestation der Intentionalität; wir können also nicht kohärent annehmen, dass Intentionalität ein bloßes Artefakt der Haltung ist, die wir gegenüber uns selbst einnehmen.

Dennetts Entgegnung auf einen solchen Einwand scheint in seiner einflussreichen Strategie der *homunkulären Zerlegung* zu liegen. Die Idee ist folgende. Wir können nützlicher Weise unseren Geist als etwas betrachten, das aus einer Reihe von Subsystemen zusammengesetzt ist, die verschiedene mentale Funktionen erfüllen: das Verarbeiten visueller Eindrücke, Sprachkompetenz, und so weiter. Jedes System kann selbst metaphorisch als ein „Homunkulus" verstanden werden – ein „kleiner Mensch", der eine irgendeine bestimmte Aufgabe erfüllt. Aber die Funktionen, die von jedem dieser Homunkuli erfüllt werden, können, wie unser eigener Geist, als etwas gedacht werden, das aus noch grundlegenderen Funktionen zusammengesetzt ist, die von kleineren Subsystemen erfüllt werden; mit anderen Worten kann jeder der Homunkuli, aus denen unser Geist besteht, als etwas gedacht werden, das selbst aus eigenen Homunkuli besteht. Auf der Ebene unseres Geistes als Ganzes haben wir es mit etwas zu tun, von dem wir Grund haben es als ein System zu behandeln, das einen sehr hohen Grad an Intentionalität besitzt. Aber die Homunkuli, aus denen unser Geist besteht, besitzen, gerade weil sie spezifischere, weniger umfassende Funktionen erfüllen, einen geringeren Grad an Intentionalität; und aus demselben Grund besitzen die kleineren Homunkuli, aus denen diese bestehen, sogar noch weniger Intentionalität. Wenn wir mit dem Zerlegen jeder Ebene von Homunkuli in immer kleinere Ebenen fortfahren, werden wir letztlich zu einer grundlegenden Ebene von Homunkuli gelangen, die, weil sie so einfache Funktionen wie möglich erfüllen, so wenig Intentionalität wie möglich haben. Stellen wir uns diese als extrem stupide Homunkuli vor – Homunkuli, deren Aufgabe nicht komplizierter ist als einen Schalter hin und her zu knipsen.

Solch eine Aufgabe könnte natürlich von einer sehr einfachen Maschine erledigt werden. Dennoch ist es überhaupt nicht unglaubwürdig anzunehmen, dass all die Intentionalität, die eine solche Maschine besitzt, eine Intentionalität wäre, die nur relativ zu der Haltung existiert, die wir gegenüber ihr vielleicht einnehmen. Aber dann sollte es nicht unglaubwürdig sein anzunehmen, dass die Intentionalität, die die sehr stupiden Homunkuli besitzen, aus denen die elementarste Ebene der Subsysteme besteht, aus denen unser Geist besteht, in Form unserer intentionalen Haltung erklärbar sein sollte – in diesem Fall ist die Intentionalität, die unser Geist als Ganzes besitzt und die nur eine Zusammensetzung der Intentionalität ist, die die verschiedenen Subsysteme besitzen, ebenfalls auf diese Weise erklärbar.

Diese Strategie ist nicht ohne Raffinesse, aber dass sie echt darin scheitert, dem naheliegenden Einwand entgegenzuwirken, scheint zu folgen, wenn wir Searles Unterscheidung zwischen intrinsischer Intentionalität einerseits und abgeleiteter und als-ob Intentionalität andererseits akzeptieren. Maschinen haben natürlich all die Intentionalität, die sie haben, nur in einer entweder abgeleiteten oder als-ob Weise. Aber unsere Intentionalität ist intrinsisch. Wenn es also wirklich grundlegende Homunkuli gibt, aus denen unser Geist besteht, dann muss auch deren Intentionalität intrinsisch sein – in diesem Fall sind sie nicht mit Maschinen vergleichbar, die keine intrinsische Intentionalität aufweisen. Die intuitive Kraft von Dennetts Argument scheint auf dem Vergleich der Stupidität der grundlegenden Homunkuli mit der Stupidität einer Maschine zu beruhen. Aber die beiden sind nicht auf dieselbe Art „stupide". Die Homunkuli sind stupide, weil sie *extrem niedrige* Intelligenz aufweisen; die Maschine ist stupide, weil sie *überhaupt keine Intelligenz* aufweist. Streng genommen ist die Maschine erst einmal gar nicht wirklich stupide, weil man zumindest einen minimalen Grad an Intelligenz haben muss, um überhaupt als stupide (das heißt im Vergleich zu denen mit höherer Intelligenz) gelten zu können. Die Maschine gelangt noch nicht einmal zu dem Level der Stupidität, während die Homunkuli zumindest so viel zu bieten haben.

Wenn ihre Intentionalität intrinsisch ist, dann ist es nicht bloß ein Artefakt dessen, dass wir die intentionale Haltung gegenüber uns selbst einnehmen. Dennett könnte bestreiten, dass sie wirklich intrinsisch ist – er könnte die Ansicht vertreten, dass die Homunkuli ebenso wie die Maschine höchstens abgeleitete oder als-ob Intentionalität haben. Aber wenn er sagt, dass die Intentionalität der Homunkuli – und somit unseres Geistes als Ganzes – abgeleitet ist, dann ist er wieder in der inkohärenten Position zurück, in der er sagt, dass wir Intentionalität nur haben, weil wir davon ausgehen, dass wir sie haben (wobei „wir davon ausgehen, dass wir sie haben" selbst eine Manifestation von Intentionalität ist). Und wenn er stattdessen sagt, dass unsere Intentionalität nur „als-ob" ist, dann sagt er sogar etwas noch radikaleres: dass unsere Intentionalität überhaupt nicht *wirklich* existiert. Aber das bringt uns zu einer weiteren Theorie.

Noch einmal Eliminativismus

Wenn auch das Fazit unserer bisherigen Diskussion zu sein scheint, dass noch keine naturalistische Erklärung der Intentionalität erfolgreich war, so gibt es dennoch eine Reihe von Materialisten, die nichtsdestotrotz leugnen würden, dass dies irgendeinen Hang dazu hat, die Wahrheit des Materialismus ernsthaft in Zweifel zu ziehen. Was es wirklich in Zweifel zieht, behaupten diese, ist die Realität der Intentionalität selbst. Erinnern wir uns an Kapitel 5, dass nämlich einige Materialisten vorgeschlagen haben, dass die Art mit dem Problem umzugehen, das Qualia darstellen, einfach die ist, zu verneinen, dass Qualia überhaupt erst existieren. Viele von ihnen würden dieselbe Strategie auf das Problem der Intentionalität anwenden: wenn sich intentionale, geistige Zustände als nicht reduzierbar auf rein materielle Zustände des Gehirns herausstellen, dann ist das umso schlechter für die intentionalen, geistigen Zustände. Wir sollten aufhören nach einem Weg zu suchen, um sie zu reduzieren, und stattdessen in Betracht ziehen, sie allesamt aus unserer Ontologie zu eliminieren. Vielleicht existieren sie überhaupt nicht, und in diesem Fall gibt es keinen Bedarf sie zu erklären.

Das ist die Ansicht, die als *eliminativer Materialismus* bekannt ist, die üblicherweise mit Patricia und Paul Churchland in Verbindung gebracht wird, und die Sie, sofern es nicht gänzlich bizarr klingt, nicht verstanden haben. Auch ist dies keine voreingenommene Beschreibung der Theorie: Eliminativisten hegen keine Illusionen darüber, wie kontraintuitiv und konträr zum Alltagsverständnis ihre Position ist. Sie sind ehrlich willens zu verneinen, was die Durchschnittsperson als unleugbar erachten würde, nämlich dass wir Gedanken, Erfahrungen, Überzeugungen, Wünsche und so weiter haben – kurz, dass wir einen Geist haben. Die eliminativ- materialistische Ansicht ist, dass nicht die Geisteszustände mit den Gehirnzuständen identisch sind oder dass der Geist mit dem Gehirn identisch ist, sondern vielmehr, dass *es keine Geisteszustände und, kurz gesagt, überhaupt keinen Geist gibt*. Es gibt nur das Gehirn, was auch immer uns eine komplette Neurowissenschaft letzten Endes darüber sagen wird. Die korrekte Beschreibung der menschlichen Natur wird alles in allem keinen Bezug darauf nehmen, was wir denken, fühlen, hoffen, fürchten oder glauben, sondern stattdessen nur auf physiologische Struktur, neuronale Aktivitätsmuster, chemische Sekretionen und ähnliches. Es ist nicht der Fall, dass Ihre Überzeugung, dass es regnet, dasselbe ist wie ein soundso gearteter neuronaler Prozess, wie die Identitätstheorie dies besagen würde; es ist vielmehr der Fall, dass weder Sie noch sonst irgendjemand jemals irgendwelche Überzeugungen oder überhaupt sonst irgendwelche Geisteszustände gehabt hat, und dass der neuronale Prozess alles ist, das es gibt und jemals gab.

Warum würde irgendjemand einen solchen Vorschlag ernst nehmen? Ein Teil der Antwort hat mit dem Gedanken zu tun, der in Kapitel diskutiert wurde, nämlich dass unsere Alltagsbeschreibung von uns selbst als solche, die Überzeugungen, Wünsche und andere Geisteszustände haben, eine Art von Theorie darstellt: „Alltagspsychologie". Dort haben wir festgehalten, dass die Identitätstheorie so verstanden werden kann, dass sie behauptet, dass diese Theorie auf irgendeine neurowissenschaftliche Theorie reduziert werden kann, in genau der Weise, in der von der Theorie, die auf Gene Bezug nimmt, gezeigt wurde, dass sie auf eine Theorie reduzierbar ist, die auf DNS Bezug nimmt. Aber, wie die Churchlands gerne anmerken, gibt es Fälle in der Geschichte der Wissenschaft, in denen sich herausstellte, dass eine Theorie nicht auf eine tieferliegende reduzierbar ist, sondern stattdessen gänzlich irreging und es deshalb nötig hatte, eliminiert zu werden. Das vorkopernikanische Bild des Universums, dem entsprechend die Erde das Zentrum des Sonnensystems und von himmlischen Sphären umgeben war, war einfach falsch: es wurde nicht auf die moderne Astronomie *reduziert*, sondern eliminiert und *von* der modernen Astronomie *ersetzt*. Und wenn Alltagspsychologie eine Theorie ist, dann könnte sie sich ebenfalls irren. Da sie außerdem nicht, anders als andere wissenschaftliche Theorien, auf irgendeine grundlegendere Theorie reduzierbar scheint, die auf nichts außer rein physikalische Gesetze und Entitäten Bezug nimmt, ist dies selbst ein Grund zu der Annahme, dass sie falsch sein könnte. Wir sind besser dran, wenn wir sie einfach los werden und uns die menschliche Natur gänzlich in rein materialistischen Kategorien der Neurowissenschaften neu vorstellen. Dies ist vielleicht nicht auf der Stelle möglich – wir müssen immer noch viel über das Gehirn und das Nervensystem lernen – aber zumindest prinzipiell und an einem zukünftigen Datum sollten wir in der Lage sein, eine gänzlich neurowissenschaftliche Beschreibung unserer selbst anstelle unserer gegenwärtigen mentalistischen Redeweise einzusetzen. Vielleicht werden die Bürger eliminativ-materialistischer Gesellschaften der Zukunft nicht mehr Dinge wie „Junge, der Schmerz fährt mir richtig ein" sagen, sondern vielmehr „es ist eine besonders hohe Aktivität in meinen C-Fasern und meiner retikulären Formation". Jemand, der mit etwas in einem Erlebnispark mitgefahren ist, wird nicht berichten, dass ihm schwindlig ist, sondern wird stattdessen anmerken, dass „eine Restzirkulation der trägen Flüssigkeit in den Bogengängen meines Innenohrs ist". Romantische Autoren werden die Rede von Liebe meiden und sich zu Gunsten von neuronalen Aktionspotentialen und Verhaltensdispositionen sehnen.

All das mag ziemlich überspannt erscheinen, aber das beweist nicht, dass es falsch ist. Wie Eliminativisten niemals müde werden zu betonen, haben auch alle über Jules Verne gelacht, bis Neil Armstrong seinen Fuß auf den Mond gesetzt hat. Aber es könnte viel tiefergehende Probleme für die Eliminativisten geben, als bloß ihrer Zeit voraus zu sein. Zuerst scheint der Gedanke, dass Alltagspsychologie eine Art von Theorie ist, viel weniger plausibel zu sein als die Ansicht, die sie stattdessen als eine Beschreibung der *Daten*, mit denen irgendeine Theorie, die unsere Aufmerksamkeit wert ist, konsistent sein muss. (Und wenn die indirekt-realistische Ansicht, die in Kapitel 1 diskutiert wurde, korrekt ist, dann ist es genau unser direktes Bewusstsein geistiger Phänomene, das den Anfangspunkt all unseres Theoretisierens über den Geist und seine Beziehung zur physikalischen Welt bildet, sodass es kaum Sinn macht zu behaupten, dass solche Phänomene nicht existieren.)

Es scheint jedoch sogar eine noch grundlegendere und offensichtlichere Schwierigkeit mit der Theorie zu geben. Insofern uns der eliminative Materialismus auffordert, uns die menschliche Natur *neu vorzustellen*, mehr über das Nervensystem zu *lernen* und tatsächlich die Theorie selbst zu *glauben*, setzt sie dabei nicht selbst die Gültigkeit genau der Konzepte voraus, von denen sie vorgibt sie zu eliminieren? Widerspricht sich die Theorie nicht letztlich selbst?

Eliminativisten sind sich natürlich dieses Einwandes sehr wohl bewusst, glauben aber, dass ihm leicht beizukommen sei. Die Churchlands behaupten, dass die Eliminativisten des Selbstwiderspruchs zu beschuldigen so ist, als wenn man die modernen Biologen beschuldigt, dass sie sich selbst widersprechen, wenn sie das pseudowissenschaftliche Konzept des „Lebensgeistes" bestreiten. Es wäre für die Vitalisten sicherlich töricht zu argumentieren, dass Leute, die nicht an den Lebensgeist glauben, am Leben sein müssen, um ihren Unglauben ausdrücken zu können, sodass sie am Ende Lebensgeist besitzen müssen und sich somit selbst widerlegt haben. Vitalisten würden in diesem Fall der Frage ausweichen, da ihr Argument voraussetzt, dass die einzige Möglichkeit, das Leben zu erklären, in Bezug auf den Lebensgeist besteht, was genau das ist, was die Antivitalisten bestreiten. In ähnlicher Weise, so die Entgegnung, weicht der Kritiker des eliminativen Materialismus der Frage aus, wenn er annimmt, dass Eliminativisten ihre eigene Theorie, etc. „glauben" müssen, da die Existenz von Glauben genau das ist, was die Eliminativisten zurückweisen.

Ein Grund für Argwohn gegenüber dem Scheitern dieser Entgegnung ist, dass der Eliminativist hierbei wiederum unausweichlich Gebrauch von Konzepten – „der Frage ausweichen", „annehmen" – zu machen scheint, die genau von der Art mentalistischer Begriffe sind, deren Legitimität der eliminative Materialismus leugnet. Dies suggeriert, dass die Analogie mit dem Vitalismus vielleicht keine so gute ist. Antivitalisten bestreiten schließlich nicht die Existenz von Leben; sie bestreiten nur eine gewisse Theorie darüber, wie Leben zu erklären ist. Darum widersprechen sie sich nicht selbst, was sie täten, wenn sie nicht nur die Existenz des Lebensgeistes, sondern aller lebenden Dinge (inklusiver ihrer selbst) leugneten. Aber Eliminativisten bestreiten nicht bloß eine gewisse Theorie darüber, wie man Glauben, Denken, Annehmen, etc.

erklären kann; sie bestreiten tatsächlich die Existenz dieser Phänomene. Dennoch ist „bestreiten" selbst ein Beispiel der Art von Phänomenen, deren Existenz bestritten wird. Kurz, jeder Versuch eine Theorie aufzustellen oder zu widerlegen – der eliminative Materialismus, Alltagspsychologie oder was auch immer – ist dazu da, die Welt auf eine bestimmte Weise zu repräsentieren und damit Intentionalität zu offenbaren. Aber in diesem Fall kann man keine Theorie in kohärenter Weise aufstellen, die die Existenz des Repräsentierens oder von Intentionalität bestreitet.

Einige Eliminativisten würden anerkennen, dass ihre Position hier eine echte Schwierigkeit hat, aber auch anmerken, dass wir vielleicht einfach noch nicht die konzeptionellen Ressourcen haben, um uns vorzustellen, wie man Theorien aufstellen, akzeptieren und verwerfen kann, ohne eine mentalistische und intentionale Sprache zu verwenden. Wir könnten uns in einer Lage befinden, die ähnlich der von jemandem im antiken Griechenland ist, der versucht sich Quantenmechanik vorzustellen: das theoretische Fundament, das notwendig ist, um sich das radikal neuartige konzeptionelle Schema, das letztlich entwickelt werden muss, auch nur vorzustellen, wurde einfach noch nicht gelegt. Dennoch muss der eliminative Materialist wieder, nur um diesen Vorschlag zu entwerfen, eine Sprache – „sich etwas vorstellen", „konzeptionelle Ressourcen", sogar „Theorie", „aufstellen" und „verwerfen" – verwenden, die irreduzibel mentalistisch und intentional zu sein scheint. Alles, das jemals als eine „Theorie" gelten kann, oder bloß als etwas, das in relevanter Weise analog zu einer Theorie ist – egal wie weit entfernt in der Zukunft das ist – scheint unausweichlich etwas zu sein, das Repräsentation und Intentionalität umfasst, und wenn dies der Fall ist, dann kann es nicht in kohärenter Weise dazu verwendet werden, um den eliminativen Materialismus auszudrücken. Es ist als ob der Eliminativist behaupten würde, dass 2 + 2 = 23 und dass der einzige Grund, warum wir das nicht sinnvoll finden, darin liegt, dass wir noch nicht die konzeptionellen Ressourcen haben, um einzusehen, wie Addition in der Zukunft aussehen könnte. Das, was man richtigerweise darauf sagt, ist, dass, was auch immer die Menschen der Zukunft tun mögen, wenn sie herumziehen und behaupten, dass 2 + 2 = 23, es jedenfalls nicht Addieren ist. In ähnlicher Weise scheinen eliminative Materialisten letztlich eine Theorie aufzustellen, die nach ihrem eigenen Bekenntnis gegenwärtig unverständlich ist, mit einem Schuldschein, dass wir eines Tages in der Lage sein könnten, sie verständlich zu machen.

Aber das Versprechen kann prinzipiell nie gehalten werden, da die Möglichkeit des Verständnisses – das erfordert, dass wir in der Lage sind etwas *zu verstehen* oder *sinnvoll zu finden*, und das daher Intentionalität einschließt – etwas ist, das die Theorie selbst als unmöglich auszuschließen scheint. Eliminativisten scheinen uns praktisch dazu einzuladen, ihnen oder ihrer Theorie nicht zu glauben, sei es jetzt oder irgendwann. Wie also können sie es irgendjemandem vorwerfen, der ihr Angebot annimmt?

Die Unbestimmtheit des Physikalischen

Bisher haben wir gesehen, dass alle übriggebliebenen materialistischen Versuche mit der Intentionalität zurechtzukommen ernsthaften Schwierigkeiten zu begegnen scheinen. Das intuitive antimaterialistische Argument der Intentionalität, mit dem wir dieses Kapitel begonnen haben, bleibt bislang unbesiegt. Aber die Dinge sind nach Ansicht einiger Kritiker des Materialismus sogar noch schlimmer für den Materialisten als bisher angedeutet. Nach deren Ansicht gibt es zusätzlich zu der Tatsache, dass nichts Materielles in der Lage zu sein scheint, irgendeine unbezogene Bedeutung zu haben, ein weiteres Problem: selbst wenn irgendetwas physikalisches eine unbezogene Bedeutung haben könnte, so könnte es nicht an sich die eindeutige Bedeutung haben, die (zumindest viele) geistige Zustände haben. Das Argument besagt kurzgefasst: zumindest einige intentionale Geisteszustände und -prozesse sind in ihrer Bedeutung bestimmt; kein physikalischer Zustand oder Prozess könnte der Möglichkeit nach in seiner Bedeutung bestimmt sein; intentionale Geisteszustände können also nicht mit physikalischen Zuständen oder Prozessen identifiziert oder auf diese reduziert werden.

Wir haben bereits eine Reihe von Weisen gesehen, auf die physikalische Prozesse in inhärenter Weise unbestimmt sein können: zum Beispiel haben wir im vorigen Kapitel angemerkt, dass es von seinen physikalischen Eigenschaften alleine her unbestimmt ist, welche Interpretation den algorithmischen Regeln, die einen Computer steuern, zugeordnet werden soll, und es wurde in diesem Kapitel an früherer Stelle darauf hingewiesen, dass es von den physikalischen Fakten alleine her unbestimmt ist, was als Anfang oder Ende einer gegebenen Kausalkette gilt. Auf eine Verallgemeinerung von Erwägungen wie diesen haben sich einige Kritiker des Materialismus bei ihrer Entwicklung nicht nur eines Einwands gegen diese oder jene spezifische materialistische Theorie, sondern eines umfassenden antimaterialistischen Arguments der Unbestimmtheit der Bedeutung bezogen. Wenn ein solches Argument Erfolg haben sollte, dann hätte es den Effekt, Searles Vorschlag zu untermauern, den wir am Ende des vorigen Kapitels betrachtet haben, dass es nämlich von den dritte-Person-mäßigen Tatsachen des Verhaltens und der Neurophysiologie alleine her unbestimmt ist, welche Bedeutung den Äußerungen einer Person zugeordnet werden soll. Das Fazit des Arguments von Searle war, dass Bedeutung unvermeidlich durch die subjektive, erste-Person-mäßige Sichtweise bestimmt werden muss, und das, zusammen mit den Erwägungen, die wir jetzt untersuchen wollen, tendiert wohl zu der Untermauerung des Vorschlags, der über den Verlauf der paar vorigen Kapitel erwogen wurde, dass erste-Person-mäßige, subjektive Tatsachen mit Bezug auf dritte-Person-mäßige, objektive, physikalische Fakten nicht erklärbar sind. Diese Erwägungen werden auch einen Weg vorschlagen, auf die möglichen Einwände gegen Searle, die am Ende des vorigen Kapitels betrachtet wurden, zu antworten, dahingehend, dass geistige Zustände an sich vielleicht nicht bestimmter sind als physikalische Prozesse.

Die fraglichen Erwägungen betreffen drei untereinander verbundene Manifestationen von Intentionalität: unsere Verwendung von *Repräsentationen*, unsere Auffassung von *Konzepten* und unsere Befähigung zu *formaler Schlussfolgerung*. Schauen wir uns jede von diesen an.

1. Repräsentation

Wir haben bereits Kenntnis von dem Konzept der „geistigen Repräsentation“ und von Sätzen des Mentalesischen als mögliche Kandidaten dafür, welcher Art geistige Repräsentationen sein könnten. Aber betrachten nun für einen Moment ein viel trockeneres Beispiel einer Repräsentation – eine Zeichnung, die Sie vielleicht von Ihrer Mutter machen. Wenn Sie Ihre Mutter zeichnen, dann kreieren Sie eine Art Repräsentation von ihr. Aber bedenken Sie, dass es nicht die besonderen physikalischen Eigenschaften der Zeichnung selbst sind – die Form der Linien, die Sie machen, die Chemikalien in der Tinte, die Sie verwenden, und so weiter – die sie zu einer Repräsentation von ihr machen. Der Grund dafür ist nicht bloß der eine, der am Beginn des Kapitels angemerkt wurde, nämlich dass nichts physikalisches fähig zu sein scheint, irgendeine intrinsische Intentionalität aufzuweisen; der Grund ist vielmehr einer, der selbst dann zutreffen würde, wenn das Argument vom Anfang dieses Kapitels zu verwerfen wäre. Jemand, der über Ihre Schulter schaut, wenn Sie zeichnen, könnte später eine exakte Kopie der Zeichnung, die Sie gemacht haben, anfertigen. Vielleicht bewundert die Person Ihre Kunstfertigkeit und will sehen, ob sie oder er es genauso gut kann. Aber wenn die Person das tut, dann würde sie oder er streng genommen nicht eine Repräsentation Ihrer Mutter zeichnen – er oder sie mag vielleicht keine Vorstellung davon, auch überhaupt kein Interesse daran haben, wer das ist, die Sie da gezeichnet haben – sondern vielmehr eine Repräsentation *von Ihrer Repräsentation.* Und allgemein könnte genau dieselbe Zeichnung entweder als eine Zeichnung eines X oder als eine Zeichnung einer Zeichnung eines X gelten – oder tatsächlich (angenommen, dass jemand über die Schulter des zweiten Künstlers schaut und kopiert, was er oder sie gezeichnet hat) als eine Zeichnung einer Zeichnung einer Zeichnung eines X, und so weiter *ad infinitum.*

Selbst wenn wir etwas als eine Zeichnung gelten lassen, und somit als etwas, das die eine oder andere Intentionalität besitzt, so ist genau das, *wovon* es eine Zeichnung ist, durch seine physikalischen Eigenschaften alleine immer noch unbestimmt. Dasselbe gilt nicht nur für Zeichnungen, sondern auch für geschriebene und gesprochene Wörter (denn „Katze" zu sagen oder zu schreiben könnte dazu da sein, um Katzen zu repräsentieren, aber es könnte auch dazu da sein, um das Wort „Katze" zu repräsentieren) und tatsächlich für *jede* materielle Repräsentation, inklusive angeblicher Repräsentationen, die durch neuronale Feuerungsmuster im Gehirn kodiert werden. Es scheint allgemein nichts an den physikalischen Eigenschaften einer materiellen Repräsentation zu geben, das es zu einer materiellen Repräsentation eines X macht, im Gegensatz zu einer materiellen Repräsentation einer materiellen Repräsentation eines X.

Dennoch denken Sie manchmal in eindeutiger Weise an ein bestimmtes Ding oder eine Person, wie etwa Ihre Mutter. Ihr Gedanke an Ihre Mutter betrifft Ihre Mutter – er repräsentiert Ihre Mutter und repräsentiert nicht eine Repräsentation Ihrer Mutter (Repräsentationen, Bilder und ähnliches könnten Ihrem Geist nicht fernerliegen). Aber dann kann Ihr Gedanke, was auch immer er ist, nicht zur Gänze materiell sein. Vorausgesetzt, dass es nichts an einer materiellen Repräsentation *per se* gibt, das sie zu einer Repräsentation eines X im Gegensatz zu einer Repräsentation einer Repräsentation eines X machen könnte, sofern Ihr Gedanke gänzlich materiell ist, dann hätte es keine Bewandtnis damit, ob Ihr Gedanke Ihre Mutter im Gegensatz zu einer Repräsentation Ihrer Mutter repräsentiert. Ihr Gedanke ist eindeutig; rein materielle Repräsentationen sind das nicht; Ihr Gedanke ist also nicht rein materiell.

Der Materialist könnte dem entgegnen, dass wir eine materielle Repräsentation nicht isoliert betrachten sollten, um festzustellen, was sie repräsentiert, sondern dass wir auch Faktoren wie ihre konzeptionellen Beziehungen zu anderen Repräsentationen, ihre Kausalbeziehungen zur Welt und die Verhaltensdispositionen des Denkenden, der die Repräsentation hat, oder die Regeln, denen dieser folgt, dabei mit einbeziehen sollten. Aber wie wir gesehen haben, haben solche Bezugnahmen auf die konzeptionelle Rolle, auf Verursachung, auf Verhaltensdispositionen und Regeln ihre eigenen ernsthaften Probleme, von denen einige auch die Unbestimmtheit betreffen. Insbesondere ist das Problem, wenn behauptet wird, dass irgendein System materieller Repräsentationen, von Kausalbeziehungen, von Verhaltensdispositionen, von Regeln oder was auch immer, die Bedeutung festlegt, dass dieselben Schwierigkeiten, die auftauchen, wenn wir eine einzelne Repräsentation isoliert betrachten, einfach auf höherer Ebene wiederkehren. Jedes solches System materieller Elemente oder Prinzipien ist zwischen alternativen Interpretationen unbestimmt; aber unsere Repräsentationen scheinen, zumindest manchmal, nicht auf diese Weise unbestimmt zu sein.

2. Konzepte

Wenn wir an etwas denken, dann bringen wir es unter in Konzept: wir daran als eine Katze oder als eine Mutter. Und natürlich können wir es unter mehr als ein Konzept bringen – wir könnten bei demselben Geschöpf sowohl an eine Katze als auch eine Mutter denken. Woran wir auch denken, es gibt typischerweise irgendein bestimmtes Konzept oder bestimmte Konzepte, unter die wir das bringen, woran wir auch immer denken. Wir denken beispielsweise an etwas als eine Katze oder als eine Katze und eine Mutter, und nicht als einen Hund oder einen Vater.

Was ist es, das festlegt, dass unsere Gedanken mit sich bringen, dass wir etwas unter genau dieses bestimmte Konzept oder diese Menge von Konzepten bringen, und nicht unter irgendein anderes? Es scheint, dass es nicht materielle Tatsachen alleine sein können. Zum Beispiel kann es keine Art von physikalischer Relation (zum Beispiel eine Kausalbeziehung) von uns mit allen tatsächlichen Katzen sein, die unsere Gedanken über Katzen dazu bringt, die Anwendung des Konzepts Katze auf diese zu beinhalten. Denn, um ein Beispiel von John Haldane auszuborgen, es könnte sein, dass alle tatsächlichen Katzen auch unter ein Konzept fallen, das wir *Maxifourn* nennen können, wobei Maxifourns die gewöhnlichsten-vierbeinigen-Tiere-deren-Durchschnittsgewicht-W-ist sind. Jede von unseren physikalischen Relationen zu Katzen wird somit auch eine Relation zu den Maxifourns sein. Aber unsere Gedanken an Katzen beinhalten nichtsdestotrotz die Anwendung des Konzepts Katze, und sie beinhalten nicht das Konzept Maxifourn. In diesem Fall kann es nicht die physikalische Relation alleine sein, die festlegt, welches Konzept wir anwenden.

Wie Haldane anmerkt, wird dieser Punkt mit Beispielen wie *Dreieck* und *dreiseitig* noch klarer, die Konzepte sind, die auf genau dieselben Objekte in jeder möglichen Welt angewendet werden (nicht wie *Katze* und *Maxifourn*, da diese Konzepte sich ja nicht auf dieselben Dinge in möglichen Welten, in denen es Hunde und nicht Katzen sind, die Maxifourns sind, anwenden lassen). Keine physikalische Relation zwischen uns und solchen Objekten kann ausreichen, um festzulegen, dass wir an diese als dreieckig, und nicht als dreiseitig denken. Allgemein gibt es immer mehrere Möglichkeiten sich die Objekte unserer Gedanken vorzustellen, als die physikalischen Fakten festlegen können.

Verwandt mit diesem Punkt ist die Erwägung, dass Konzepte grundsätzlich abstrakt und universell sind, wohingegen materielle Phänomene konkret und besonders sind. Dem entsprechend kann ein Konzept nicht mit irgendetwas konkretem, besonderem oder materiellen identifiziert werden; und deshalb kann es nicht mit irgendeinem physikalischen Symbol im Gehirn oder im Nervensystem identifiziert werden. Auch kann es plausibler Weise nicht mit einer Menge von Verhaltensdispositionen, wie dies manchmal vorgeschlagen wird, identifiziert werden, da ja, wie oben angemerkt, Verhaltensdispositionen für verschiedene Interpretationen empfänglich sind und daher unbestimmt in einer Weise sind, die (zumindest viele Konzepte) nicht sind. Aus ähnlichen Gründen können die Propositionen, die wir erfassen, denen wir zustimmen oder die wir bestreiten – und von denen Konzepte die Bestandteile sind – nicht mit „Sätzen im Kopf" oder irgendwelchen anderen materiellen Entitäten identifiziert werden. Propositionen sind notwendigerweise abstrakt. Gäbe es keine menschlichen Wesen, dann wäre die Proposition *es gibt keine menschlichen Wesen* wahr, trotzdem es dann keinen „Satz im Kopf", mit dem diese Proposition identisch sein könnte, gäbe. Gäbe es überhaupt keine physische Welt, dann wäre die Proposition *es gibt keine physische Welt* wahr, trotzdem es keine physische Entität irgendeiner Art gäbe, mit der diese Proposition identisch sein könnte. Einige Propositionen sind notwendigerweise wahr, das heißt, sie sind wahr in allen möglichen Welten, aber keine physische Entität existiert in allen möglichen Welten (zum Beispiel gibt es mögliche Welten, in denen es keine Gehirne und somit keine „Sätze im Kopf" gibt). Und so weiter.

Dies stellt offenbar ein weiteres Problem für die Mentalesisch-Hypothese dar und für jede Theorie, die das Denken für etwas hält, das nur aus materiellen Prozessen besteht. Nach Ansicht einiger Kritiker des Materialismus suggeriert dies ein weiteres, allgemeines antimaterialistisches Argument: wenn der Geist ein Konzept oder eine Proposition erfasst, dann gibt es klarerweise einen Sinn, in dem dieses Konzept oder diese Proposition im Geist ist; aber wenn diese Dinge im Geist sind und dennoch (aus den oben angegebenen Gründen) nicht im Gehirn sein können, dann scheint daraus zu folgen, dass der Geist nicht mit dem Gehirn identifiziert werden kann, oder, was das betrifft, mit irgendetwas materiellem.

3. Formales Schließen

Was auch immer jemand von so einem Argument hält (und es bedarf sicherlich weiterer Entwicklung), so bringt uns das Thema des abstrakten Denkens doch zu einer letzten Hinsicht, in der geistige Zustände, speziell Gedanken, die notwendige Wahrheiten betreffen, auf eine Weise eindeutig sein können, in der dies materielle Prozesse nicht können. Wenn wir Urteile einer mathematischen oder logischen Art fällen, dann haben unsere Urteile eine gewisse, eindeutige Form: die Form des Addierens oder Quadrierens zum Beispiel, oder des *Modus ponens*, der Konjunktion oder der Disjunktion. Nichts, das nicht genau die Form von 2 + 2 = 4 hat, zählt als eine Addition von 2 und 2 um 4 zu erhalten; nichts, das nicht genau die Form von *Wenn Sokrates ein Mensch ist, dann ist Sokrates sterblich; Sokrates ist ein Mensch; also ist Sokrates sterblich* hat, zählt als ein Beispiel für das Schließen mit dem *Modus ponens*. Aber, wie James F. Ross argumentiert hat, kein physikalischer Prozess kann die eindeutige

Form haben, die solche formalen Denkprozesse haben. Genau wie sich ein Papierteller und ein Frisbee einem „perfekten Kreis“ annähern, aber niemals wirklich einen realisieren können – das heißt, dass Papierteller oder Frisbees und alle anderen „kreisrunden“ physischen Objekte streng genommen überhaupt niemals wirklich Kreise sind (jeder wahre Kreis ist immer schon ein „perfekter“ Kreis) – genauso kann kein physikalischer Prozess jemals mehr als eine Annäherung an formales Schließen leisten.

Wenn man die Kreisanalogie betrachtet, dann wird die intuitive Plausibilität dieser Behauptung bereits evident. Aber Ross bezieht sich auf eine Reihe von Resultaten der jüngeren Philosophie, um das Argument zu unterstützen. Eines davon ist Quines Argument der Unbestimmtheit der Übersetzung, das wir bereits im vorigen Kapitel betrachtet haben. Quine argumentiert, dass, wenn die physikalischen Fakten über uns alle sind, die es gibt, dann hat es keine Bewandtnis damit, was irgendeine unserer Äußerungen bedeutet: die Bedeutung ist dann unbestimmt. Dies hätte zur Folge, dass unsere Prozesse des Schließens ebenfalls unbestimmt wären; es hätte keine Bewandtnis damit, ob wir dabei den *Modus ponens* anwenden, oder irgendeine Annäherung daran. Ein weiteres relevantes Beispiel ist Saul Kripkes Unterscheidung (die Ross für seine eigenen Zwecke adaptiert) zwischen Addition und dem, was er „Quaddition“ nennt, wobei Addition die Form „x + y“, aber Quaddition die Form „x + y, sofern x y < 57, ansonsten = 5“ hat. Eine Rechenmaschine, die addiert, und eine Rechenmaschine, die quaddiert, werden dieselben Resultate liefern, wenn die Zahlen, die sie berechnen, kleiner als 57 sind, aber wenn die, die addiert 58 und 100 berechnet, dann erhält diese 158, wohingegen die, die quaddiert, stattdessen 5 erhält. Weil sie im ersten Fall dieselben Resultate liefern, gibt es keine Tatsache an ihrem Verhalten, anhand derer man dann unterscheiden kann, ob sie addieren oder quaddieren. Aber angenommen der Unterschied in den Resultaten würde sich selbst nicht bei 57 offenbaren, sondern stattdessen bei einer viel höheren Zahl – tatsächlich bei einer Zahl, die höher ist als die höchste Zahl, die einer der beiden Rechner anzeigen kann. Dann gäbe es nicht nur keine Möglichkeit zu wissen, welche der beiden Maschinen quaddiert anstatt zu addieren, sondern es hätte *überhaupt keine Bewandtnis damit*, welche was tut. Die physikalischen Fakten über die Rechner sind gleichermaßen konsistent sowohl mit der Addition und der Quaddition und daher unbestimmt zwischen ihnen. Aber wenn, wie bei den Rechenmaschinen, die physikalischen

Fakten über uns alle sind, die es gibt, dann wäre es auch bei uns unbestimmt, ob wir Addition oder Quaddition durchführen. Aber es *ist nicht* unbestimmt: wir addieren. Dass wir das tun, kann kein rein materieller Prozess sein.

Einige Materialisten – Quine, und vielleicht Dennett – könnten dem entgegnen, dass der aus all dem zu ziehende, richtige Schluss der ist, dass, da (wie sie behaupten) wir ja rein materielle Wesen sind, wir in Wirklichkeit letztlich einfach nicht addieren, den *Modus ponens* anwenden oder irgendein anderes Stück formalen Schließens ausführen; es scheint nur so, als ob wir es täten, weil wir uns dem nähern, dies zu tun. Tatsächlich, könnten sie sagen, ist alles Denken genauso unbestimmt wie es physikalische Prozesse sind. Dieser Schritt ist jedoch nicht nur höchst kontraintuitiv – er zum Beispiel hat zur Folge, dass Sie noch niemals 2 und 2 addiert haben, um 4 zu erhalten, sondern dass Sie nur glauben, dies getan zu haben – sondern er stellt eine Bedrohung für jedes Argument dar, das jemals irgendjemand abgegeben hat, inklusive jedes Arguments, das jemals irgendjemand für den Materialismus geliefert hat. Denn wenn niemand von uns jemals wirklich mit dem *Modus ponens* oder irgendeiner anderen gültigen Argumentform schließt, dann schließen wir niemals in gültiger Weise. Jedes einzelne Argument, das jemals irgendjemand abgegeben hat, wird somit ungültig! Diese materialistische Antwort untergräbt sich daher selbst.

Dies zeigt nur, wie extrem und kostspielig die vorgeschlagene Entgegnung auf Searle, die am Ende des letzten Kapitels erwogen wurde, ist. Es deutet auch an, dass eine solche Entgegnung nicht erfolgreich sein kann, da die Behauptung, dass keiner unserer Gedanken eindeutig ist, nachweislich falsch ist. Wie Ross anmerkt, setzt schon das Bestreiten dessen, dass wir wirklich eindeutige Gedanken haben, mit Gewissheit dort, wo die fraglichen Gedanken Addition, *Modus ponens* und ähnliches betreffen, voraus, dass wir eindeutige Gedanken haben; denn bloß zu bestreiten, dass wir jemals addieren oder den *Modus ponens* anwenden, erfordert, dass wir diese Operationen verstehen, und sie zu verstehen bedeutet, einen Gedanken an eine Form zu haben, der genauso eindeutig ist wie der, der verstanden wird.

Argumente der Art, die wir im vorigen Abschnitt betrachtet haben, gehen weit bis zu Platon und Aristoteles zurück; tatsächlich präsentieren sie ihre gegenwärtigen Verfechter typischerweise bloß als neue Darlegungen von im Wesentlichen platonischen oder aristotelischen Denkrichtungen in modernem Gewand. Insofern als diese Argumente im Kern dazu tendieren einige der Einwände, die gegen spezifische materialistische Theorien der Intentionalität der Gegenwart vorgebracht wurden, zu umfassenden Kritiken des Materialismus zu erweitern, illustrieren sie den Punkt, den ich in Kapitel 3 eingebracht haben, dass viele der Kritiken, die sich heute gegen den Materialismus richten, nichts als Variationen derselben Einwände sind, die bereits seit zweieinhalb Jahrtausenden vorgebracht werden. Dieser Punkt wird weiter untermauert, wenn wir die intentionalistische These akzeptieren, dass ein Subjekt mit bewusster Erfahrung zu sein einfach bedeutet, ein Subjekt mit gewissen intentionalen Zuständen zu sein, sodass die Probleme des Bewusstseins und Qualia – von denen oft geglaubt wird, dass sie bezeichnend moderne Herausforderungen an den Materialismus stellen – am Ende wirklich auf das antike Problem der Intentionalität hinauslaufen.

Zusammengefasst ist die Schwierigkeit, die Intentionalität für den Materialisten darzustellen scheint, folgende: wenn Searle recht hat, dann sind intrinsische Bedeutung oder Intentionalität und die erste-Person-mäßige Sichtweise des bewussten, denkenden Subjekts unentwirrbar miteinander verknüpft; und wenn die Argumente des vorhergehenden Abschnitts stimmen, dann sind Bedeutung oder Intentionalität, und damit die erste-Person-Sichtweise des bewussten, denkenden Subjekts auf nichts materielles reduzierbar und nicht erklärbar durch irgendetwas materielles, inklusive des Gehirns. Der Dualismus scheint dadurch rehabilitiert zu sein.

Materialisten könnten nichtsdestotrotz vorschlagen, dass wir nicht allzu schnell einen solchen Schluss ziehen sollten. Denn ist der Dualist wirklich in irgendeiner besseren Position als der Materialist, was Bedeutung oder Intentionalität betrifft? Wie *erklärt* letztlich die Bezugnahme auf die Existenz eines nicht-physischen Subjekts oder nicht-physischer Eigenschaften Intentionalität? Hat nicht der Dualist in Wirklichkeit bloß das eine Rätsel – das Rätsel der Intentionalität – durch ein anderes, nämlich das Rätsel des Wesens und Funktionierens des nicht-physischen Geists ersetzt? Und deutet das Problem der Interaktion, das den Dualisten seit der Zeit Descartes′ plagt, nicht an, dass es unwahrscheinlich ist, dass dieses zweite Rätsel selbst gelöst werden kann?

Wie wir gesehen haben, als wir uns das Argument der Vernunft und das Problem der geistigen Verursachung überlegt haben, ist es nicht ganz richtig zu sagen, dass das Interaktionsproblem eine Herausforderung alleine für den Dualisten darstellt, sondern dass die Fragen, die dadurch aufgeworfen wurden, nur gerecht sind. Der Dualist könnte antworten, dass der Zweck der Art von Argumenten, die im letzten Abschnitt erwogen wurden, überhaupt nicht der ist, Intentionalität zu erklären, sondern vielmehr darzulegen, dass, was auch immer Intentionalität ist, sie nicht physikalisch ist. Und wenn sie das nicht ist, dann ist es eine Zeitverschwendung zu versuchen, eine physikalische Erklärung davon zu finden. Natürlich könnte der Materialist beanstanden, dass nicht-physikalische Prozesse nicht von der Art sind, die der Möglichkeit nach mit den Methoden der physikalischen Wissenschaft studiert werden können. Aber darauf könnte der Dualist entgegnen, dass es ein Fehler ist zu glauben, dass die physikalische Wissenschaft die einzige legitime Herangehensweise einer Untersuchung ist. Die angemessene Herangehensweise an ein Studium des Geistes ist nach Ansicht des Dualisten die Metaphysik, nicht die Physik. Denn da ja nach Ansicht des Dualisten die Argumente für den Dualismus zeigen, dass der Geist nicht-physisch ist, zeigen sie somit auch, dass es nur durch andere als naturwissenschaftliche Untersuchungen möglich, ist sein Wesen zu verstehen, sofern wir es überhaupt verstehen können. Für den Materialisten würde das apriorische Verwerfen der Möglichkeit einer solchen Untersuchung bedeuten, dass er gegenüber dem Dualisten einfach der Frage ausweicht.

Aber kann die Metaphysik wirklich irgendetwas zur Klärung des Wesens eines nicht-physischen Geistes beitragen, das nicht bereits von Descartes und seinen Nachfolgern gesagt wurde? Das bringt uns zum Thema unseres letzten Kapitels, in dem wir sehen werden, dass, genau wie bei einigen der Argumente, die wir uns in diesem Kapitel überlegt haben, Dualisten vielleicht gut beraten sind, eher auf ihre alten als auf ihre modernen Vorfahren zu blicken, um die vielversprechendsten Mittel zur Verteidigung ihrer Position zu finden.

8. Personen

Unsere Untersuchung der verschiedenen geistigen Phänomene, die Philosophen als problematisch erachtet haben – Qualia und Bewusstsein, Denken und Intentionalität – deutet an, dass Descartes' grundlegende Behauptung, dass der Geist nicht auf das Gehirn oder den Körper reduzierbar sei, bisher nicht widerlegt worden ist. Auf jeden Fall war bisher kein materialistischer Versuch zu zeigen, dass diese verschiedenen Eigenschaften des Geistes wirklich bloß physische Eigenschaften des Gehirns sind, erfolgreich. Aber das zentrale materialistische Argument – das Argument der Verursachung – ist eines, das der Dualist immer noch nicht befriedigend gelöst zu haben scheint. Erinnern wir uns, dass es, so wie Descartes' den Geist charakterisiert, schwierig ist einzusehen, wie er möglicherweise in Kausalkontakt mit dem Körper treten könnte. Das ist das *Interaktionsproblem*, und derweil es keine vollständige Widerlegung des Dualismus ist, wäre es nichtsdestotrotz zutiefst unbefriedigend, wenn der Dualist darauf keine überzeugende Antwort geben könnte (das heißt ohne Zuflucht zum Okkasionalismus, Parallelismus oder Epiphänomenalismus). Aber gibt es eine befriedigende Antwort?

Einige Dualisten haben behauptet, dass es eine gibt, dass aber die Antwort und schon die Existenz des Problems zeigen, dass Descartes und die von ihm beeinflussten Dualisten eine ernsthaft inadäquate Charakterisierung der Metaphysik des Dualismus geliefert haben. Wie sich herausstellt, liegt diese Inadäquatheit nach ihrer Ansicht genau dort, wo der kartesische Dualismus mit dem Materialismus etwas gemeinsam hat: ein mechanistisches Konzept der materiellen Welt im Allgemeinen und des menschlichen Körpers im Besonderen. Um zu sehen, wie weitreichend gerade die Konsequenzen dieses Konzepts sind, und um die Bedingungen dafür zu schaffen, sich eine neue Auffassung des Dualismus zu überlegen, wird es hilfreich sein, kurz auf ein metaphysisches Problem zu schauen, das eng mit dem Leib-Seele-Problem verwandt ist: das Problem der *personalen Identität*.

Personale Identität

Das Problem der personalen Identität ist das Problem zu erklären, was die Tatsache ausmacht, dass eine Person dieselbe Person über die Zeit hinweg bleibt, trotz dramatischer Unterschiede in seinen oder ihren körperlichen und psychologischen Eigenschaften. Ethel fängt als eine befruchtete Eizelle an; sie entwickelt sich zu einer Zygote, dann zu einem Embryo, dann zu einem Fötus; sie wird geboren, durchlebt ihr Kleinkindalter, ihre Kindheit, die Adoleszenz, das junge Erwachsenendasein, das mittlere Alter und das Alter; und dann stirbt sie. Nach einigen Ansichten könnte sie nach dem Tod weiterhin existieren – als eine körperlose Seele zum Beispiel, oder vielleicht in einem geklonten Körper, in den ihre Erinnerungen transplantiert wurden. Ihre körperlichen Merkmale verändern sich ihr Leben hindurch signifikant, und verschwinden vielleicht allesamt in einem postmortalen Zustand ihrer Existenz. Ihre psychologischen Merkmale verändern sich um nichts weniger signifikant und könnten ebenfalls als ein Resultat von Amnesie oder einem Abgleiten ins Koma verschwinden. Und dennoch scheint es in gewissem Sinn ein und dieselbe Person zu sein, die all diese Veränderungen durchläuft. Was also macht sie durchweg zu derselben Person?

Der kartesische Dualismus bietet eine mögliche Antwort: was dasselbe bleibt, ist die immaterielle Substanz einer Person, die *res cogitans*, mit der Descartes den Geist identifizierte. Aber es gibt ein ernstes Problem mit dieser Antwort: sie scheint es prinzipiell unmöglich zu machen, jemals zu wissen, dass man es von Tag zu Tag mit derselben Person zu tun hat, oder selbst von Moment zu Moment. Eine kartesische immaterielle Substanz ist nicht beobachtbar, so wie ihr alle physikalischen Eigenschaften fehlen. Wenn man es mit anderen Menschen zu tun hat, dann ist alles, das man jemals beobachtet, ihre körperlichen und verhaltensbezogenen Merkmale, nicht ihre immateriellen Substanzen. Aber woher weiß man dann, dass die immaterielle Substanz, die heute mit jemandes Körper interagiert, nicht von der verschieden ist, die mit diesem gestern interagiert hat? Selbst die Bezugnahme auf die psychologischen Merkmale einer Person – Erinnerungen, Verhaltenstendenzen oder persönliche Schrullen – wird nicht hilfreich sein, da ja diese vielleicht seit gestern von einer immateriellen Substanz auf die andere „übergesprungen" sind. Vielleicht sind die alten Körper- und die alten Persönlichkeitsmerkmale nun mit einer neuen immateriellen Substanz verbunden – was zur Folge hätte, da es ja die Gleichheit der immateriellen Substanz ist, die die Gleichheit der Person ausmacht, dass Sie es heute mit einer anderen Person zu tun haben, wie sehr auch diese Person in Aussehen und Handeln der Person, mit der Sie es gestern zu tun hatten, gleichen mag.

Es ist wichtig einzusehen, dass das Problem hierbei nicht bloß ist, dass diese Konsequenz höchst kontraintuitiv ist – sie hat zur Folge, dass man niemals wissen kann, ob man es wirklich mit seinem Ehepartner oder seinem besten Freund zu tun hat, da man ja niemals wissen kann, ob deren immaterielle Substanzen anwesend sind – obwohl das schlimm genug wäre. Das wäre bloß ein Beispiel eines berühmten Rätsels in der Philosophie des Geistes, bekannt als das „Problem des anderen Geistes": angenommen, dass alles, das ich jemals beobachten kann, Ihre körperlichen Merkmale und Ihr Verhalten sind, woher weiß ich, dass sie mit einem Geist in Verbindung stehen? Woher weiß ich, dass Sie kein Zombie sind? Und das Problem des anderen Geistes ist keine spezielle Schwierigkeit des Dualismus; im Prinzip stellt es für andere Ansichten genauso eine Herausforderung dar (da es eine epistemische Lücke zwischen dem Wissen um die physischen Zustände von jemandes Körper oder Gehirn und dem Wissen um die Geisteszustände einer Person zu geben scheint). Das tieferliegende Problem einer kartesisch-dualistischen Theorie der personalen Identität liegt darin, dass unsere Unfähigkeit, immaterielle Substanzen über die Zeit hinweg wiederzuerkennen, eine Herausforderung für eben die Kohärenz der Idee einer immateriellen Substanz darstellt. Denn wenn es prinzipiell keine Möglichkeit gibt, eine solche Substanz wiederzuerkennen – wenn dieselbe Substanz vielleicht oder vielleicht auch nicht anwesend ist, egal welche physischen oder sogar psychischen Merkmale damit verbunden sein mögen – dann wird es schwierig einzusehen, was es überhaupt bedeuten könnte, von derselben über die Zeit hinweg existierenden, immateriellen Substanz zu sprechen.

Diese Art von Schwierigkeit hat die meisten Philosophen der Gegenwart dazu geführt, sich eine Herangehensweise an die personale Identität zu eigen zu machen, die einschließt, sie auf eine Art körperlicher und/oder psychischer Kontinuität zu reduzieren. Theorien, die körperliche Kontinuität bemühen, besagen, dass das, was eine Person zu derselben über die Zeit hinweg macht, letztlich eine Frage des Erhalts der Kontinuität von physischen Eigenschaften ist – mit demselben Körper in Verbindung gebracht zu werden, oder zumindest mit demselben Gehirn. Das Problem mit solchen Theorien ist, dass sie unsere physischen Eigenschaften auf Kosten unserer psychischen zu betonen scheinen. Es wird oft eingewendet, dass es, zumindest konzeptionell, möglich erscheint, dass eine Person in einem völlig neuen Körper erneut existieren könnte – vielleicht als Resultat einer Datenauslesung aus seinem oder ihrem Gehirn kurz vor dem Tod und einer darauffolgenden Eingabe in das Gehirn des Körpers von jemand anderem (in dem die Erinnerungen und psychischen Merkmale zuvor „gelöscht" wurden). Sicherlich wäre es plausibel zu sagen, dass die Person, die in dem neuen Körper existiert, da er oder sie ja wohl all die Erinnerungen und anderen psychischen Eigenschaften der Person besitzt, die in dem alten Körper existiert hat, *dieselbe Person* wie die Person ist, die in dem alten Körper war. Dennoch scheint die Theorie der körperlichen Kontinuität dies zu verneinen, da es ja keine körperliche Kontinuität von der ursprünglichen Person hin zu der Person in dem neuen Körper gibt. Andere Versionen der Herangehensweise der körperlichen Kontinuität scheinen ähnliche Probleme zu haben. Die „animalistische" Herangehensweise, die besagt, dass Personen mit Menschen identisch sind, die bloß als lebende Organismen erachtet werden, scheint zur Folge zu haben, dass, wenn Ihr Großhirn aus Ihrem Körper entnommen und jemandes anderen Körper transplantiert würde, dann würden Sie trotzdem in Ihrer Existenz in Ihrem geistlosen aber immerhin lebenden Körper fortdauern (da ja dieser Körper immer noch dasselbe *Lebewesen* [Anm.: orig. *animal*] ausmacht, das existierte, bevor das Großhirn daraus entnommen wurde und dem jetzt bloß ein Organ fehlt), wenngleich Ihre Gedanken, Erinnerungen und Persönlichkeitszüge jetzt in dem Körper der Person, die das Transplantat erhalten hat, existiert.

Um diese Probleme zu vermeiden, betonen Theorien der psychischen Kontinuität die zentrale Stellung psychischer Charakteristika – Erinnerungen, Persönlichkeitszüge und Verhaltensdispositionen – für die personale Identität (obwohl sie, da ja die meisten Theoretiker der psychischen Kontinuität Materialisten der einen oder anderen Art sind, psychische Charakteristika mit bestimmten Arten von physischen Charakteristika, zum Beispiel dem Vorhandensein bestimmter Arten von Gehirnzuständen, identifizieren würden). Das Problem mit diesen Theorien ist, dass es konzeptionell möglich scheint, dass mehr als eine Person die psychische Fortsetzung irgendeiner früheren Person sein könnten. Um sich auf ein berühmtes Bild zu beziehen, scheint es zumindest konzeptionell möglich, dass Menschen eines Tages zu einem anderen Planeten via „Teletransportation" reisen könnten: Ethel könnte auf der

Erde in eine Maschine steigen, sich ihren Körper und ihr Gehirn von der Maschine scannen und dann zerstören lassen, und dann könnte die eingescannte Information zum Mars gebeamt werden, wo eine ähnliche Maschine ein exaktes Duplikat des ursprünglichen Körpers rekonstruiert, das aus der Maschine auf dem Mars heraus spaziert und sagt „Wow! Ich war in null Komma nichts hier!". Die Person, die aus der Maschine auf dem Mars heraus spaziert ist und die eine psychische Fortsetzung von Ethel ist, wäre wohl Ethel. Aber wenn das möglich ist, dann scheint es auch möglich, dass, wegen einer Funktionsstörung in der Programmierung der Maschine oder wegen der scherzhaften Laune des Bedieners der Maschine, auf dem Mars zwei neue Körper entstehen und aus der Maschine herauskommen, von denen beide Ethels Erinnerungen und psychische Charakteristika haben. Diese zwei Menschen können nicht miteinander identisch sein – sie stehen an verschiedenen Punkten im Raum, sie werden bald verschiedene Erinnerungen entwickeln und könnten an verschiedenen Zeitpunkten aufhören zu existieren (wenn zum Beispiel eine die andere in einem Anfall von Eifersucht tötet, nachdem sie sie mit Ethels Ehemann Fred erwischt hat). Doch wie kann in diesem Fall eine der beiden mit der ursprünglichen Ethel identisch sein (da es ja ein logisches Gesetz ist, dass, wenn A = B und B = C, dann A = C)?

Einige Philosophen behaupten, dass die Lösung für diese Art von Problem darin liegt, die Ansicht zu vertreten, dass es nicht bloß die psychische Kontinuität ist, die für personale Identität notwendig ist, sondern *nichtverzweigte* Kontinuität: die Person, die aus der Maschine auf dem Mars herauskommt ist wirklich Ethel, nur dann wenn sie die einzige ist, die herauskommt (das heißt, wenn nicht zwei oder mehr Duplikate von der Maschine ausgegeben werden). Ein Problem damit ist, dass es *ad hoc* zu sein scheint. Ein anderes ist, dass es jemandes personale Identität teilweise von komplett äußeren Faktoren abhängig macht: ob Sie morgen als dieselbe Person fortbestehen, hängt davon ab, ob heute Nacht irgendjemand ein exaktes psychisches Duplikat von Ihnen anfertigt. Wenn das jemand macht, dann werden Sie nicht länger als dieselbe Person existieren – in gewissem Sinne werden Sie sterben – selbst wenn ihrem Körper absolut nichts zustößt und selbst wenn ihre Gedanken fortbestehen, genauso wie sie es ohnehin getan hätten (weil sie niemals herausfinden, dass es ein Duplikat gibt). Dies erscheint kaum plausibel.

Andere Philosophen würden behaupten, dass eine Bezugnahme auf irgendeinen Mix aus körperlicher und psychischer Kontinuität notwendig ist, um solche Probleme zu vermeiden, obwohl nicht klar ist, ob es selbst so gehen könnte: was, wenn Ihr Gehirn genau gleich geteilt und in zwei neue Körper gegeben wird, so dass jede daraus entstehende Person genau denselben Grad an physischer und psychischer Kontinuität hat? Dennoch würden andere dem entgegnen, dass der, der den höchsten Grad an Kontinuität mit der ursprünglichen Person aufweist, die ursprüngliche Person ist. Aber, wie Derek Parfit argumentiert hat, welche Version einer reduktionistischen Theorie man auch annehmen mag, es scheint klar, dass man verpflichtet sein wird, jedes robuste Konzept personaler Identität aufzugeben; tatsächlich wird man wirklich das Konzept der Person, so wie es traditionell verstanden wird, aufgeben. Alles was man wirklich angesichts solcher Theorien sagen kann ist, dass in irgendeiner späteren Person (oder Personen) ein gewisser höherer oder geringerer Grad an psychischer und körperlicher Kontinuität mit irgendeiner früheren Person existiert – und das ist alles. Es gibt keine „weitere Tatsache" hinsichtlich der Person, über die und oberhalb der Tatsachen, die die physische und psychische Kontinuität betreffen. Die Grade an psychischer und körperlicher Kontinuität sind alles, was objektiv existiert, und sie könnten in mehr als einem späteren Körper existieren (wie etwa in dem Fall der Teletransportation).

Konsequenzen des Mechanismus

Das Fazit sowohl der kartesischen als auch der reduktionistischen Theorie der personalen Identität scheint das komplette Verschwinden der Personen als solche zu sein, und aus ähnlichen Gründen: im Fall des kartesischen Dualismus scheint es prinzipiell keine Möglichkeit zu geben, irgendetwas als eine immaterielle Substanz, und daher (nach dieser Ansicht) als eine Person zu identifizieren, da keine Bezugnahme auf das einzige plausible Kriterium, um eine solche Identifikation zu machen – körperliche und psychische Charakteristika – ausreichen kann; im Fall der reduktionistischen Theorien sind solche Charakteristika alles, was zunächst existiert, so dass die Rede von Personen, die die Charakteristika haben, scheinbar müßig oder sogar leer wird. Der Grund für diese Konsequenz ist, so würden einige behaupten, identisch mit dem Grund, warum es ein Interaktionsproblem gibt: die mechanistische Konzeption des menschlichen Körpers, die der kartesische Dualismus mit dem Materialismus teilt.

Sie werden sich an den Teil von Kapitel 3 erinnern, dass nämlich die moderne Wissenschaft tendenziell Phänomene erklärt, indem sie davon alle Aspekte ablöst, die an die subjektive, erste-Person-Sichtweise des bewussten Subjekts gebunden ist: das Fühlen von Hitze zum Beispiel wird in den Geist gedrängt, wobei nur die Molekularbewegung als das objektive, physikalische Phänomen zurückbleibt, mit dem Hitze zu identifizieren ist; die erkennbaren Funktionen, die von Körperorganen erfüllt werden, werden als bloße Projektionen unseres Geistes erachtet, wobei die objektive Realität ist, dass bloß gewisse Organe fortbestanden haben, weil die Organismen, denen diese fehlten, die Neigung hatten auszusterben, und so weiter. Materialisten und kartesische Dualisten gleichermaßen haben tendenziell den Schluss gezogen, dass Materie grundsätzlich frei von allem irreduzibel Geistigem sein müsse. Tatsächlich scheint dies das Wesen des materialistischen Konzepts der Materie zu sein. Wie auch in Kapitel 3 gesehen haben, ist die materialistische Position mit schwer genau zu definieren. Selbst das ältere Konzept des Mechanismus als wesentlicher Weise den Kontakt zwischen physikalischen Komponenten beinhaltendes ist inadäquat, vorausgesetzt, dass die moderne physikalische Theorie – von Newtons Konzept der Gravitation über Maxwells Theorie des Elektromagnetismus bis hin zur Quantenmechanik – von diesem Modell in fortschreitender Weise weitergekommen ist. Wie William Hasker angemerkt hat, beinhaltet das Arbeitskonzept des Materialisten für materielle Prozesse daher heute, anstatt diese als mechanistische zu sehen, sie in anderem Sinn als völlig frei von immanentem Zweck, Bedeutung oder Bewusstsein zu betrachten. Materie wird genau definiert auf eine Weise, die sie vom Geist unterscheidet; tatsächlich wird sie laut Definition frei von allem grundsätzlich Geistigen gesehen. Kartesische Dualisten haben im Wesentlichen dieser Definition zugestimmt, und schließen daraus, dass das, was irreduzibel geistig ist, deshalb einer nicht-physikalischen Substanz innewohnen muss; während die Materialisten schließen, dass es nichts irreduzibel Geistiges gibt – was scheint, etwas solches zu sein, sind in Wirklichkeit bloß komplexe materielle Prozesse.

Ein Ergebnis dessen ist, dass Materialisten nach Ansicht ihrer Kritiker eine Neigung dazu haben, Erklärungen geistiger Phänomene abzuliefern, die alles Wesentliche daran außen vor lassen: Qualia, Bewusstsein, Denken und Intentionalität werden auf physikalistische Weise neu definiert, mit der Konsequenz, dass die materialistische Analyse den Eindruck vermittelt, dass der Materialist das Thema gewechselt hat und wirklich darin gescheitert ist, das Phänomen zu erklären, das die Analyse hätte erklären sollen. Das ist wohl eine tiefe Quelle von Schwierigkeiten, die materialistische Philosophien des Geistes stets geplagt haben. Wenn die materialistische Konzeption der Erklärung immer zur Folge hat, dass von den zu erklärenden Erklärungen alles abgelöst wird, das nach Subjektivität, Bedeutung oder Geistabhängigkeit riecht, dann scheint eine materialistische „Erklärung" des Geistes selbst natürlich das eigentliche Wesen des Phänomens, das zu erklären ist, abzulösen. Es sind im Grunde Versuche das Geistige auf eine Weise zu erklären, die grundsätzlich nicht-geistig sind, solche vermeintlichen Erklärungen scheinen implizit das Geistige zu verneinen; das heißt, sie scheinen letztlich getarnte Formen des eliminativen Materialismus zu sein. Einige erklärtermaßen nicht-eliminativistische Philosophen des Geistes kommen einem Eingeständnis dessen nahe: Fodor zum Beispiel hat bekanntermaßen geschrieben, dass „wenn das von-etwas-handeln [das ist Intentionalität] [Anm.: orig. „aboutness"] real ist, dann muss es wirklich etwas anderes sein".

Für den Kartesianer ist ein unvermeidliches Resultat der mechanistischen Sichtweise des menschlichen Körpers wiederum das Interaktionsproblem. Wenn der Materie absolut alles grundsätzlich Geistige fehlt, dann scheinen Geist und Materie in ihrem Wesen so verschieden zu sein, dass es schwierig ist einzusehen, wie sie möglicherweise miteinander in Kausalkontakt treten können. Dennoch ist es wichtig in Erinnerung zu behalten, dass der Materialismus mit ziemlich dergleichen Konsequenz dasteht, und das aus demselben Grund. Wie wir in Kapitel 6 gesehen haben, als wir das Argument der Vernunft und das Problem der geistigen Verursachung diskutiert haben, scheinen materialistische Theorien die Auswirkung zu haben, dass geistige Eigenschaften keine kausale Wirkkraft haben, sodass der Materialismus nicht weniger als der Dualismus vom Epiphänomenalismus bedroht wird.

Wenn eine solche Interaktion für den kartesischen Dualisten rätselhaft wird und ebenso für den Materialisten, dann wird es auch die personale Identität. Der menschliche Körper ist, laut beider Beschreibungen, grundsätzlich frei von geistigen Charakteristika, die wesentlich sind für Personen. Da er laut kartesischer Darstellung nur eventuell in Bezug zu Personen steht, kann der Körper daher nicht dazu verwendet werden, um die immateriellen Substanzen zu identifizieren, von denen die kartesische Ansicht besagt, dass sie Personen ausmachen; da er laut materialistischer Darstellung frei von allem wesentlich Geistigen ist, kann kein stabiles Subjekt bewusster Erfahrung und Intentionalität – keine Person – darin gefunden werden.

Der einzige Weg, um diese verheerenden Konsequenzen zu vermeiden, scheint zu der sein, eine adäquatere Konzeption von Materie zu finden – im Besonderen eine Konzeption, nach der der Materie geistige Eigenschaften nicht gänzlich fehlen. Auf den ersten Blick scheint die Russellsche Position, die wir bereits früher betrachtet haben, einen solchen Weg zu bieten. Aber wie wir gesehen haben, hat diese Position in ihren metaphysischen Aspekten – die Aspekte, die relevant sind für die gegenwärtige Frage – wohl ernsthafte Probleme (selbst wenn ihre epistemologischen Aspekte wohl fundiert sind). Die Russellsche Metaphysik scheint zum einen Panpsychismus zur Folge zu haben – was als ein recht hoher Preis dafür zu sein scheint, um eine Sichtweise der Materie, die dem Geist zuträglicher ist, zu erhalten. Mehr noch, sie scheint nicht weniger immun gegen den Epiphänomenalismus zu sein als der kartesische Dualismus und der Materialismus.

Hylemorphismus

Der Russellianismus ist dennoch nicht die einzige Option. Eine weitere Möglichkeit liegt in der Konzeption der materiellen Welt im Allgemeinen und des menschlichen Körpers im Besonderen, die Descartes gemeinsam mit seinen materialistischen Zeitgenossen zugunsten des Mechanismus verwarf: der *Hylemorphismus*, der mit Aristoteles (384 – 322 v. Chr.), dem Heiligen Thomas von Aquin und den Denkschulen, die sich von ihnen ableiteten, in Verbindung gebracht wird.

Der Begriff „Hylemorphismus" leitet sich von den griechischen Wörtern *hyle*, das „Materie" bedeutet, und *morphe*, das „Form" bedeutet, ab und die zentrale Idee der Ansicht ist, dass eine konkrete Substanz eine Zusammensetzung aus Materie und Form ist, und nicht richtig verstanden werden kann außer als solche. Die Form einer Substanz ist ihre organisatorische Struktur; die Materie ist das, dem von der Form die organisatorische Struktur gegeben wird. (Wenn ein Stuhl zum Beispiel einen runden Sitz hat, dann ist die Rundheit ein Aspekt der Form des Stuhls, und das Holz oder der Kunststoff oder woraus auch immer er gemacht ist, würde die Materie ausmachen.) *Substanzielle* Form ist der spezifische Aspekt der organisatorischen Struktur einer Substanz vermittelst welcher sie die Art von Substanz ist, die sie ist. (Die Rundheit eines Sitzes ist nicht Teil der substanziellen Form eines Stuhls – ein Stuhl könnte stattdessen beispielsweise einen quadratischen Sitz haben, und immer noch ein Stuhl sein – aber irgendeine Art von Sitz zu haben wäre ein Teil davon.) Die Form wird nach dieser Ansicht in einer entschieden realistischen Weise verstanden: sie ist abstrakt und universell, nicht reduzierbar, weder auf irgendein besonderes materielles Ding noch auf irgendeinen Aspekt unserer Klassifikationspraktiken. Form existiert in irgendeiner Weise da draußen, unabhängig von unserem Geist. Hylemorphisten sind für gewöhnlich eher aristotelische als platonische Realisten, das heißt, ihre Ansicht ist, dass die Form im Allgemeinen in den Substanzen existiert, die sie informiert (und nicht in einer Art platonischem „dritten Reich", von der Sorte, die in Kapitel 3 kurz beschrieben wird, weiter besteht). Weil ein Stück Materie jedoch ohne seine spezifische Form nicht das bestimmte Ding wäre, das es ist, hat der Hylemorphismus zur Folge, dass von keinem materiellen Ding nach Manier des materialistischen Reduktionismus gesagt werden kann, dass es „nichts als" eine Ansammlung von Teilchen (oder was auch immer) ist. Wenn die Form allgemein nicht getrennt von der Materie existiert, dann existiert auch die Materie nicht ohne Form; und deshalb, ohne dass wir die Form eines materiellen Objekts erfassen, können wir es nicht verstehen.

Die Tatsache, dass das Verstehen eines Dings nach hylomorphistischer Ansicht das Verstehen der Form, die es zu dem macht, was es ist, zur Folge hat, deutet an, wie verschieden das Konzept einer Erklärung der Ansicht von denen des zeitgenössischen Materialismus und des kartesischen Dualismus ist. Im klassischen Hylemorphismus des Aristoteles und des Thomas von Aquin involviert eine vollständige Erklärung einer materiellen Substanz das Identifizieren von zumindest vier nicht reduzierbaren kausalen Komponenten: ihre *Stoffursache*, ihre *Formursache*, ihre *Zweckursache* und ihre *Wirkursache*. Ein Herz zum Beispiel kann nicht verstanden werden, außer als ein Organ, das eine bestimmte materielle Zusammensetzung hat (seine Stoffursache), als eines, das eine gewisse Form oder ein Organisationsprinzip besitzt (seine Formursache), als eines, das einer gewissen Funktion dient – das Pumpen von Blut (seine Zweckursache) – und als eines, das von Vorfahren hervorgebracht wurde, so wie das genetische Programm, das gewissen Zellen innewohnt und das sie dazu führt, sich zu einem Herz und nicht zu einer Niere oder zu einer Leber zu entwickeln (seine Wirkursache). Materialismus und kartesischer Dualismus gleichermaßen eliminieren Form- und Zweckursache aus der Erklärung materieller Dinge, indem die klassische hylemorphistische Konzeption materieller Substanzen als grundsätzlich zweckbestimmte Gemische von Materie und Form durch eine Konzeption dieser als Ansammlungen von Teilchen oder ähnlichem, dem sowohl immanenter Zweck als auch objektive, nicht reduzierbare Form fehlt, und die zur Gänze durch die Wirkursache erklärbar sind, ersetzen.

Lebende Dinge haben nicht weniger als Stühle und dergleichen eine Form, und die Form lebender Dinge ist genau das, was ein Hylemorphist mit der *Seele* meint. Es gibt einen Sinn, nach dem Pflanzen und nichtmenschliche Tiere genauso eine Seele haben wie Menschen (obwohl, wie wir sehen werden, dies keinesfalls zur Folge hat, dass sie denken oder nach dem Tod weiterexistieren können). Die *vegetative Seele* ist die Art, die die Materie informiert, aus der Pflanzen zusammengesetzt sind, und vermittelt diesen die Kraft zur Ernährung, zu Wachstum und zur Reproduktion. Die *sensitive Seele* ist die Art von Seele, die von Tieren besessen wird und umfasst die Kräfte der vegetativen Seele genauso wie ihre eigenen charakteristischen Kräfte der Wahrnehmung, Lust und Fortbewegung oder Bewegung. Schließlich ist die *intellektuelle Seele* die Art von Seele, die Menschen besitzen. Sie vereinigt die Kräfte, die die vegetative und die sensitive Seele umfassen, und sie verleiht auch die weiteren Charakteristika des Intellekts, des Willens und des Gedächtnisses. Die intellektuelle Seele ist die substanzielle Form des menschlichen Körpers, vermittelst derer die Menschen das sind, was sie sind: rationale Tiere. Dieses Konzept der Seele ist sehr verschieden von der des kartesischen Dualisten, der sie nicht als eine substantielle Form erachtet – die nach hylomorphistischer Ansicht nur ein Aspekt einer kompletten Substanz ist – sondern vielmehr als eine eigene, komplette Substanz, die frei ist von materiellen Eigenschaften, aber dennoch (irgendwie) als Wirkursache herhalten kann.

Es gibt eine Tendenz im kartesischen Denken – obwohl Descartes selbst, entgegen landläufiger Meinung, nicht dieser Ansicht war – die kartesische *res cogitans* als die Person zu erachten, wobei der Körper eine unwesentliche Wucherung ist. Materialisten hingegen identifizieren eine Person oft mit dem Körper, oder irgendeinem Aspekt des Körpers. Aber nach hylomorphistischer Ansicht ist, genau wie auch die Form eines Stuhles kein Stuhl ist, auch die Seele einer Person keine Person; und genau wie das Material eines Stuhles, getrennt von der Form eines Stuhles, kein Stuhl ist, ist auch der Körper einer Person *als* Körper eine Person. Eine Person ist vielmehr wesentlicher Weise eine Mischung aus Seele und Körper.

Eine Konsequenz davon ist, dass das Verschwinden der Person, das die Folge der kartesischen und reduktionistischen Darstellungen personaler Identität zu sein scheint, nicht aus dem Hylemorphismus folgt. Da ja die Seele die substanzielle Form des Körpers ist – das heißt von einem gewissen materiellen Ding – scheint es keine Schwierigkeit damit zu geben, festzulegen wann die Seele einer Person anwesend ist. Genau wie man weiß, dass ein gewisses Objekt die Form eines Stuhls hat gerade dadurch, dass es eben ein Stuhl ist, genauso weiß man auch, dass der Körper einer Person mit der Seele in Verbindung steht, gerade dadurch, dass es der Körper dieser Person ist. Die Seele ist anwesend solange der Körper der Person anwesend ist, da dieser Körper einfach nicht der Körper wäre, der er ist, ohne die Seele der Person, die ihn informiert. Und entgegen reduktionistischer Ansichten ist die Seele einer Person nicht reduzierbar auf irgendein Bündel psychischer oder körperlicher Charakteristika. *Kontra* Parfit im Besonderen gibt es tatsächlich eine „weitere Tatsache", über und oberhalb jemandes Innehaben gewisser körperlicher und psychischer Züge, die ausmacht, dass man eine Person ist, genau wie es eine weitere Tatsache über und oberhalb der Existenz von Stuhlbeinen, eines Sitzes und einer Lehne gibt, die ausmachen, dass ein Stuhl ein Stuhl ist. Es ist der Umstand, dass diese verschiedenen körperlichen und psychischen Züge in genau der Weise organisiert sind, in der sie es sind – dass sie eine substantielle Form umfassen, die eine gewisse Art von Materie informiert – das macht sie zu einer Person, genau wie es der Umstand, dass die verschiedenen Bestandteile eines Stuhls in der eben der präzisen Weise organisiert sind, in der sie es sind, die sie zu einem Stuhl macht.

Eine weitere Konsequenz der hylemorphistischen Sichtweise ist es wohl, dass es kein Rätsel darum gibt, wie die Seele und der Körper miteinander in Kausalkontakt treten, da die Leib-Seele-Beziehung bloß ein Beispiel einer allgemeineren Beziehung ist, die überall in der natürlichen Welt existiert, nämlich die Beziehung zwischen Formen – die Form eines Stuhls, die Form eines Baumes, die Form eines Tieres – und der Materie, die sie organisieren. Wenn diese allgemeine Beziehung nicht besonders rätselhaft ist, dann ist es auch der spezielle Fall der Beziehung zwischen Seele und Körper nicht. Der Irrtum der kartesischen Dualisten und der Materialisten gleichermaßen ist es, laut Hylemorphisten, von aller Verursachung zu glauben, dass sie eine Wirkverursachung sei. Wenn es gestattet ist, dass es andere nicht reduzierbare Arten der Erklärung gibt – insbesondere Erklärungen nach Art der Formursache – dann verschwindet das Interaktionsproblem.

Thomistischer Dualismus

Aristoteliker und Thomisten (die Philosophen, deren Ansichten sich vom Heiligen Thomas von Aquin ableiten) behaupten manchmal, dass ihre hylemorphistische Position nicht mehr eine Position des Dualismus sei wie eine des Materialismus. Aber trotzdem ihre Position keine kartesische Form des Dualismus ist, ist durch die Überlegung, wie sich die menschliche Seele von den Seelen der Pflanzen und Tiere unterscheidet (zumindest in der Thomistischen Variation des Hylemorphismus), klar, dass die Sichtweise auf eine Art von Dualismus hinausläuft: *Thomistischer Dualismus* oder *hylomorphistischer Dualismus*, wie er auch verschiedentlich genannt wurde.

Dass irgendetwas aus der Existenz tritt, heißt, laut hylomorphistischer Sichtweise, dass seine Materie die Form verliert. Die Materie eines Stuhls existiert weiterhin, wenn der Stuhl in Stücke zerhackt wird, aber der Stuhl selbst nicht, da seine Materie nicht länger von der Form des Stuhls organisiert wird. Da das Zugrundegehen eine solche Separierung von Materie und Form beinhaltet, sind die Formen selbst nicht anfällig dafür zugrunde zugehen: ein bestimmter Stuhl tritt aus der Existenz, aber die Form eines Stuhls tut das nicht. Trotzdem hält, wie bereits angemerkt, der Hylemorphismus, so wie er mit der aristotelisch-thomistischen Konzeption der Form assoziiert wird, die Formen für etwas, das in gewisser Weise „in" den materiellen Objekten, in denen sie inkarniert sind, existiert. Als ein Korollar daraus besagt die Ansicht, dass Formen im Allgemeinen nicht als konkrete, bestimmte Dinge existieren; getrennt von ihrer Inkarnation in der Materie ist ihre Realität rein abstrakt. Man kann letztlich auf einem Stuhl sitzen, aber man kann nicht auf der Form eines Stuhls sitzen. Während Formen auf eine Weise von Natur aus unvergänglich sind, ist die Art von Unvergänglichkeit, die sie bloß dadurch haben, dass sie Formen sind, nicht sehr interessant. Insbesondere ist es nicht die Art, die die Überzeugung rechtfertigen würde, dass die Seelen von Pflanzen und Tieren unsterblich sind. Richtig, es gibt, da die Seele eines lebenden Dings eine Art von Form ist und Formen unvergänglich sind, eine Weise, in der die Seelen jemandes Lieblingspflanze und jemandes loyalen hündischen Freundes nicht vergehen, wenn diese lebenden Dinge selbst vergehen. Aber sie bestehen nur fort in der uninteressanten Weise, in der die Form jemandes Lieblingsstuhls nicht vergeht, wenn dies der Stuhl selbst tut. Die Form des Stuhls mag weiterhin in einer abstrakten Weise existieren, aber dieser bestimmte Stuhl selbst ist für immer weg; in ähnlicher Weise mögen auch die Form eines Farns oder von Fido abstrakt weiterbestehen, aber der Farn und Fido selbst – diese bestimmte Pflanze und dieser bestimmte Hund – sind endgültig weg.

Die Dinge sind sehr anders, wo die intellektuelle Seele – die substanzielle Form eines Menschen – betrachtet wird, zumindest laut der Version des Hylemorphismus, die mit Thomas von Aquin in Verbindung steht. (Die richtige Interpretation der Version Aristoteles′ ist strittiger.) die Formen aller anderen materiellen Dinge hängen gänzlich von der Materie ab, die sie für ihr Funktionieren inkarniert: noch einmal, man kann nicht in der Form eines Stuhls sitzen, da ein Stuhl überhaupt nicht als ein Stuhl funktionieren kann ohne dass es eine Materie gibt, die als seine Beine, sein Sitz und seine Lehen dient; oder, um ein Beispiel zu wählen, das die Formen lebender Dinge einschließt, das Verdauen eines Cheeseburgers kann nicht stattfinden, wenn es keine Materie gibt, die den Magen, chemische Prozesse und andere Elemente, die eine Verdauung umfasst, ausmacht. Aber die intellektuelle Seele, die einzigartig in der gesamten Natur ist, hängt nicht völlig von der Materie ab, die sie für ihr Funktionieren informiert. Den Beleg, den der Thomistische Dualist für diese Behauptung liefern würde, wären Argumente für die Irreduzibilität des Denkens und der Intentionalität auf materielle Prozesse von der Art, die wir in Kapitel 6 und 7 betrachtet haben. Denken, selbst wenn die intellektuelle Seele mit einem Körper verbunden ist, um so eine menschliche Person auszumachen, hängt nicht zur Gänze von diesem Körper oder seinen Prozessen ab, aus den Gründen, die in jenen Kapiteln untersucht wurden; es ist, nach der Ansicht des Aquinaten, streng genommen überhaupt keine körperliche Funktion, sondern eine immaterielle. Aber wenn die intellektuelle Seele unabhängig vom Körper agiert, dann kann sie wegen ihrer fortgesetzten Existenz nicht von der fortgesetzten Existenz des Körpers abhängen. Kurz, die menschliche Seele ist, ungleich den Seelen von Pflanzen und Tieren und ungleich jeder Form jeder anderen Art, eine *subsistente* Form: sie ist in der Lage, jedenfalls dem Prinzip nach, in ihrer Existenz als ein besonderes Ding nach seiner Abtrennung vom Körper durch beim Tod fortzubestehen, und sogar nach der Zerstörung dieses Körpers.

Es ist wichtig zu betonen, dass die menschliche Seele nach dieser Ansicht nicht als eine komplette *Person* fortbesteht, da eine Person nur als Einheit von Seele und Körper existiert; sie überlebt nur als eine Art von unvollständiger Substanz, die nicht in der Lage ist, alle ihre Funktionen zu erfüllen, insbesondere die nicht, die mit Materie in Verbindung stehen. Wenn die Person, von deren Seele sie die Seele ist, jemals wieder als eine ganze Person existieren soll, dann muss die Seele mit dem Körper wiedervereinigt werden. Dies ist die Begründung für die traditionelle theologische Doktrin der Wiederauferstehung des Körpers, obwohl die Wahrheit einer solchen Doktrin nicht etwas ist, von dem der Aquinat behaupten würde, dass sie in der Lage sei, durch rein philosophisches Argumentieren festgestellt zu werden: nach seiner Ansicht kann die Philosophie höchstens die Immaterialität und die Immortalität der Seele, und damit die Möglichkeit der Wiederauferstehung demonstrieren; die Wirklichkeit der Wiederauferstehung setzt die Existenz Gottes voraus und die Wahrheit einer vorgeblich göttlichen Offenbarung der Absicht Gottes, diese zu Wege zu bringen, und daher erfordert sie nicht nur weitere philosophische Argumentation, sondern die Verteidigung einer bestimmten theologischen Doktrin.

Das sind Angelegenheiten, die jenseits des Zuständigkeitsbereiches dieses Buches liegen. Es reicht aus festzustellen, dass, da ja der thomistische Hylemorphist die menschliche Seele für etwas hält, das unabhängig vom Körper agiert und für etwas, das prinzipiell in der Lage ist, die Zerstörung des Körpers zu überleben, es einen offensichtlichen Sinn gibt, in dem die Doktrin eine Form des Dualismus ist, wenn auch verschieden von der kartesischen Form, gegenüber dem sie eine Reihe von signifikanten Vorteilen hat. Wir haben bereits zwei davon angemerkt:

1. Sie bietet eine mögliche Lösung des Interaktionsproblems, sie untergräbt damit den wichtigsten Einwand gegen den Dualismus.
2. Sie löst wohl das Re-Identifikationsproblem, da die Verbindung zwischen Seele und Körper so eng ist, dass ein Körper

einfach nicht der Körper wäre, der er ist, ohne die Anwesenheit der Seele. (Aus demselben Grund wäre die Seele nicht die Seele, die sie ist, wenn sie nicht mit ihrem Körper verbunden wäre; denn eine Seele ist nach hylomorphistischer Ansicht, notwendigerweise immer die Seele *des bestimmten Körpers*, von dem sie die Seele ist oder war.)

Verwandt mit diesen Vorteilen sind zwei weitere:

3. Die Ansicht scheint mit der engen Abhängigkeit vieler geistiger Zustände von Gehirnzuständen, die die moderne Neurowissenschaft aufgezeigt hat, zusammenzustimmen. Der kartesische Dualismus scheint für den Einwand offen zu sein, dass, wenn der Geist so unabhängig vom Körper wäre, wie die Theorie dies impliziert, dann sollten wir nicht erwarten, dass Gehirnschäden das geistige Funktionieren so schwer beeinträchtigen können. Aber nach der thomistischen Sichtweise ist die Seele (fast) so nahe am Körper wie die Form eines Stuhls dem Material des Stuhls ist. Genau wie die Form eines Stuhls nicht getrennt vom Material des Stuhls funktionieren kann, so kann auch die Seele nicht, jedenfalls zum größten Teil, getrennt von der Materie des Gehirns und des Körpers funktionieren. Wir sollten also in der thomistischen Version des Dualismus erwarten, dass ein Schaden am Körper und dem Gehirn das geistige Funktionieren beeinträchtigt. Das ist besonders in Anbetracht dessen so, dass in der thomistischen Form des Dualismus Empfindung und Wahrnehmung, ungleich den höheren, intellektuellen, geistigen Tätigkeiten, rein materielle Prozessen sind, die nicht unabhängig vom Körper existieren oder funktionieren können.

4. Die thomistische Ansicht bietet auch eine Lösung für das Problem des anderen Geistes: da jemandes Körper laut Hylemorphismus überhaupt kein Körper wäre, wenn er keine Seele hätte, und insbesondere nicht dieser Person Körper wäre, wenn er nicht dieser Person Seele hätte, gibt es wohl kein Rätsel darum, wie wir wissen können, dass ein Geist, selbst ein spezifischer Geist, anwesend ist, wenn ein Körper anwesend ist. (Aus demselben Grund hat die thomistische Sichtweise zur Folge, dass Zombies nicht möglich sind – obwohl das dem Materialisten nicht helfen würde, da Zombies nach dieser Ansicht nur deshalb nicht möglich wären, weil alle Kreaturen mit einem Körper wie unse-

rem notwendigerweise eine immaterielle Seele wie unsere haben müssten.)

Es gibt noch andere offensichtliche Vorteile. Diese sind:

5. Der thomistische Dualismus, sofern er wahr ist, würde das materialistische „Argument des Duplikats" untergraben, das in Kapitel 3 diskutiert wurde. Wenn der Körper einer lebenden Person Molekül für Molekül repliziert würde, dann würde dies nicht zeigen, dass eine Person keine nicht-materiellen Bestandteile hat, da das Duplikat überhaupt nicht als ein lebender menschlicher Körper gälte (viel weniger als ein menschlicher Körper, der der sinnvollen Sprache und ähnlichem mächtig ist), wenn ihm eine intellektuelle Seele fehlt.

6. Der thomistische Dualismus scheint auch immun zu sein gegen das Argument des Materialisten, dass alles, was in der Zeit ist, auch im Raum sein muss, was eine Herausforderung für Descartes Behauptung darstellt, dass die Seele außerhalb des Raumes, aber nicht der Zeit ist. Denn nach hylomorphistischer Ansicht sind Formen – und daher Seelen – in gewissem Sinn „in" der Materie, die sie informieren, sodass man von einer Seele nicht sagen kann, dass sie gänzlich außerhalb des Raumes nach Art der kartesischen immateriellen Substanzen sei.

7. Schließlich scheint der thomistische Dualismus besser als der kartesische Dualismus in der Lage zu sein zu erklären, wie das Selbst fortbestehen kann, wenn es unbewusst ist. Für Descartes ist Bewusstsein das ausschlaggebende an einer immateriellen Substanz; es ist daher ein Rätsel, wie eine solche Substanz, und das Selbst, mit dem es identisch ist, jemals unbewusst werden könnte (so wie wir das sicherlich manchmal tun). Aber in der thomistischen Sichtweise hört eine Seele, die die Form des Körpers ist, nicht auf zu existieren, wenn die Person, von der sie die Seele ist, nicht bei Bewusstsein ist.

Vorausgesetzt, dass einige der Argumente, die in diesem Buch diskutiert werden, eine (zumindest bedeutende) Bekräftigung für den Dualismus darstellen, und dass die oben genannten Erwägungen suggerieren, dass das Einbetten des Dualismus in hylemorphistische Begriffe signifikante Vorteile gegenüber der Einbettung in kartesische Standardbegriffe hat, scheint es klar, dass starke Argumente für den thomistischen Dualismus sprechen. Wenn wir auch noch bedenken, dass eine Art von Realismus hinsichtlich der Form (sei sie aristotelisch oder platonisch) heute philosophisch genauso vertretbar ist wie sie es immer war, und insbesondere zumindest so vertretbar ist wie viele nominalistische Alternativen, dann ist es klar, dass der thomistische Dualismus durchaus die Erwägung durch zeitgenössische Vertreter der Philosophie des Geistes wert ist. Tatsächlich scheint es, genau wie sich aristotelische und thomistische Konzepte in der Ethik in den letzten Jahren einer Wiederaufnahme erfreuen, auch ein Wiederaufleben einer ernsthaften Aufmerksamkeit gegenüber aristotelischen und thomistischen Konzepten in der Metaphysik zu geben, was besonders durch die Arbeit von Philosophen belegt wird, die repräsentativ sind für die Denkschule, die als „analytischer Thomismus" bekannt ist, und von denen einige – Elizabeth Anscombe, John Haldane und James F. Ross – im Verlauf der paar letzten Kapitel erwähnt wurden.

Philosophie des Geistes und der Rest der Philosophie

Die offensichtliche Antwort, die der Materialist auf eine solche thomistische Herangehensweise geben könnte, ist, dass sie eine sehr radikale Abkehr von den metaphysischen Annahmen darstellt, die von den meisten Philosophen der Gegenwart gemacht werden und die die Standardinterpretation der modernen Naturwissenschaft bildet – eine Abkehr, die genauso viele Fragen aufwirft wie sie beantwortet. Um ihn zu verteidigen, müsste man detaillierte, triftige Gründe für den allgemeinen Realismus hinsichtlich der Form präsentieren, der trotz seiner langen und namhaften Geschichte im platonischen und aristotelischen Denken von vielen zeitgenössischen Philosophen abgelehnt wird. Man müsste außerdem die umstrittene und einzigartige thomistische Idee einer subsistenten, substanziellen Form sorgfältiger untersuchen – die Art von substantieller Form, die irgendwie getrennt von der Materie, die sie üblicherweise informiert, existieren kann und für die der Aquinat für die menschliche Seele hält. Und man müsste zeigen, wie die moderne Wissenschaft, deren Begründer den Begriff der substanziellen Form und damit verbundene Konzepte verwarfen, auf neothomistische Weise neu interpretiert werden könnte.

Ohne Zweifel kann dies nur als eine sehr ambitionierte und kontroverse Herangehensweise betrachtet werden, um das Leib-Seele-Problem zu lösen. Auch würden sie Vertreter des thomistischen Dualismus nicht bestreiten. Sie würden jedoch behaupten, dass *irgendeine* solche ehrgeizige Abkehr von gegenwärtigen Annahmen notwendig ist, wenn das Leib-Seele-Problem schließlich gelöst werden soll – und diese Art von Vorschlag hat sich im Lichte der Schwierigkeiten, denen die herkömmlichen Herangehensweisen an das Problem begegnet, in der gegenwärtigen Philosophie sehr weit verbreitet (und zwar nicht nur unter Dualisten und Thomisten).

Philosophen, die eine solche Abkehr von den gegenwärtigen, etablierten Annahmen gutheißen, unterscheiden sich hinsichtlich der genauen Gestalt, die sie annehmen soll. Sie wird aus der Sicht des thomistischen Dualisten nicht nur eine Rückkehr zum Hylemorphismus erfordern, sondern auch eine Eingliederung des Theismus in unser metaphysisches Weltbild, da nur eine Bezugnahme auf die Intervention Gottes nach deren Ansicht in adäquater Weise die Herkunft immaterieller, intellektueller Seelen in der Welt materieller Seiender erklären kann. Einige nicht-thomistische Dualisten, so wie der kartesische Dualist Richard Swinburne, würden diesem Bezug auf Gott ebenfalls zustimmen. Atheistisch geneigte Dualisten wie Karl Popper und David Chalmers würden stattdessen behaupten, dass eine Revision unseres Konzept der wissenschaftlichen Methode und/oder der grundlegenden Gesetze der Physik ausreicht, um die Beziehung zwischen physikalischer und nicht-physikalischer Wirklichkeit zu erklären. Trotzdem befürworten andere Philosophen eine neuerliche Erwägung des Idealismus. Und wie wir gesehen haben, waren die Materialisten bisher nicht ohne eigene radikale Vorschläge – der eliminative Materialismus ist das offensichtlichste Beispiel.

Und dennoch würden eher am Mainstream orientierte Materialisten all diese Vorschläge ablehnen. Die bestehen weiterhin darauf, dass eine gründlichere Verwendung aktueller Annahmen und Methoden letzten Endes ihre Position rechtfertigen wird. Klarerweise kann der Streit zwischen Materialisten und Dualisten hinsichtlich der Natur des Geistes letztlich nicht schlüssig ohne Beachtung umfassenderer Fragen beigelegt werden – Fragen der Metaphysik und der Erkenntnistheorie und vielleicht sogar der Religionsphilosophie und der Wissenschaftstheorie.

Diese Überlegungen untermauern ein Thema, das in Kapitel 3 aufgebracht wurde und das während des Verlaufs dieses Buches immer wiedergekehrt ist: dass Auseinandersetzungen in der Philosophie des Geistes nicht von Auseinandersetzungen in anderen Bereichen der Philosophie isoliert werden können. Wilfrid Sellars hat bekanntermaßen geschrieben, dass „das traditionelle Leib-Seele-Problem [...] eine veritable Verschlingung von Verschlingungen [ist]. Auf den ersten Blick eines der „Probleme der Philosophie“, stellt es sich bald heraus, wenn man darin herumstochert, dass es nicht mehr und weniger als das philosophische Unternehmen insgesamt ist. Wenn dieses Buch auch sonst nichts erreicht, so vertraue ich doch darauf, dass es zumindest die Wahrheit und die Weisheit der Beobachtung Sellars' begründet.

9. Postskript (2006)

Die Reaktion auf die erste Ausgabe von *Philosophie des Geistes* war sehr erfreulich. Eine der Eigenschaften des Buches, die die Leser am meisten geschätzt haben, ist seine positive und detaillierte Aufbereitung verschiedener nicht-materialistischer Herangehensweisen an das Leib-Seele-Problem, speziell des Dualismus und des Hylemorphismus. Ich dachte mir, ich nutze die Gelegenheit dieser Neuauflage des Buches für das Anfügen einiger weitere Anmerkungen, um so gewisse Missverständnisse dieser Ansichten aus der Welt zu schaffen, die die erste Ausgabe vielleicht nicht angemessen in Angriff genommen hat.

Dualismus versus Materialismus

Es gibt mehrere Wege, auf die die Auseinandersetzung zwischen Dualismus und Materialismus weitgehend missverstanden wird, gewiss unter Nicht-Philosophen, aber manchmal auch sogar unter Philosophen.

Ein Fehler, den Philosophen selten machen, der aber unter Studenten und sogar gebildeten Laien sehr verbreitet ist, ist es, anzunehmen, dass die Debatte fundamental von der Frage abhängt, ob es irgendeinen Aspekt unseres geistigen Lebens gibt, für den Neurowissenschaftler niemals einen korrelierenden Gehirnprozess entdecken werden. Es wird dann angenommen, dass die materialistische Seite hier besser dastünde, da ja die Neurowissenschaft jeden Tag mehr und mehr Korrelationen zwischen neuronalen Prozessen und mentalen Phänomenen zu entdecken scheint. Ein neuronales Korrelat für jeden Aspekt des Geistes zu entdecken scheint daher nur eine Frage der Zeit zu sein.

Der Irrtum hierbei besteht darin, *kausale Korrelation* entweder mit *Identität* oder *Supervenienz* zu verwechseln. Das Leib-Seele-Problem hat sich niemals fundamental um ersteres gedreht. Moderne Dualisten haben immer anerkannt, dass es eine enge Korrelation zwischen neuronalen und geistigen Prozessen gibt, und selbst wenn sie bestritten haben, dass die Korrelation kausaler Natur sei (wie im Okkasionalismus oder Parallelismus), hatten die Gründe mit gewissen philosophischen Theorien über die Natur der Verursachung zu tun, und nicht mit Ignoranz gegenüber den Neurowissenschaften. Die Debatte dreht sich vielmehr darum, ob man von geistigen Prozessen plausibler Weise sagen kann, dass sie entweder mit neuronalen Prozessen *identisch* sind oder diese metaphysisch *supervenieren.* Weitere Entdeckungen in den Neurowissenschaften sind weitgehend irrelevant für diese Frage, da sie letztlich eine philosophische ist, die der philosophischen Analyse bedarf. Festzustellen, dass es einen ursächlichen Zusammenhang zwischen Rauch und Feuer gibt, zeigt nicht, dass Rauch und Feuer identisch sind, oder selbst, das Rauch Feuer oder umgekehrt metaphysisch superveniert (da es möglich ist, dass das eine oder das andere existiert). Aus demselben Grund können, wie eng die ursächlichen Zusammenhänge auch sind, die Neurowissenschaftler zwischen Geist und Gehirn finden mögen, solche Korrelationen nicht an sich Identität oder Supervenienz festlegen.

Ein damit verwandtes Missverständnis – und dieses Mal eines, für das selbst Philosophen anfällig sind – ist es, anzunehmen, dass der Dualismus als eine Art quasiwissenschaftliche Begründungshypothese zu verstehen ist, die als ein angeblich plausiblerer Weg der Erklärung derselben Daten präsentiert wird, die materialistische Theorien zu erklären versuchen. Es wird dann eingewendet, dass Qualia und Intentionalität immer noch problematisch sind, selbst wenn man von ihnen sagt, dass sie eher einer immateriellen denn einer materiellen Substanz innewohnen, dass das „Postulieren" immaterieller Substanzen daher unnötigerweise unsere Ontologie verkompliziert, und so weiter. Ockhams Rasiermesser vorausgesetzt, hält man den Materialismus für die wissenschaftlich seriösere Sichtweise.

Ich habe dieses Missverständnis in Kapitel 7 kurz andiskutiert, aber ich finde, dass es so weit verbreitet ist, dass ich nun glaube, dass ich mehr dazu hätte sagen sollen. Das Problem mit dieser Charakterisierung der Debatte ist, dass sie das Wesen der Schlüsselargumente für den Dualismus grundlegend falsch vermittelt, und auf subtile Weise der Frage zugunsten einer szientistischen Konzeption der Philosophie, die selbst Teil dessen ist, was zwischen Materialisten und ihren Kritikern ein strittiger Punkt ist, ausweicht.

Descartes' Argument für die immaterielle Substanz zum Beispiel sind darauf ausgerichtet, geradlinige *Beweise* für diese zu sein. Er „postuliert" nicht deren Existenz bloß als den plausibelsten Weg unter anderen, die „Daten" zu „erklären", die sowohl die Dualisten als auch die Materialisten zu „erklären" suchen. Wenn überhaupt irgendetwas, dann ist die Existenz der immateriellen Substanz selbst Teil der Daten, die jedes wahrhaft wissenschaftliche Bild in seine Erwägungen mit einzubeziehen hat. Etwas Ähnliches könnte man von den Argumenten sagen, die behaupten aufzuzeigen, dass Qualia, Rationalität und Intentionalität nicht auf materialistische Weise erklärt werden können. Das Ziel solcher Argumente ist es *nicht* zu behaupten, dass der Dualismus eine „bessere Erklärung" solcher Phänomene ist als der Materialismus. Ihr Ziel besteht vielmehr darin entscheidend festzustellen, dass solche Phänomene *der Möglichkeit nach nicht* mit materiellen Eigenschaften identisch sein oder diese supervenieren *können*, sodass wir einfach immaterielle Eigenschaften als etwas anerkennen müssen, das unter den Daten ist, das jedes wissenschaftliche Weltbild behandeln muss. Kurz, dualistische Argumente sind mehr wie (obwohl natürlich nicht genau wie) die Beweise der Geometrie, als die probabilistischen Hypothesen, die die empirischen Wissenschaften hervorbringen. Man könnte natürlich versuchen zu zeigen, dass sie als Beweise versagen; aber sie müssen als Beweise evaluiert werden, nicht als zweitklassige, quasiwissenschaftliche Hypothesen.

Allgemein neigen Dualisten dazu die Vorstellung abzulehnen, dass die empirischen Wissenschaften das Paradigma rationaler Untersuchung sind, dergestalt, dass Philosophie, um intellektuell seriös zu sein, seine Analyse- und Argumentationsmethoden nach denen der empirischen Wissenschaften modellieren soll. Ein solcher Szientismus, der am bekanntesten mit W.V. Quine in Verbindung gebracht wird, hat in der zeitgenössischen Philosophie weite Verbreitung gefunden, und zwar so weit, dass vielen Philosophen, die sich ihm verschrieben haben, nicht klar ist, wie tief er ihr Verständnis vieler traditioneller philosophischer Probleme beeinflusst hat. Daher interpretieren sie reflexartig konkurrierende philosophische Positionen (wie den Dualismus) als ob sie Versuche wären, wissenschaftliche Hypothesen zu formulieren; oder, wenn man der Auffassung ist, dass sie nicht darauf ausgerichtet sind, „wissenschaftlich" zu sein, dann nimmt man an, dass dies bedeuten müsse, dass sie irgendwie irrational oder unhaltbar sind. Was diese Philosophen zu oft nicht schaffen, sich ernsthaft zu überlegen, ist die Möglichkeit, dass empirische Wissenschaften einfach nicht die einzigen Formen wissenschaftlicher Untersuchung sind. Die Mathematik wäre natürlich das Paradigma einer Form der Untersuchung, die sowohl klar rational als auch nicht einleuchtender Weise empirisch ist (wie zumindest ansonsten dem Szientismus verschriebene Philosophen zugestehen würden). Für den Dualisten ist die Metaphysik ein weiteres Beispiel einer Form der Untersuchung, die in jedem Bisschen genauso rational ist wie die empirischen Wissenschaften, aber eben nicht-empirisch. Man könnte sich bei der Verteidigung dieser Behauptung auf dualistische Argumente selbst beziehen, denn wen sie erfolgreich sind, dann bieten sie echte Erkenntnis einer Realitätsebene, die nicht materiell ist, und dabei nicht auf Beobachtungen oder der Theoriebildung, die in den Naturwissenschaften üblich ist, beruht. Natürlich könnte man diese Behauptung widerlegen, aber der Punkt ist, aber um das zu tun, müsste man auch den Szientismus verteidigen, und ihn nicht einfach voraussetzen.

Es gibt eine nützliche Analogie, die man hier zwischen der Debatte um das Leib-Seele-Problem und die Debatte um die Existenz Gottes herstellen kann. Die traditionellen Argumente für die Existenz Gottes werden oft als Argumente dafür angenommen, was immer wieder als ein „Gott der Lücken" bezeichnet wurde – das ist ein Gott, dessen Rolle es ist, eine bestehende Lücke in unserer wissenschaftlichen Erkenntnis dadurch zu füllen, indem er eine Erklärung für einige spezifische empirische Phänomene liefert, die die empirischen Wissenschaften bisher noch nicht erklärt hat. Es wird dann der Einwand vorgebracht, dass solche Argumente nutzlos seien, weil es nur eine Frage der Zeit sei, bis die Wissenschaften eine perfekt passende naturalistische Erklärung des fraglichen Phänomens liefern. Aber tatsächlich werden die klassischen theistischen Argumente, und sicherlich die Argumente solcher hauptsächlich philosophischen Theologen wie Anselm von Canterbury, Thomas von Aquin und Leibniz, als „Gott der Lücken"-Argumente überhaupt nicht richtig interpretiert. Sie sind keine „Hypothesen" oder Versuche eine quasiwissenschaftliche Erklärung für bestimmte Phänomene, die die Wissenschaften noch nicht erklärt haben, die sie aber prinzipiell eines Tages erklären könnten, zu „postulieren". Sie sind vielmehr Versuche, schlüssig die Existenz eines notwendigen Wesens oder einer ersten Ursache der Welt auf der Grundlage von Prämissen zu beweisen (die Metaphysik der Verursachung betreffend etwa, oder die Kontingenz der materiellen Welt, oder das Konzept eines größten möglichen Dinges), über die uns die empirischen Wissenschaften nichts zu sagen haben. Die Frage, ob sie dabei erfolgreich sind oder darin scheitern, ist daher unabhängig von dem gegenwärtigen Status unserer wissenschaftlichen Erkenntnis.

In ähnlicher Weise scheint es, dass viele der Dualismuskritiker dies fälschlicherweise als ein Postulieren einer Art von „Seele der Lücken" interpretieren, als ein ontologisch extravagantes Mittel, um sicherlich nur vorübergehende Mängel in unserem Verständnis des Gehirns zu beheben. Noch einmal, das ist eine Fehlinterpretation, und der Dualismus steht oder fällt mehr oder weniger unabhängig von dem gegenwärtigen Zustand unserer wissenschaftlichen Erkenntnis. Schlussendlich ist die Debatte zwischen Materialisten und Dualisten, genau wie die Debatte zwischen Atheisten und Theisten, keine naturwissenschaftliche, sondern eine philosophische. Tatsächlich ist sie, wenn sie irgendetwas ist, eine Debatte darüber, im Lichte welcher allumfassenden metaphysischen Rahmenbedingungen die Ergebnisse der empirischen Wissenschaften interpretiert werden sollten. Um sicher zu sein, es ist eine Debatte, in der rationale Analyse und Argumentation angewendet werden können und sollen, in der aber das meiste dieser Analyse und Argumentation mit Notwendigkeit ihrem Charakter nach philosophisch, und nicht empirisch sein muss.

Es sollte jedoch auch angemerkt werden, dass es ungeachtet der Verwechslung philosophischer und naturwissenschaftlicher Weisen der Argumentation, auf der viele Kritikpunkte am Dualismus beruhen, zumindest eine Methode gibt, die die wissenschaftliche und die metaphysische Untersuchung gemeinsam haben, nämlich die Zuflucht zu (oft phantastischen) Gedankenexperimenten. Dennoch wollen scheinbar implizit viele Kritiker des Dualismus aus irgendeinem Grund dem Dualisten genau dieses eine gemeinsame methodologische Werkzeug verweigern. Kein Materialist würde im Traum daran denken, Einstein für sein bizarres „Zwillings-Paradoxon" zu kritisieren, oder Bedenken hinsichtlich Stephen Hawkings Rede darüber haben, was man sehen könnte, wenn man dabei zuschauen könnte, wie ein schwarzes Loch gebildet wird, trotz der Tatsache, dass man in Wirklichkeit unter solchen Umständen zerrissen würde und daher unfähig wäre, irgendetwas zu sehen. Materialisten würden völlig zu Recht urteilen, dass die praktische Unmöglichkeit eines solchen wissenschaftlichen Gedankenexperiments irrelevant ist, weil ihr Zweck darin besteht, uns gewisse konzeptionelle Wahrheiten über die fraglichen Theorien zu lehren. Aber wenn ein dualistischer Philosoph sich auf den Gedanken eines Zombies oder eines kartesischen Dämons oder worauf auch immer bezieht, dann reagieren einige Materialisten so, als ob sonderliche Gedankenexperimente außerhalb der Grenzen einer seriösen, intellektuellen Debatte lägen. Es ist schwer ersichtlich, welche rationale Rechtfertigung es für diese Doppelmoral geben könnte.

Funktionalismus und Hylemorphismus

Was über den Dualismus gesagt wurde, gilt auch für den Hylemorphismus, der eine andere metaphysische Alternative zum Materialismus darstellt, und nicht eine Art von empirischer Hypothese. Wiederum ist hierbei die gegenwärtige wissenschaftliche Erkenntnis weniger relevant als philosophische Analyse und Argumentation, da das, worin der Hylemorphist mit dem Materialisten nicht übereinstimmt, nicht so sehr irgendein empirischer Beleg oder eine Theorie ist, sondern vielmehr die Frage, wie man alle empirischen Daten und Theorien metaphysisch interpretieren soll.

Sonderbarerweise habe bin ich darauf gekommen, dass doch, während einige Leute dem Hylemorphismus gegenüber wegen seiner Inkompatibilität mit dem naturalistischen Zeitgeist feindlich gesinnt sind, andere in starkem Gegensatz dazu darin wenig mehr eine weitere Version der populärsten der naturalistischen Philosophien des Geistes, nämlich des Funktionalismus, sehen. Der Hylemorphist erachtet die Seele als die Form des menschlichen Körpers; der Funktionalist identifiziert den Geist mit der Organisationsstruktur des Gehirns. Sind das nicht bloße Variationen desselben Themas? Sind die Ähnlichkeiten nicht signifikanter als die Unterschiede (so wie etwa die hylemorphistische Betonung des gesamten Körpers, und nicht einfach des Gehirns – was zufälligerweise eine Betonung ist, die heutzutage sogar viele zeitgenössische Funktionalisten übernommen haben)?

Tatsächlich könnten die beiden Theorien unterschiedlicher nicht sein. Man muss in Erinnerung behalten, dass der Hylemorphismus ein Teil einer weitgehend aristotelischen Metaphysik ist, die eine Bindung an die Realität von Form- und Zweckursachen als irreduzible Bestandteile der natürlichen Welt einschließt. Dies steht im Widerspruch mit der modernen Tendenz, nur in den Denkarten, die Aristoteles Stoff- und Wirkursache nennen würde (und selbst dann in einem Sinn dieser Denkarten, der sich irgendwie von den aristotelischen unterscheidet). Das ist eine Tendenz, die von dem modernen Funktionalismus geteilt wird. Denn für den Funktionalisten ist die „Organisationsstruktur“ eines Dinges essentieller Weise einfach das Muster wirkursächlicher Beziehungen, die seine Bestandteile zueinander haben. Aber für den Hylemorphisten ist die „Form" eines Dings etwas ganz anderes, und zieht eine Bindung an den Realismus hinsichtlich Universalien (aristotelische, wenn nicht platonische) nach sich, die kein Teil des Funktionalismus ist (und tatsächlich wahrscheinlich von den meisten Funktionalisten zurückgewiesen würde). Insbesondere schließt die Form eines Dings die spezielle Menge von Eigenschaften (nicht nur wirkursächliche) mit ein, die es zu dem Ding machen, das es ist. Und im Fall einer substantiellen Form – der speziellen Art von Form, mit der der Hylemorphist die Seele identifiziert – umfasst sie eine unabänderliche Wesenheit, die das Ding, das die Form hat, inkarniert.

Aristotelische Zweckursachen sind ein weiteres Schlüsselelement dieses Bildes. Für den Hylemorphisten gibt es objektive Zwecke, Ziele oder Endpunkte in der Natur, die nicht auf Muster von Wirkursachen reduziert werden können. Dies stellt eine platte Zurückweisung des mechanistischen Bildes der natürlichen Welt dar, das die Funktionalisten mit anderen Materialisten teilen. Was aber vielleicht am wichtigsten ist, Funktionalisten würden generell versuchen, Intentionalität auf irgendein Muster wirkursächlicher Relationen zu reduzieren, wohingegen Hylemorphisten Intentionalität als bloß ein irreduzibles Beispiel von Finalität oder „Zielgerichtetheit" unter anderen erachten würden.

Schließlich ist die spezifisch thomistische Version des Hylemorphismus, die ich in diesem Buch beschrieben habe, insofern dualistisch, als dass sie die Seele als eine *subsistente* Form erachtet, etwas, das für seine Funktionen nicht gänzlich von Materie abhängt, und das in der Lage ist, jenseits des Todes des Körpers dessen, von dem sie die Form ist, weiterzubestehen. Offensichtlich ist dies etwas, das kein Funktionalist der Gegenwart akzeptieren würde.

Wie in diesem Buch an früherer Stelle zugestanden wurde, wäre eine Zurückweisung der modernen mechanistischen Konzeption der natürlichen Welt zugunsten einer Rückkehr zu einer weitgehend aristotelischen Konzeption ein recht radikaler philosophischer Schritt. Jede Bewertung eines solchen Schrittes müsste vorsichtig die Gründe abwägen, warum frühe moderne Denker wie Descartes, Locke und ihre wissenschaftlichen Zeitgenossen sich dazu entschlossen, den Aristotelismus für den Mechanismus zu verlassen, und bestimmen, wie philosophisch stark diese Gründe und all die Dinge, die dabei Beachtung fanden, waren. Dies sind Angelegenheiten, die in meinem in Kürze erscheinenden Buch *Locke* zu einem gewissen Teil behandelt werden.

Jedenfalls (und wie dieses Buch ebenfalls gezeigt hat) ist die Idee, dass eine Lösung des Leib-Seele-Problems eine ziemlich radikale Überholung unseres allgemeinen metaphysischen Weltbildes erfordern könnte, heute keineswegs mehr ungewöhnlich. Insbesondere dualistische und hylemorphistische Ansichten erlangen eine wachsende Menge an Aufmerksamkeit. wie einige der Zitationen in den Abschnitten „Weiterführende Literatur" dieses Buches belegen.[1] Abschließend möchte ich die Aufmerksamkeit des Lesers auf einige weitere wichtige Arbeiten lenken. Peter Ungers *All the Power in the World* (Oxford: Oxford University Press, 2005), eine rigorose Verteidigung des Dualismus, erschien nachdem die erste Ausgabe der vorliegenden Arbeit in Druck gegangen war, so wie Joel B. Greens und Stuart L. Palmers (Hrsg.) *In Search of the Soul* (Downers Grove, IL: InterVarsity Press, 2005). Geoffrey Madells *Mind and Materialism* (Edinburgh: Edinburgh University Press, 1988) und John R. Smythies′ und John Beloffs (Hrsg.) *The Case for Dualism* (Charlottesville, VA: University of Virginia Press, 1989) sind zwei wichtige pro-dualistische Arbeiten, die ich in der ersten Ausgabe zu erwähnen verabsäumt habe. Ein weiteres Buch, das ich erwähnen hätte sollen ist Edward Pols′ *Mind Regained* (Ithaca: Cornell University Press, 1998), eine Arbeit, die der oben beschriebenen aristotelischen Ansicht wohlwollend entgegenkommt. Einem weitgehend aristotelisch-thomistischen, metaphysischen Weltbild wird auch von vielen der Mitwirkenden in Craig Patersons und Matthew S. Pughs (Hrsg.) *Analytical Thomism: Traditions in Dialogue* (Aldershot: Ashgate, 2006) beigepflichtet.

---

[1] Die Listen mit der weiterführenden Literatur, die im amerikanischen Original im Anschluss an jedes Kapitel zu finden waren, wurden in der deutschen Übersetzung aus verschiedenen Gründen weggelassen. Bei den dort empfohlenen Bücher handelte es durchweg um englischsprachige Bücher, von denen es keine deutschen Übersetzungen gibt und seither sind zahlreiche neuere Bücher zur Philosophie des Geistes erschienen, die den aktuellen Forschungsstand reflektieren.

Glossarium

Analytischer Thomismus
Eine philosophische Denkschule, die sich darum bemüht, die Methoden der modernen analytischen Philosophie auf Probleme und Konzepte anzuwenden, die sich vom Thomismus im Besonderen und der mittelalterlichen Philosophie im Allgemeinen herleiten, und Konzepte und Argumente, die sich vom Thomismus und mittelalterlicher Philosophie herleiten, auf Problemstellungen in der modernen analytischen Philosophie anzuwenden.

Anomaler Monismus
Der Anomale Monismus besagt, dass alle Ereignisse, inklusive geistiger, identisch sind mit physischen Ereignissen, dass es aber keine wissenschaftlichen Gesetze gibt, die mentale Ereignisse und physische Ereignisse miteinander in Verbindung setzen, sodass eine Type-Type-Reduktion mentaler Ereignisse auf Ereignisse im Gehirn nicht möglich ist. Manchmal wird er auch als >*Token-Identitätstheorie* bezeichnet.

Aristotelischer Realismus
Der aristotelische Realismus hält, so wie der >*platonische Realismus*, >*Formen* (zum Beispiel die Formen von Tischen, Stühlen und tierischen und menschlichen Körpern) in gewissem Sinne für real und nicht reduzierbar auf physikalische Eigenschaften, aber ungleich dem platonischen Realismus besagt er außerdem, dass Formen im Allgemeinen in gewissem Sinne nur „in" den physischen Substanzen existieren, die sie informieren.

Attribute
Siehe >*Eigenschaft*

Behaviorismus
Eine philosophische Theorie, die besagt, dass ein Wesen, um Geisteszustände oder -fähigkeiten aufzuweisen, nichts anderes als gewisse

Verhaltensdispositionen haben muss. Die Theorie wird manchmal als „logischer Behaviorismus" oder „philosophischer Behaviorismus" bezeichnet, um sie vom Behaviorismus in der Psychologie zu unterscheiden, der die Ansicht ist, dass eine wissenschaftliche Herangehensweise an das Studium des Geistes innere Zustände und Prozesse meiden und sich auf das äußerliche Verhalten konzentrieren sollte.

Biologischer Naturalismus

Searles Begriff für seine Ansicht, dass mentale Phänomene nicht ontologisch reduzierbar sind auf physikalische Prozesse im Gehirn, sondern dass sie trotzdem vom Gehirn verursacht und „darin verwirklicht" werden. Es wird oft behauptet, dass die Ansicht im Grunde eine Abwandlung des >*Eigenschaftsdualismus* sei, obwohl sie Searle selbst als eine Alternative sowohl zum Dualismus als auch zum Materialismus erachtet.

Biologistische/Biosemantische Theorie

Eine biologistische oder „biosemantische" Theorie der Intentionalität ist eine, die versucht, den >*intentionalen* Gehalt eines Geisteszustandes in Form der biologischen Funktion, die dieser Geisteszustand erfüllt, zu erklären.

Computationale/Repräsentationale Theorie des Denkens (CRTT)

Die Ansicht, dass Gedanken am besten durch das Modell linguistischer Repräsentation (zum Beispiel Sätze) zu verstehen sind und dass der Übergang von einem Gedanken zum anderen am besten mit dem Modell der computationalen Prozesse, wie sie in modernen Digitalcomputern umgesetzt werden, zu verstehen sind. Die CRTT wird für gewöhnlich als ein möglicher Weg erachtet, den >*Funktionalismus* zu entwickeln.

Direkter Realismus

Der direkte Realismus besagt, dass wir uns in der Wahrnehmungserfahrung direkt oder unmittelbar einer Außenwelt >*physischer* Objekte, die unabhängig von uns existieren, bewusst sind. Er wird manchmal auch als „naiver Realismus" bezeichnet und wird für gewöhnlich mit dem >*indirekten Realismus* in Gegensatz gebracht.

Dualismus

Der Dualismus besagt, dass >*Geist* und >*Materie* gleichermaßen fundamentale Aspekte der Realität sind, wobei keines der beiden auf das andere reduzierbar ist. Für gewöhnlich werden zwei Hauptversionen unterschieden: *Substanz*dualismus, der besagt, dass es zwei fundamentale Arten von >*Substanz* gibt, nämlich die >*geistige* und die >*physische* Substanz; und den *Eigenschafts*dualismus, der erlaubt, dass es nur eine fundamentale Art von Substanz gibt, nämlich die physische Substanz, der aber besagt, dass die physische Substanz nichtsdestotrotz zwei grundlegende Arten von >*Eigenschaften* hat, nämlich physische Eigenschaften und geistige Eigenschaften. Aber der >*Thomistische Dualismus* scheint dennoch eine dritte Art zu sein.

Eigenschaft

Eine Eigenschaft ist ein Attribut, eine Qualität, ein Merkmal oder ein Charakteristikum einer >*Substanz*. Zum Beispiel sind die Rotheit und die Rundheit eines roten Balles Eigenschaften des Balles.

Eigenschaftsdualismus

Siehe >*Dualismus*.

Eliminativismus

Eine Version des Materialismus, der entsprechend zumindest einige, und vielleicht alle, >*mentalen* Zustände und Eigenschaften, ungeachtet des Ascheines, nicht existent sind und gänzlich aus einer vollständigen wissenschaftlichen Erklärung der menschlichen Natur eliminiert werden sollten. Diese Ansicht wird manchmal auch als „eliminativer Materialismus" bezeichnet.

Epiphänomenalismus

Die Ansicht, dass >*physikalische* Prozesse im Gehirn >*mentale* Prozesse verursachen, aber umgekehrt nicht ursächlich beeinflusst werden von diesen mentalen Prozessen. Sie wird für gewöhnlich als eine Form des >*Dualismus* klassifiziert, obwohl einige Versionen des >*Materialismus* sie ebenfalls zur Folge zu haben scheinen, das >*Problem der geistigen Verursachung* vorausgesetzt.

Epistemologie/Erkenntnistheorie

Die philosophische Untersuchung der Natur, der Gründe und des Geltungsbereiches der Erkenntnis.

Form

Die Form eines Dinges ist seine Organisationstruktur; etwas, das nicht auf die Summe seiner Teile reduziert werden kann. Der >*Platonische Realismus* hinsichtlich der Form besagt, dass sie völlig unabhängig sowohl vom >*Geist* als auch von der >*materiellen* Welt existiert. Der >*Aristotelische Realismus* hält sie im Allgemeinen nur für in gewissem Sinne „in" Dingen existent, die sie informiert.

Funktionalismus

Der Funktionalismus besagt, dass >*geistige* Zustände und Prozesse in Form der Kausalbeziehungen analysiert werden können, die sie zu den auf den Körper einwirkenden Umwelteinflüssen, die sie üblicherweise hervorrufen, zu den Verhaltenstendenzen, die sie umgekehrt am ehesten generieren, und zu den anderen Geisteszuständen, mit denen sie üblicherweise in Verbindung gebracht werden, haben. Von dieser spezifischen Menge von Kausalbeziehungen, die ein besonderer mentaler Zustand zu diesen anderen Elementen hat, sagt man gemeinhin, dass sie dessen „funktionale Rolle" darstellt. (Siehe auch >*multiple Realisierbarkeit* und >*Universelle Turing Maschine*.)

Geist

Der unumstrittensten Charakterisierung zufolge, ist der Geist einfach der Sitz solcher Phänomene wie Gedanken und bewusste Erfahrungen. Unstimmigkeiten gibt es, sobald jemand versucht, eine genauere Definition zu liefern. Einige Theoretiker halten das Bewusstsein für das grundlegendste Merkmal des Geistes, während andere >*Intentionalität* für grundlegender halten. Der >*Dualismus* hält den Geist für wesentlicher Weise nicht->*physisch*, und der >*Substanzdualismus* besagt, dass er eine bestimmte Art von >*Substanz* konstituiert, während der >*Materialismus* beide Behauptungen zurückweist. Einige Theoretiker bestreiten, dass der Geist überhaupt irgendeine Art von Substanz ist, und halten ihn stattdessen für nichts anderes als ein Bündel geistiger >*Eigenschaften*. Für den >*kartesischen Dualismus* ist der Geist mit der Seele identisch, während für den >*Hylemorphismus* >*geistige* Eigenschaften nur ein Aspekt der menschlichen Seele sind, zusammen mit solch nicht-geistigen Eigenschaften wie der Fähigkeit zu Wachstum, Verdauung, Reproduktion etc. In Anbetracht der Mannigfaltigkeit der Verwendungsweisen des Begriffs „Geist" (und der Mannigfaltigkeit der Verwendungsweisen des Begriffs „Materie") kann es sehr schwierig sein, das >*Leib-Seele-Problem* auf eine klare, prägnante und unumstrittene Weise zu formulieren.

Hintergrund
Searles Fachausdruck für die Menge nicht->*intentionaler* Handlungsfähigkeiten und -möglichkeiten, die seiner Ansicht nach allen Manifestationen der >*Intentionalität* zu Grunde liegen.

Hylemorphismus
Der Hylemorphismus besagt, dass alle >*physischen* Substanzen Gemische aus >*Materie* und >*Form* sind, und dass im Fall eines lebenden Dinges, seine >*Seele* mit der Form seines >*Körpers* zu identifizieren ist.

Hylemorphistischer Dualismus
Siehe >*Thomistischer Dualismus*.

Idealismus
Der Idealismus besagt, dass alle Realität grundlegender Weise von >*geistiger* Natur ist, und insbesondere, dass die vermeintlich >*physischen* Phänomene, die für den Hausverstand unabhängig von irgendeinem Geist zu existieren scheinen, ungeachtet des Anscheins auf irgendeine Weise auf geistige Phänomene reduzierbar sind.

Identitätstheorie
Die Identitätstheorie besagt, dass >*mentale* Zustände und Prozesse identisch sind mit Zuständen und Prozessen des Gehirns und des zentralen Nervensystems – kurz, dass der Geist mit dem Gehirn identisch ist. Sie wird für gewöhnlich als eine Version des >*Materialismus* betrachtet und wird deshalb manchmal als „central state materialism" bezeichnet. Aber sie kann stattdessen auch in Form des >*neutralen Monismus* interpretiert werden, und die Version der Theorie, die sich in diesem Fall ergibt, wird manchmal als die >*Russellsche Identitätstheorie* bezeichnet. Eine weitere Unterscheidung zwischen Versionen der Theorie ist die zwischen der >*Type-Identitätstheorie* und der >*Token-Identitätstheorie*.

Indirekter Realismus

Der indirekte Realismus besagt, dass wir uns in der Wahrnehmungserfahrung der Außenwelt der >*physischen* Objekte, die unabhängig von uns existieren, bewusst sind, dies aber nur indirekt über unser direktes Bewusstsein von den Wahrnehmungsrepräsentationen dieser äußeren Objekte. Mancherorts ist er auch als „kausaler Realismus“ oder „repräsentativer Realismus“ bekannt und steht für gewöhnlich im Gegensatz zum >*direkten Realismus*.

Instrumentalismus

In der Philosophie des Geistes ist eine instrumentalistische Theorie eine, die >*mentale* Phänomene für zweckdienliche Fiktionen: wie der >*Eliminativismus* besagt er, dass solche Phänomene nicht wirklich objektiv existieren, aber ungleich dem Eliminativismus betrachtet er diese trotzdem für unverzichtbare Teile eines brauchbaren Vokabulars für die Erklärung und die Vorhersage alltäglichen menschlichen Verhaltens.

Intentional

Ein intentionaler geistiger Zustand ist einer, der >*Intentionalität* aufweist.

Intentionalismus

Intentionalismus ist die Ansicht, dass alle >*geistigen* Zustände letztlich intentional sind, und zwar in dem philosophischen Sinne, dass sie Manifestationen von >*Intentionalität* sind. (Siehe auch >*Repräsentationalismus.*)

Intentionalität

Intentionalität ist das Merkmal geistiger Zustände wie Überzeugungen, Wünsche und Gedanken, vermittelst dessen sie über etwas, auf etwas gerichtet oder jenseits von etwas sind oder etwas bedeuten oder repräsentieren. (Jedenfalls im typischen Fall, obwohl manchmal ein geistiger Zustand über sich selbst, auf sich selbst gerichtet sein oder sich selbst bedeuten oder repräsentieren könnte.)

Kartesischer Dualismus

Die Version des Dualismus, die mit dem Philosophen René Descartes in Verbindung steht, und namentlich eine Form des >*Substanzdualismus* ist.

Kausaltheorien

Eine Kausaltheorie des Geistes ist eine Theorie, die irgendeinen Aspekt des Geistes zu erklären versucht, indem sie zeigt, dass dieser reduzierbar auf oder >*supervenient* zu einer bestimmten Art von Kausalbeziehung ist. Zum Beispiel versuchen Kausaltheorien der >*Intentionalität* zu zeigen, dass das Aufweisen von Intentionalität eines >*geistigen* Zustands darauf hinausläuft, dass dieser gewisse Kausalbeziehungen zu anderen geistigen Zuständen und/oder zu Gegebenheiten der Außenwelt hat.

Körper

Entsprechend sowohl dem >*kartesischen Dualismus* und des klassischen >*Materialismus* ist der menschliche Körper ein mechanisches System, das sich in seiner wesentlichen Natur und seinen Prinzipien nicht von irgendeinem anderen >*physikalischen* System unterscheidet. Entsprechend dem >*Hylemorphismus* und dem >*thomistischen Dualismus* ist der Körper ein nicht zu reduzierendes Gemisch aus >*Form* und >*Materie*, das sich grundsätzlich in seinem Wesen von nicht-lebenden physikalischen Systemen unterscheidet und dessen Funktionen letztlich nicht gänzlich in technischer Form erklärt werden können.

Leib-Seele-Problem

Das Leib-Seele-Problem ist das Problem der Erklärung dessen, was die metaphysische Relation zwischen >*mentalen* Phänomenen und >*physischen* Phänomenen ist. Es ist schwer, das Problem auf eine genauere Weise darzulegen, ohne dabei scheinbar der Frage zugunsten der einen oder anderen spezifischen Theorie auszuweichen: es zum Beispiel als das Problem der Erklärung dessen darzulegen, wie immaterielle geistige Substanzen mit dem >*Körper* interagieren können, scheint die Wahrheit des >*Dualismus* vorauszusetzen; während seine Beschreibung als das Problem der Erklärung dessen, wie geistige Prozesse von physischen Prozessen herbeigeführt werden können, die Wahrheit des >*Materialismus* vorauszusetzen scheint.

Materialismus

Der Materialismus besagt, dass die gesamte Realität ihrem Wesen nach in grundlegender Weise >*materiell* oder >*physisch* ist, und insbesondere, dass alle >*mentalen* Phänomene reduzierbar auf oder zumindest >*supervenient* zu physischen Phänomenen sind. (Siehe >*Naturalismus* und >*Physikalismus.*)

Materie

Es gibt, vielleicht überraschender Weise, keine allgemeine Übereinstimmung über die genaue Bedeutung dieses Begriffes, obwohl er entscheidend ist für die Naturwissenschaften und die Philosophie im Allgemeinen und für das >*Leib*-Seele-Problem im Besonderen. Für den >*Hylemorphismus* ist Materie wesentlich in Form seines Gegensatzes zur >*Form* definiert, wohingegen die Form einfach das ist, was der Materie ihre Organisationsstruktur verleiht. Für einige Versionen des >*Dualismus* und des >*Materialismus* ist Materie stattdessen tendenziell in Form ihres Gegensatzes zum >*Geist* definiert, wobei Geist als etwas verstanden wird, das wesentlicher Weise Bewusstsein und/oder >*Intentionalität* umfasst, und Materie als etwas, das wesentlicher Weise keins von beiden umfasst. für andere Versionen dieser Doktrinen ist Materie als all das definiert, das von den Grundeigenschaften, die in einer vollständigen Physik postuliert werden, beschrieben wird, obwohl diese Definition nicht als hilfreich erscheint, wenn zugelassen wird, dass eine „vollständige Physik" >*mentale* Phänomene wie Bewusstsein und Intentionalität für etwas hält, das unter den grundlegenden physikalischen Eigenschaften ist. Dennoch ist die immanente Natur der Materie für einige Verfechter des >*strukturellen Realismus*, so wie etwa gewisse Verteidiger der >*Russellschen Identitätstheorie*, eben gerade geistig; während wir anderen Vertretern des strukturellen Realismus zufolge die immanente Natur der Materie nicht kennen können. In Anbetracht der Verschiedenartigkeit der Verwendung von „Materie" und „materiell" scheint der Gehalt und der Status des >*Materialismus* weit weniger klar, als dies für gewöhnlich angenommen wird.

Materiell

Materielle Dinge bestehen aus >*Materie.*

Mental [Anm.: =geistig]

Mental ist einfach alles das, was für den >*Geist* charakteristisch ist. Der Begriff ist auch gemeinhin durch den Gegensatz zu dem, was >*physisch* ist, definiert, obwohl es umstritten ist, ob das Mentale und das Physische zwei sich gegenseitig ausschließende Kategorien sind.

Metaphysik

Die philosophische Untersuchung der letzten Begründung und grundlegenden Struktur der Wirklichkeit.

Metaphysische Möglichkeit/Unmöglichkeit

Das, was metaphysisch möglich ist, ist einfach das, was in zumindest einer >*möglichen Welt* möglich ist. Zum Beispiel ist es, wenn auch nicht physisch möglich, so doch metaphysisch möglich, dass ein Mensch eine Meile in zehn Sekunden läuft, und zwar in dem Sinn, dass es eine mögliche Welt gibt, in der die Gesetze der Natur verschieden genug von denen der aktuellen Welt sind, sodass Menschen zu so einer Meisterleistung in der Lage sind. Das, was metaphysisch unmöglich, ist das, was in keiner möglichen Welt möglich ist. Zum Beispiel ist es metaphysisch unmöglich, ein rundes Quadrat zu zeichnen, weil es eine Kontradiktion beinhaltet, sodass es keine kohärent beschreibbare, mögliche Welt gibt, in der runde Quadrate existieren. Metaphysische Möglichkeit/Unmöglichkeit wird oft im Gegensatz zu >*physischer Möglichkeit/Unmöglichkeit* gesehen.

Mögliche Welt

Eine mögliche Welt im philosophischen Sinne ist eine umfassende und kohärente Beschreibung in irgendeiner Weise, wie die Welt als ganze sein könnte. Zum Beispiel lesen Sie in der tatsächlichen Welt gerade dieses Buch, aber es gibt eine andere mögliche Welt, die exakt wie diese ist, mit der Ausnahme, dass Sie beschlossen haben, stattdessen ein Nickerchen zu machen. Die Idee der möglichen Welten bietet eine Möglichkeit zur Erklärung des Unterschieds zwischen >*physischer Möglichkeit/Unmöglichkeit* und >*metaphysischer Möglichkeit/Unmöglichkeit*.

Multiple Realisierbarkeit

Der >*Funktionalismus* behauptet, dass der Geist „multipel realisierbar" in dem Sinne sei, dass die Kausalbeziehungen, die mit dem Aufweisen von >*Geistes*zuständen in Zusammenhang stehen, nicht nur in der neuronalen Struktur des Gehirns verwirklicht werden könnten, sondern zum Beispiel auch in der sehr verschiedenen biologischen Ausstattung einer außerirdischen Lebensform oder in den Schaltkreisen des künstlichen Gehirns hinreichend ausgeklügelten Roboters.

Mysterianismus

Die Ansicht, die mit McGinn verbunden ist, der zufolge es eine wahre und vollständige >*naturalistische* Erklärung des Bewusstseins und anderer >*mentaler* Phänomene gibt, allerdings eine, die zu erfassen der menschliche >*Geist* auf Grund seiner Verfassung nicht in der Lage ist.

Naturalismus/naturalistisch

Der Begriff „Naturalismus" wird manchmal benutzt, um auf die Ansicht Bezug zu nehmen, dass die natürliche Welt alles ist, das existiert, und dass es insbesondere keine übernatürliche Realität göttlicher Wesen, >*Seelen* und ähnlichem gibt (in dieser Hinsicht ist er in etwa mit „Materialismus" äquivalent), und manchmal auch dazu, um, etwas weniger vage, auf die Ansicht Bezug zu nehmen, dass man nur von dem, was durch die Methoden der Naturwissenschaften verstanden werden kann, sagen kann, dass es existiert. (Siehe >*Materialismus* und >*Physikalismus*.)

Netzwerk

Searles Fachausdruck für die komplexe Menge von untereinander verbundenen >*mentalen* Zuständen und Prozessen, in denen sich unsere >*Intentionalität* in erster Linie manifestiert.

Neutraler Monismus

Der Neutrale Monismus besagt, dass es (im Gegensatz zum >*Dualismus*) nur eine grundlegende Art von Wirklichkeit gibt, aber auch, dass diese Art (im Gegensatz zum >*Idealismus* und >*Materialismus*) grundsätzlich ihrem Wesen nach weder >*mental* noch >*physisch* ist.

Nominalismus

Anhänger des Nominalismus bestreiten, in Opposition sowohl zum >*platonischen Realismus* als auch zum >*aristotelischen Realismus*, dass es irgendwelche echten Universalien gibt, und vertreten für gewöhnlich außerdem die Ansicht, dass es keine abstrakten Objekte irgendeiner Art (>*Formen*, Zahlen, Propositionen, etc.) gibt.

Ockhams Rasiermesser

Ein Prinzip wissenschaftlicher und philosophischer Argumentationen, dem entsprechend, sofern ansonsten alles gleich ist, eine sparsamere Erklärung einer komplexeren vorzuziehen ist.

Okkasionalismus

Eine Version des >*Dualismus*, in der >*Geist* und >*Körper* nicht miteinander interagieren, es aber den Anschein hat, dass sie dies tun, weil Gott von Zeit zu Zeit interveniert, um sicherzustellen, dass ein gegebenes >*mentales* Ereignis von einem passenden körperlichen Ereignis, und umgekehrt, gefolgt wird.

Ontologie

Die Ontologie einer philosophischen oder wissenschaftlichen Theorie ist die Menge der Entitäten, die sie als existent anerkennt. Zum Beispiel sind nicht->*physische* Substanzen Teil der Ontologie des >*kartesischen Dualismus*, werden aber von der Ontologie des >*Materialismus* ausgeschlossen.

Panpsychismus

Panpsychismus ist die Ansicht, dass die ganze >*physische* Realität in irgendeiner Weise mit >*mentalen* Eigenschaften wie Bewusstsein und/oder >*Intentionalität* in Verbindung steht. Einige Versionen des Panpsychismus scheinen mehr oder weniger mit dem >*Idealismus* identisch zu sein, wohingegen andere Versionen dem >*Eigenschaftsdualismus* oder der >*Russellschen Identitätstheorie* näher zu stehen scheinen.

Parallelismus

Eine Version des >*Dualismus*, in der >*Geist* und >*Körper* nicht miteinander interagieren, sondern dies anscheinend tun, weil die Funktionen beider von Gott im Vorhinein so festgesetzt wurden, dass sie parallel verlaufen.

Personale Identität

Die Beziehung, vermittelst derer eine Person A, die zu einem Zeitpunkt existiert, und eine Person B, die zu einem anderen Zeitpunkt existiert, ein und dieselbe Person sind.

Physikalismus

Der Ausdruck „Physikalismus" wird manchmal als ein Synonym für den >*Materialismus* verwendet, und manchmal statt der Bezugnahme auf eine spezifische Version des Materialismus, die besagt, dass alles, das existiert, letztlich reduzierbar auf oder zumindest >*supervenient* zu fundamentalen Entitäten und Eigenschaften ist, die von der Physik postuliert werden. (Siehe >*Materialismus* und >*Naturalismus*.)

Physisch [Anm.: /Physikalisch]

Wird manchmal als ein Synonym für materiell verwendet und manchmal um Bezug auf all das zu nehmen, was von den Gesetzen der Physik postuliert oder geregelt wird [Anm.: =physikalisch].

Physische Möglichkeit/Unmöglichkeit

Das, was physisch möglich ist, ist einfach das, was möglich ist, wenn man die Naturgesetze (Gesetze der Physik, der Chemie und so weiter) voraussetzt, die in der tatsächlichen Welt maßgeblich sind, während das, was physisch unmöglich ist, das ist, was in Anbetracht dieser Gesetze nicht möglich ist. Es beispielsweise einem Menschen möglich, eine Meile in zehn Minuten zu laufen, aber physisch unmöglich, dieselbe Distanz in zehn Sekunden zu laufen. Physische Möglichkeit/Unmöglichkeit wird oft im Gegensatz zur >*metaphysischer Möglichkeit/Unmöglichkeit* gesehen.

Platonischer Realismus

Der platonische Realismus besagt, dass abstrakte Entitäten wie Propositionen, Zahlen, Universalien und >*Formen* völlig unabhängig sowohl von der >*physischen* Welt als auch vom >*Geist* existieren. Er wird für gewöhnlich im Gegensatz zum >*aristotelischen Realismus* und zum >*Nominalismus* gesehen.

Problem der mentalen Verursachung

Das Problem der Erklärung dessen, wie die >*Intentionalität* >*mentaler* Zustände möglicherweise irgendeine kausale Rolle bei der Generierung anderer geistiger Zustände und des Verhaltens spielen kann, wenn Geisteszustände, wie der >*Materialismus* behauptet, reduzierbar auf oder >*supervenient* zu rein >*physischen* Phänomenen sind.

Problem des anderen Geistes

Das Problem der Erklärung dessen, wie wir auf alleiniger Grundlage unserer Beobachtung der >*physischen* Attribute und des Verhaltens einer anderen Person in dem Glauben gerechtfertigt sein können, dass er oder sie Gedanken, Erfahrungen und >*mentale* Zustände im Allgemeinen hat.

Propositionale Einstellung

Eine propositionale Einstellung ist ein >*mentaler* Zustand, der beinhaltet, dass eine gewisse Haltung gegenüber einer Proposition eingenommen wird. Glauben, wünschen, hoffen und fürchten sind die Standardbeispiele. Mit dem Glauben etwa, dass Smith die Wahl gewinnen wird, nimmt man eine gewisse Art von Haltung gegenüber Proposition ein, dass Smith die Wahl gewinnen wird, was sich von der Art von Haltung unterscheidet, die man einnimmt, wenn bloß hofft, dass Smith sie gewinnen wird, und die sich noch einmal von der Haltung unterscheidet, die man einnimmt, wenn befürchtet, dass Smith sie gewinnen wird. Propositionale Einstellungen sind Musterbeispiele von Geisteszuständen, die >*Intentionalität* miteinschließen.

Qualia

Qualia sind jene Aspekte einer bewussten Erfahrung, durch die es etwas gibt, das so ist, wie das Machen dieser Erfahrung (zum Beispiel der Geruch einer Rose oder die Art, wie sich Schmerz anfühlt). Gemeinhin hält man sie nur via Erste-Person-Blickwinkel des bewussten Subjekts für zugänglich, und sie werden oft für intrinsisch in dem Sinne gehalten, dass sie nicht in grundlegendere Elemente oder Relationen zerlegt werden können. „Qualia" ist die Pluralform des Singulars „Quale".

Repräsentationalismus

Repräsentationalismus ist die Ansicht, dass >*mentale* Zustände, die >*Qualia* umfassen, in ihrem Wesen letztlich zur Gänze in dem Sinne gegenständlich [Anm.: = engl. „representational"] sind, dass ihr Aufweisen von Qualia angeblich darauf reduzierbar ist, dass Repräsentationen einer gewissen Art sind, wobei eine Repräsentation zu sein so verstanden wird, dass es nicht mehr umfasst, als das Aufweisen von >*Intentionalität*. Der Repräsentationalismus ist daher eine Variation des >*Intentionalismus*.

Russellsche Identitätstheorie

Eine Version der >*Identitätstheorie*, die mit Bertrand Russell in Zusammenhang steht, und die die materialistische Metaphysik, die für gewöhnlich mit der These der Geist-Gehirn-Identität gekoppelt ist, ablehnt und diese durch eine Variation des >*neutralen Monismus* (oder in einigen Versionen durch eine Variation des >*Panpsychismus*) ersetzt.

Seele

Im >*kartesischen Dualismus* ist die Seele eine nicht->*physische* Substanz, deren Wesen es ist, zu denken, und die auf ursächliche Weise mit dem >*Körper* interagiert, von dem sie vollständig verschieden ist. Laut >*thomistischem Dualismus* ist die Seele die Form eines lebenden Körpers, egal ob Pflanz, Tier oder Mensch; und im Falle der menschlichen Seele (und nur in deren Fall) ist sie mit den Kräften des Intellekts und des Willens verbunden und hat die Fähigkeit, jenseits des Todes des Körpers in ihrer Existenz fortzubestehen.

Skeptizismus

Skeptizismus ist im philosophischen Sinne des Begriffs die Ansicht, dass Erkenntnis über einen Bereich, den das Alltagsverständnis für unproblematisch hält, tatsächlich unmöglich ist. Zum Beispiel glauben wir laut Alltagsverständnis, dass wir wissen, dass es eine physische Welt gibt, die außerhalb unseres Geistes existiert, aber der philosophische Skeptiker ist der Meinung, dass wir das nicht wissen und nicht wirklich wissen können.

Solipsismus

Ein Solipsist ist jemand, der der Überzeugung ist, dass er oder sie buchstäblich das einzige Ding ist, das existiert, sodass Dinge, die unabhängig zu existieren scheinen (>*physische* Objekte des Alltags zum Beispiel), in Wirklichkeit bloß Elemente in der privaten Welt seiner oder ihrer Erfahrung (wie die Objekte, die man in Träumen oder Halluzinationen antrifft) sind.

Starrer Designator / Strikter Kennzeichner

Ein starrer Designator ist ein sprachlicher Ausdruck, der sich in jeder >*möglichen Welt* auf dasselbe Ding bezieht.

Struktureller Realismus

Der strukturelle Realismus ist die Ansicht, dass die Naturwissenschaften uns nicht die wesentliche oder innere Struktur der >*physischen* Außenwelt enthüllen, sondern nur deren abstrakte Kausalstrukturen.

Substanzielle Form

Eine substanzielle Form ist laut >*Hylemorphismus* eine >*Form*, die eine >*Substanz* zu der bestimmten Art von Substanz macht, die sie ist.

Substanz

Eine Substanz in metaphysischem Sinne ist ein unabhängig existierendes Ding und steht für gewöhnlich im Gegensatz zu einer >*Eigenschaft*, die üblicherweise als ein Attribut oder Merkmal einer Substanz existiert. Zum Beispiel ist ein roter Ball eine Substanz, aber dessen Rotheit ist eine Eigenschaft.

Substanzdualismus

Siehe >*Dualismus*.

Supervenienz/supervenient

Man sagt, dass ein Ding ein anderes Ding superveniert oder supervenient zu einem anderen Ding ist, wenn es keinen Unterschied an dem ersten geben könnte, ohne dass es auch einen damit korrespondierenden Unterschied an dem zweiten gibt.

Theorie der höheren Ordnung

Eine Theorie der höheren Ordnung des Bewusstseins ist eine Theorie, die besagt, dass ein >*mentaler* Zustand bewusst wird, weil er das Objekt irgendeines anderen mentalen Zustandes höherer Ordnung ist.

Theorie der konzeptionellen Rolle

Theorien der konzeptionellen Rolle der Intentionalität versuchen zu zeigen, dass der intentionale Gehalt eines beliebigen Geisteszustandes in Form seiner konzeptionellen Beziehungen zu anderen Geisteszuständen erklärt werden kann.

Theorie der körperlichen Kontinuität

Eine Theorie der körperlichen Kontinuität der >*personalen Identität* besagt, dass der Grund dafür, dass eine Person A, die zu einem Zeitpunkt existiert, mit einer Person B, die zu einem anderen Zeitpunkt existiert, identisch ist, darin liegt, dass A und B mit demselben >*Körper* verbunden sind.

Theorie der psychischen Kontinuität
Eine Theorie der psychischen Kontinuität der personalen Identität besagt, dass der Grund dafür, dass eine Person A, die zu einem Zeitpunkt existiert, mit einer Person B, die zu einem anderen Zeitpunkt existiert, identisch ist, darin liegt, dass A und B von solch psychischen Merkmalen wie Gedächtnis und Charaktereigenschaften verbunden sind.

Thomismus
Eine philosophische Denkschule, die ihre Hauptlehren, -konzepte und -methoden von der Arbeit des Heiligen Thomas von Aquin ableitet.

Thomistischer Dualismus
Eine Version des >*Dualismus*, die sich vom Heiligen Thomas von Aquin ableitet und die die menschliche >*Seele* weder als eine getrennte >*Substanz* à la >*Substanzdualismus*, noch als Bündel nicht->*physischer* Eigenschaften à la >*Eigenschaftsdualismus* erachtet, sondern vielmehr als >*substantielle Form* des menschlichen >*Körpers* à la >*Hylemorphismus*. Er betrachtet die menschliche Seele auch als einzigartig unter den >*Formen* >*materieller* Körper, nämlich als subsistent, das heißt, dass sie fähig ist, in ihrer Existenz nach dem Tod des Körpers weiter zu existieren. Mancherorts ist diese Ansicht auch als „hylomorphistischer Dualismus" bekannt.

Token-Identitätstheorie
Eine Version der Geist-Körper->*Identitätstheorie*, die besagt, dass es nicht möglich ist, jeden Type eines >*mentalen* Zustands mit einem Type eines Gehirnzustands zu identifizieren, und dass das höchste, auf das ein Identitätstheoretiker hoffen kann, eine Identifikation jedes einzelnen Tokens eines Geisteszustandes (etwa der spezielle Gedanke zum Wetter, den ich jetzt gerade habe) mit irgendeinem bestimmten Token des einen oder anderen Gehirnzustandes (etwa das spezielle neuronale Ereignis, das sich jetzt gerade in einer bestimmten Region meines Ge-

hirns ereignet) ist. Die Theorie ist auch als *>anomaler Monismus* bekannt und steht für gewöhnlich im Gegensatz zu der *>Typen-Identitätstheorie*.

Typen-Identitätstheorie

Eine Version der Geist-Körper-*>Identitätstheorie*, die besagt, dass es möglich ist, jeden Type eines *>mentalen* Ereignisses (etwa an das Wetter zu denken) mit einem Type eines Ereignisses im Gehirn (etwa eines neuronalen Ereignisses der einen oder anderen Art) zu korrelieren und zu identifizieren. Sie steht für gewöhnlich im Gegensatz zur *>Token-Identitätstheorie*.

Universelle Turingmaschine

Eine Turingmaschine ist, um es allzu sehr zu vereinfachen, eine abstrakte Beschreibung eines mechanischen Gerätes, das in der Lage ist, jeden Algorithmus umzusetzen und dadurch jede Berechnung durchführen kann. Die Variation des *>Funktionalismus*, die den *>Geist* für eine Art von Turingmaschine hält, wird manchmal als „Turingmaschinenfunktionalismus" [Anm.: engl. Turing machine functionalism] bezeichnet.

Zombie

Ein „Zombie" in philosophischem Sinne ist eine Kreatur, die in Hinsicht auf ihr Verhalten, ihre Organisation und ihre Körperlichkeit mit einem Menschen bis hin zum letzten Teilchen identisch ist, der aber trotzdem jede wie auch immer geartete bewusste Erfahrung fehlt.

Index